U0554744

工业企业管理教学和研究工作，对传统计划经济体制下工厂组织形式的弊端了如指掌。1979 年，作为改革开放之后国家首批公派国外的高级学者，邓先生前往改革开放已有 20 年的南斯拉夫留学，详细研究南斯拉夫工业企业管理。1982 年回国后，他在全国率先开设“公司概论”课程，并开创性地提出中国企业的主要组织形式将是公司，系统提出“建立并发展具有中国特色的社会主义公司体系”的设想、框架及内涵。1984 年，邓先生在《合理组建工业公司，提高经营管理水平》一文中指出，中国合理组建工业公司必须“实行政企分开，实行自愿互利，采用多种组织形式”，应当特别重视提高经营管理水平对公司建设的重要作用。1985 年，邓先生在《公司的地位和作用以及清理和整顿公司问题》一文中提出，公司是依法成立、从事经营活动、自负盈亏的法人企业，理解公司的特征必须坚持“公司是企业，公司是法人企业，公司是依法成立的企业”三个要点。1984 年 9 月和 1986 年 12 月，邓先生参加了公司法起草工作及研讨，认为应该尽快制定并实施公司法，规范我国公司法律形式和公司经营行为。1987 年，邓先生提出我国公司发展的趋势是，股份有限公司和有限责任公司将成为我国社会主义公司体系中两种最基本的公司责任形式。1987 年和 1989 年，邓先生先后出版了《工业公司概论》和《公司经营学》两本著作。

1989 年以后，邓荣霖先生进一步以公司理论为核心，对企业的制度形式、企业的组织形态、企业的经营管理、现代企业制度的建立、与国有企业公司化改革改制相关的整个经济体制改革和政府职能转变、企业立法、以公司理论为核心的企业集团研究、公司治理结构、董事与经理制度、企业家的作用、内部人控制、经营者激励与约束、独立董事制度、民营企业建制和发展、中小企业改革和发展、企业战略、企业的国际化、企业的并购和重组、企业的文化建设等问题进行了全方位的深入研究。由此，邓荣霖先生也被誉为我国现代企业制度理论的奠基者之一。

纵观邓荣霖先生的研究历程，有这样几个特点。一是科学性。他的研究不会赶时髦，不会为了迎合而研究，而是抓住公司理论和现代企业制度在经济体制改革中的核心地位和作用这一问题的本质进行系统研究，经得起历史的检验，40 年前的研究成果放到现在也不过时。二是实践性。他的研究紧紧抓住了中国如何实现工业化这一大的时代命题，从实践中来，又到实践中去，研究的目的是为了解决实际问题，很多研究成果被政府决策和公司立法所采用，体现了他作为经济学家和管理学家的责任担当。三是前瞻性。他的研究抓住了公司这一市场经济的核心命题，自然就能对我国社会主义市场经济体制改革和公司发展的方向做出前瞻性的研究和预见，并在此后为我国企业改革和发展的实践所证明。

2019 年，世界 500 强企业里中国企业上榜数量达到 129 家，首次超过美国成为全球第一，蓬勃发展的中国企业已经成为国家竞争力的坚强磐石。这一发展成果，离不开当初的那场伟大实践，包括邓荣霖先生在内的研究者在其中发挥了重要的作用，怎么赞誉都不为过。为了庆祝新中国成立 70 周年，为了庆祝这一伟大的新时代，中国人民大学出版社将邓荣霖先生毕生的研究成果汇集成册并出版，分别是《论公司》《论企业》《论管理》，忠实再现改革开放以来邓荣霖先生在不同阶段所做的开创性和系统性研究，以飨读者。

最后，用邓荣霖先生一位老友的诗作为结束语："经天宏论开心钥，济世良方破霹雷。娓娓清言疑尽释，迷花深处不思回。"这首诗道出了先生毕生理论研究的执着和担当。

李琦　赵宝华

2019 年 9 月 16 日

前言

管理是一个具有丰富内涵的概念。管理是科学，是艺术，是手艺，它的魅力在于三者的有效融合。管理的科学价值在于能够系统地把握组织内分工与合作的均衡状态；管理的艺术价值在于能够具体地应用理论和知识来处理组织内人和人、人和物的关系；管理的手艺价值在于能够生动地体现管理者的内在魅力与个体能力。管理的科学理论是抽象的，却是对普遍共同规律的提炼；管理的艺术技巧是具体的，却是对复杂社会行为的揭示；管理的个人手艺是差异化的，却是对客观多元存在的展现。也正是因为管理拥有如此丰富的内涵，使得管理研究中出现了诸多的学派和理论，从而铸就了管理学的持续繁荣。

管理活动存在于具体的情境中，并展示出其独特性和普遍性。因此，管理具有时代特征，不同时代管理活动的主题和关注点会存在一定的差异。这就要求管理研究必须针对实践中的问题进行长期、系统、客观的观察、理解、认知和分析。邓荣霖先生对于管理有着独到而深刻的见解，这缘于他多年来结合时代背景，吸收国外经验，立足中国本土情境，对公司和企业进行系统研究的理论沉淀，以及对地方和企业进行亲身调研的实践体会。从 1957 年进入中国人民大学学习，邓荣霖先生就开始了自己的学习研究和实践调研，见证了我国经济体制从计划经济到市场经济的历史转变，以及管理活动从仿照苏联的工厂管理到国有企业改制和民营企业建制，再到现代企业管理的演变历程。尤为可贵的是，在众多的关键历史事件节点上，邓荣霖先生参与制定了诸多国家政策、文件和法规，先生的真知灼见，经受住了时间和实践的检验，被证明是符合时代的现实要求和市场经济的发展规律的。

管理理论的形成必须注重历史与现实、理论与实践的紧密结合，不仅要符合现实，具有可操作性，也要着眼未来，注重前瞻性，这也是管理研究最为核心的指导思想。长期以来，邓荣霖先生一直采用理论与实践相结合、国内与国外相结合的科学研究方法分析和解决问题，通过对中国各阶段的发展现状和未来趋势的紧密把握，提出了富有新意的思路和对策来推动管理理论研究。在探求客观的发展规律之外，邓荣霖先生更加关注中国具体实践中管理理论的挖掘、凝聚和发展，在构建公司理论和现代企业制度理论的基础上，他将研究的视角扩展到更广的范围，紧密结合当前中国经济社会的现实，全面、系统和科学地论述了管理的基本理论、制度体系、实践活动及其发展趋势，这也是先生的毕生追求。

管理理论的思想源于实践，用于实践，并能通过极为精练的语言和文字表达出来。邓荣霖先生将管理的实质归结为“把复杂问题简单化，把简单的事情做好”，并将自己长期以来关于管理的思想和见解浓缩在《论管理》中。全书共分为六篇，包括管理理论、管理创新、文化建设、企业调研、地方调研和治学感言。管理理论强调对市场机制的坚持，在管理活动中，要处理好市场经济体制中三个成分的关系，即消费者、企业、政府的关系，明确“消费者是第一成分，企业是基本成分，政府是不可缺少成分”的指导思想。管理创新强调创新是推动管理理论持续发展的重要动力，重点是处理好战略管理创新和业务管理创新的关系，其中战略管理是解决方向、使命和趋势的问题，业务管理是做好基础管理、细节管理、精细化管理，管理创新应该软硬结合、双管齐下。文化建设强调通过软实力建设来提升管理活动，通过“破中有立，立中有破，不破不立，不立不破”来形成破与立的统一过程，持续提炼和发展企业文化，塑造和更新文化价值观，不仅要为客户创造价值，同时也要为员工创造价值。企业调研是一切管理理论的源泉，个人独资企业、合伙企业和公司制企业等三类不同企业形态，因其法律形态不同，其管理理论也应有不同的侧重。只有深入企业一线进行实地考察，了解企业，懂得实践，才能提炼出用于指导企业持续成长和发展的管理理论。地方调研强调任何管理活动都需要结合特定的地方情况，企业难以操控社会环境、法律环境、人文环境、宏观经济环境、微观经济环境等外部环境，这就要求企业要具备适应力，正确处理好外部环境与内部条件的关系。治学感言是邓荣霖先生长期以来对研究、对生活的感悟，不仅体现出先生科学的工作方法、严谨的学术作风以及为人师者的使命感，也以简练的语言表达出先生研究思想的精髓，其核心是“专中有博，博中取专；学术思维，创新为魂；实践常青，理论不止；科学知识，代代相传”的治学格言以及“宽以待人，严于律己；取人之长，补己之短；教研结合，教学相长；光阴似箭，耕耘人生”的人生体验。

回首过去，无论是学术成就，还是传道授业，邓荣霖先生都为中国管理的探索和发展做出了重要贡献。他用朴实的文字、简单的言语和精准的思想来阐述理论、指导实践，真正做到了化繁为简，即“说得清，听得懂，用得上”。今天，作为弟子的我们怀着崇高的敬意对先生的观点进行整理，汇编为《论管理》，希望更多的人可以从中受益，共同推动管理研究的传承和创新。

任荣　王涛

目 录

管理理论

建立适应社会主义市场经济新体制的政府职能和企业经营机制 / 3
市场经济条件下的企业行为及其与行业组织的关系 / 11
组建行业协会　加速政府职能的转变 / 17
经济增长和企业行为 / 21
现代企业管理制度纲要 / 29
企业集团的内部组织与管理 / 54
企业组织改革是提高经济效益的重要途径 / 81
股份制企业的外部关系 / 90
公司经营特征 / 103
企业跨国经营的基本战略 / 111
中国企业经营观念须加速转变 / 116
企业并购：推进社会资源的优化配置 / 120
按市场经济规律搞重组 / 123

管理创新

如何处理好市场经济体制基本成分之间的关系 / 127
企业管理的中国模式 / 130
十把科学“钥匙”打开管理提升之门 / 132
堵住中国企业现代化的漏洞 / 135
建立与 WTO 相适应的中国 21 世纪企业形态 / 140
标本兼治打造企业标准化形象 / 142
反垄断法与公平竞争 / 144
关于中国企业战略管理创新的几个问题 / 146
提升执行力 / 156
微小企业发展的问题与解决路径 / 159
军工企业改革：制度创新与文化建设的结合 / 171
事业部制与业务发展战略
——关于中国恒天集团发展的思考 / 174
企业发展中的制度创新和文化建设
——在济南嘉馨房地产开发有限公司大会上的报告 / 182

文化建设

企业文化的由来及其内涵 / 193
企业文化研究将呈现深化、扩展的趋势 / 200
转型期的文化焦虑与企业文化创新
——在“中国企业文化建设山东峰会”上的发言 / 202
企业文化与企业制度是企业发展的两大支柱 / 210
企业文化建设中的制度创新与人本管理 / 214
企业社会责任：制度创新与文化建设有效结合 / 220
从企业战略角度看企业文化 / 222

凝聚企业文化和行业精神的时代力量 / 234
集团化企业文化的传承和创新 / 238
公司文化建设与母子公司文化关系 / 241
母子公司文化的融合与统一问题 / 246

企业调研

《正华宪章》起草动员会上的讲话 / 251
神华管理与公司发展的里程碑
——祝贺《管理视野》创刊 / 264
改革中发展与发展中改革
——福建省电子信息集团考察 / 268
黑松林企业文化的十四点示范作用 / 270
重视民营企业的制度创新
——来自沙钢集团的经验 / 274
文化铸就品牌 人本凝聚力量
——对广西十一冶集团公司企业文化的评价 / 276
晋路文化建设的成功经验和发展趋势 / 278
企业党建与企业发展的有机融合
——来自东方路桥集团的体会和感受 / 281
九牧发展的成功之路 / 283
天津海测精神与海测人 / 286
巴山文化的功效 / 289

地方调研

中国正在透支未来 / 295
构建服务型政府 / 299

发展特色产业　实现精准脱贫
——大竹县扶贫工作的实地考察 / 301
房山教育改革的启示 / 304
改革开放与经济发展
——来自延边州的实践经验 / 306
以教育改革推动地方经济发展
——深圳龙岗教育均衡发展的成功经验 / 308
老龄产业不是夕阳产业，而是亟待发展的朝阳产业 / 310
老区产业开发的实践经验
——东兰县实际考察的体会 / 312
偏僻山村怎样实现“民富村美”
——福建美岭村的探索与启示 / 314
企业改革提升福州对外开放水平 / 319
生态文明建设的青海启示 / 323
天津企业发展的问题和建议 / 325
推动老区科学发展的创新点 / 332
为经济转型提供人才保障 / 334
县域治理的发展思路 / 336
县域发展战略与企业战略创新 / 339
开创新型的政企关系 / 342
财富新泰与企业发展 / 346
以企业为主体发展庆阳经济 / 358
企业制度创新与常平村的变化 / 361

治学感言

《中国国有企业董事会治理指南》序 / 369
《中国企业家成长问题研究》：企业家理论的新突破 / 371

读《企业发展战略学》/ 374
诠释网络治理：对一种新治理范式的探索
——《网络治理：理论与模式研究》一书评介 / 377
用心管理与用力管理的结合
——对《心力管理》一书的评价 / 379
人生体验与治学格言
——2018 年北京邮电大学新生讲座 / 383
昨天、今天和明天：从教 50 周年的一点感受 / 388
中国企业管理变革与我的体验 / 392
中国企业改革与发展的探讨
——在“致敬 70 年，中国企业管理发展论坛”上的发言 / 398

附 录

中国人民大学商学院教授邓荣霖：中国最重要的是发展，很多争论没必要 / 407
给小企业更大的发展空间 / 413
企业多元扩张要“三思”/ 415
市场经济条件下企业行业、行业组织与政府行为的关系
——访著名经济学家、中国人民大学教授邓荣霖 / 418
现代企业更须加速技术进步
——访著名经济学家邓荣霖教授 / 423
发展，我们需要注意什么？
——就管理局发展战略方针访著名经济学家邓荣霖 / 427
调整产业结构与提升企业整体竞争力
——访中国人民大学商学院教授邓荣霖 / 431
国企高管薪酬与国企管理模式 / 433
邓荣霖：行为科学帮不了国企 CEO / 437

管理理论

On Management

● 建立适应社会主义市场经济新体制的政府职能和企业经营机制

制定和贯彻《全民所有制工业企业转换经营机制条例》(以下简称《条例》),是建立和完善社会主义市场经济体制的重要组成部分。因为制定《条例》的根本出发点就是要改变在计划经济旧体制下企业作为政府机构附属物的服从地位,确立企业在社会主义市场经济新体制下作为独立经营主体的自主地位,使企业经营机制摆脱计划经济旧体制的束缚,建立起反映社会主义市场经济规律要求的企业经营机制,所以,《条例》的制定和颁布,与社会主义市场经济体制的目标是一致的。

由此可见,在贯彻《条例》的全部过程中,都必须坚定地按照党的十四大精神,以建立和完善社会主义市场经济体制,作为贯彻《条例》的根本指导思想。转换企业经营机制,与建立社会主义市场经济体制,是相互促进的依存关系。

我们应当充分认识到,在 1992 年 10 月党的十四大正式提出并明确我国经济改革的目标就是建立社会主义市场经济体制之后,我国的改革开放进入了一个新阶段。这是党的十四大对中国历史发展的重大贡献。十四大明确提出社会主义市场经济体制是我国经济体制改革的目标,这是新中国成立以来40多年历史经验的总结，特别是改革开放14年实践发展和认识发展的必然结果，是今后我国经济发展和经济改革的客观要求。《条例》的基本精神，与社会主义市场经济的基本含义是一致的，这就是：

——一切社会经济活动都处在市场关系中，市场是资源配置和要素流动的基本方式；

——企业作为经济活动的基本单位，在社会主义市场经济条件下拥有独立的经营自主权；

——政府对企业不再直接干预，而是采取间接宏观调控的手段；

——要求建立开放、统一、有序的市场规则，以法律手段规范企业行为和政府行为以及企业与政府之间的关系。

由于《条例》是在十四大之前制定的，因此，在贯彻《条例》的过程中，必然会按照十四大正式提出的社会主义市场经济体制的要求，不断丰富和发展，使《条例》发挥更大的作用。在这里，有两层意思：

一是《条例》已经明确规定的内容和具体条款，要坚定地不折不扣地贯彻落实。

例如，《条例》明确规定企业拥有的14项经营自主权，符合十四大精神和社会主义市场经济体制的要求，必须尽快地全部地落实与实施。

二是《条例》尚未明确规定的内容，但在党的十四大文件中已经决定的改革措施，符合社会主义市场经济体制要求的转换经营机制的改革内容，也应当作为贯彻《条例》的实际行动，使得《条例》的贯彻与社会主义市场经济体制的建立和完善更加紧密地结合起来。

例如，十四大提出国有企业要理顺产权关系，承担国有资产的保值增值责任。关于国有资产的产权责任明晰化问题，在《条例》中未能明确规定。但是，按照十四大精神和社会主义市场经济体制的要求，国有企业在转换经营机制过程中必须承担国有资产保值增值的责任。同时，在贯彻《条例》的过程中，大量事实表明，国有资产产权责任明晰化，是一个不可回避和逾越的问题。转换企业经营机制本身就包含着改变过去那种对国有企业的国有资产产权责任不清的状况，建立起对国有资产负责的经营机制。因此，在贯彻实施《条例》的过程中，理所当然地应当按照市场要求来管好国有资产，通过多种有效途径来实现国有资产产权责任明晰化。比如对国有企业进行股份制改造，有利于明晰国有企业的产权关系。随着社会主义市场经济的发展，我国产权市场的发展，必将更加有利于国有企业产权责任的明确，使《条例》的贯彻实施更富有成效。

当前的首要问题是必须坚定地不折不扣地落实《条例》已经赋予企业的各项经营自主权，彻底摆脱计划经济旧体制的束缚，使国有企业迅速转为市场导向，真正能够面向市场；使国有企业卸掉过重的经济负担，为国有企业平等地参与市场竞争创造必要条件；通过理顺产权关系，实现政府行政权管理职能与资产所有权管理职能的分离，使国有企业在市场竞争中追求资产增值和经济效益最大化。这既是贯彻《条例》的具体表现，也是建立社会主义市场经济体制的重要内容。

贯彻《条例》与建立社会主义市场经济体制两者关系的结合点是企业。因为从贯彻《条例》来说，就是落实赋予企业的经营自主权，使企业经营机制从计划经济旧体制轨道转换为社会主义市场经济新体制轨道；从建立社会主义市场经济新体制来说，企业是社会主义市场经济的主体，企业不仅必须拥有《条例》已经规定的经营自主权，还将拥有《条例》尚未规定但按社会主义市场经济体制要求所应当具有的其他经营自主权。企业经营机制就是社会主义市场经济竞争机制的具体表现。由此可见，企业在社会主义市场经济中的主体地位及其经营自主权是贯彻《条例》的立足点。但在前一段时期贯彻《条例》的过程中，出现了“谁是企业”的问题，尤其表现为“怎样对待公司”的问题。从转换企业经营机制和建立社会主义市场经济体制来说，这确实是一个必须统一认识和切实解决的问题。公司问题，在我国是一个现实问题，也是一个理论问题。我对公司进行了多年的调查与研究，先后出版了三本有关公司理论与实务的基本教材，即《工业公司概论》《公司经营学》《现代公司实用手册》。

当前，在贯彻《条例》与建立社会主义市场经济体制的过程中，正确、科学地对待公司，具有重要的现实意义和深远的战略意义。

我国现阶段的公司问题主要表现在两个方面：一是不能有效地利用公司这种现代企业组织形式来开拓国内市场和国际市场，发挥公司在社会主义现代化经济建设中的骨干地位作用；二是有些政府行政机构以公司名义去行使计划经济旧体制下的那些行政权力职能，把公司变成政企不分的混合组织。

关于前一个问题，即公司的作用问题，应当看到，国内外市场经济发展的历史和现实已经充分证实，公司是商品经济发展的产物。公司的出现，推动了商品经济的进一步发展。公司发达的国家，都是市场经济发达的国家。公司是市场经济的基本主体。公司是市场经济条件下最先进最重要的大型企业组织形式，公司是实现工商结合、工贸结合、农工商结合、技工贸结合、生产与科研结合、生产与金融结合的最有效的现代企业组织形式。在改革开放的 14 年巨大成就中，我国成千上万的各类公司作出了巨大贡献。从我国社会主义市场经济发展的需要和社会化大生产以及科技进步的客观要求来看，我国公司不是多了而是少了，尤其是能够在国内市场和国际市场竞争中发挥骨干作用的公司太少了。

长期以来由于计划经济旧体制和传统观念的束缚，我国企业组织形式处于落后状态，规模经济效益差。在社会主义市场经济体制下，现存大量的“小而全”“大而全”的工厂式企业越来越难以适应社会主义市场经济发展的要求。公司式企业的优越性就在于，把工厂的高度专业化生产与市场的需求多样化有机地结合起来，实现社会化大生产与多种经营相结合的现代大企业的规模经济效益。在贯彻《条例》的过程中，随着改革开放步伐的加快和社会主义市场经济的加速发展，我国公司必将得到更大发展并发挥更大作用。

关于后一个问题，即公司的含义问题。必须明确，公司是企业。公司不是一级政府机构，也不是政企合一的混合组织。这是就公司的组织内涵和特征而言的。但在我国目前公司法尚未出台的情况下，具体到某一个公司是不是真正的企业，不能只是看它是否挂着公司牌子，还必须考察它是不是具备企业的内涵和特征。这些内涵和特征包括：直接在市场经济中从事经营活动；以营利性目的作为经营活动的直接动机；是独立核算并自负盈亏的经济实体；承担纳税义务；自主经营、自我发展、自我约束。当前的问题在于，现实中的一些公司，不是真正的公司，不是真正的企业，特别是有些政府机构在不放弃行政权力的情况下，又以公司名义或者集团名义来截留真正企业的经营自主权，使《条例》的实施遇到了困难。

解决这个难题的根本出路在于加快立法进程，尽早出台公司法。公司是一个经济概念，更是一个法律概念。公司必须依法成立，其中包括必须由法律认可的专门机构来审定公司登记、注册、变更以及有关事项。必须改变由政府行政机构直接组建公司的做法，以避免公司的混乱状态。在公司法尚未出台之前，在当前贯彻《条例》的过程中，一方面，既要发挥真正公司的作用，使得经济实体性公司拥有经营自主权；另一方面，又要采取必要措施，解决那些政企不分的公司改造问题，以保证《条例》的顺利实施。

《条例》的制定和贯彻，其根本目的是要抛弃计划经济旧体制，建立社会主义市场经济新体制。虽然《条例》本身的内容是直接规定转换企业经营机制的事项，但从体制改革的角度看，涉及企业与政府之间的关系。实践表明，企业经营机制的转换和政府职能的转变，是建立社会主义市场经济体制和贯彻《条例》同一个过程的两个方面，两者缺一不可。没有政府职能的转变，就难以转换企业的经营机制。而《条例》只规定了企业的行为，并没有具体规定政府的行为。这是

《条例》贯彻过程中的又一个难题。

解决这个难题的有效办法，就是进一步提出贯彻《条例》的具体实施规则，从建立社会主义市场经济体制的目标出发，对企业与政府分别提出要求，改变过去那种企业过分强调外部因素和政府过分强调企业内部因素的彼此脱节的一些说法和做法，使得企业经营机制的转换和政府职能的转变两者有效地结合起来，彼此补充，相互促进，以利于《条例》的贯彻和社会主义市场经济体制的建立。

对企业来说，按照社会主义市场经济体制目标的要求，贯彻《条例》，转换经营机制，既是机遇，又是挑战。因为《条例》的贯彻，必将有利于实现政企分开，使企业真正拥有经营自主权，为企业进入市场创造有利条件。但是，由于市场竞争是激烈的，这又对企业提出了更高的要求。在市场经济条件下，企业必须把内部能力（包括人力、物力、财力、技术及其他资源）与外部环境（包括自然物质环境、社会文化环境、政治法律环境及经济环境）有机地结合起来，最大限度地利用有利因素并使消极因素的影响减少到最低限度，不断增强企业的活力。企业活力，表现为企业在市场竞争中生存与发展的能力。企业的经营行为是否富有成效，是由市场来检验的。市场的核心是顾客，是用户，是消费者。企业与市场的关系，具体表现为企业与顾客、用户、消费者的关系。企业面向市场，就是要确立并实现“顾客至上”“用户第一”“消费者第一”的经营理念和经营方针，用企业家精神创造一流的企业技术和企业管理，为国内外市场提供质量、价格、信誉均为优等的产品和服务。这是企业转换经营机制的根本方向和在市场竞争中立于不败之地的基本源泉。

对政府来说，按照社会主义市场经济体制目标的要求，贯彻《条例》，就是要转变政府职能，精简政府机构，不再直接干预企业的经营活动，而是为企业创造良好的外部环境，落实企业的经营自主权，真正发挥企业在社会主义市场经济中的主体地位作用。

政府在贯彻《条例》的各项实施政策和有关的具体规定中，应当规范我国境内各类企业的经营行为，改变过去那种按所有制、按部门、按行业、按经营方式分别制定政策的做法。例如，1993 年 7 月 1 日起实行新的财务会计制度，彻底改变了过去那种分所有制、分部门、分行业、分企业经营方式不同而分别制定制度和进行管理的做法，实现财务会计管理的规范化、科学化。政府对企业不应当再套用行政级别，而是可以按企业经营规模和经济效益进行分类指导，加强对企业的约束和监督。

政府的各项政策和各种规定，应当适应市场经济规律的要求，有利于培育市场体系，建立与国际市场接轨的我国统一的市场体系，包括建立发达的商品市场、资金市场、信息市场、人才市场、产权市场、房地产市场以及全方位的生产要素市场和充分发展诸如期货市场这种高级市场形态的市场体系。应当尽快建立公平、公正、公开的“三公”市场竞争秩序，使各类企业在市场竞争中处于平等地位，改变市场扭曲、地方保护、部门垄断、关卡林立、各自为政的市场分割状况。

政府应当大力推进社会化进程，解决企业办社会问题，减轻企业的社会负担；逐步建立社会保障制度，统一管理待业、养老、工伤、医疗等保险制度，实行不区分所有制界限以及用工类别的社会养老保险制度。

贯彻《条例》和建立社会主义市场经济体制的根本出路在于加速我国的立法进程。社会主义市场经济作为一种损益经济，实际上是一种法治经济；它不同于计划经济，计划经济作为一种审批经济，实际上是一种人治经济。《条例》的贯彻，符合社会主义市场经济发展的方向和社会主义市场经济体制的要求，有利于社会主义市场经济条件下的法制建设。而《条例》的真正实施和全部落实，又要求加快各项法律制度的立法进程，使法制建设跟上转换企业经营机制和转变政府职能的时代步伐，客观地反映社会主义市场经济发展和社会主义市场经济体制的要求。因此，构造我国社会主义市场经济的法律体系，尽快赋予《条例》内容的法律效力，是转换企业经营机制和转变政府职能乃至建立整个社会主义市场经济体制的根本保证。《条例》的贯彻，必然要求并伴随着与社会主义市场经济相适应的法律体系的完善。但目前我国法律的滞后状况，已经给《条例》的贯彻和社会主义市场经济体制的建立造成极大困难，甚至混乱状态。例如，目前我国公司已有 30 多万家，而且还在继续发展，但至今公司法尚未出台，致使公司的成立和变更无法可依，不是由市场来决定公司的命运，而是借某种行政力量甚至某个长官的意志来断定公司的生死存亡。只有通过公司立法，才能保证公司这种企业与其他企业组织形式在社会主义市场经济中的主体地位和平等地位，从根本上解决目前某些公司政企不分的混乱状况，从而有效地贯彻《条例》，以利于转换企业经营机制和转变政府职能。在这方面，我们可以借鉴国外市场经济发达国家的成熟法律和国际公认的规则，使我国企业经营机制的转换尽快地适应我国重返关贸总协定形势的要求。

（原载国务院经贸办企业司等编著：《走向市场——转换企业经营机制方法谈》，北京，中国统计出版社，1993）

● 市场经济条件下的企业行为及其与行业组织的关系

我国经济体制改革的目标是建立社会主义市场经济体制。尽管实现这个目标的过程是艰巨、复杂的，甚至是曲折、反复的，现阶段仍处于由计划经济旧体制向市场经济新体制转轨变型的过渡时期，而且这个过渡时期很可能是一个相当长的时期，但是，我们在研究行业组织和行业管理问题时，必须着眼于实现市场经济新体制的目标，立足于市场经济新体制的规律性要求，抛弃计划经济旧体制的习惯性方式，以保证思路正确，避免出现偏差。具体来说，以企业行为为出发点和归宿点来研究行业组织和行业管理，是建立市场经济新体制的要求，是市场经济基本含义的表现。

市场经济的基本含义是：

——社会经济活动处于市场关系之中，市场是资源配置和要素流动的基本方式，建立起具有竞争性的市场体系，由市场决定价格；

——企业是市场主体，拥有独立自主的经营权，自主地作出经济决策，独立地承担决策的经济责任，以法律判断企业行为；

——政府对企业行为不再直接行政干预，而是建立起有效的经济调控机制，对市场运行予以引导和监控，弥补市场经济本身的缺陷和弱点；

——建立开放、统一、有序的市场运行规则和公平、公正、公开的市场竞争秩序，制定完备的经济法规，保证经济运行的法制化，以法律规范企业与政府以及企业与外部组织的各种关系；

——遵循国际经济交往中通行的规则和惯例。

市场经济条件下的企业行为，集中体现出企业在激烈的市场竞争中求生存、求发展的行为。因此，企业按照法律规定，独立自主地从事市场经济活动，追求企业经营目标的实现和企业绩效的最大化，包括企业的盈利率、增长率、技术进步及其经济效果，是企业行为的基本动机。

在市场经济活动中，企业行为的有效性，表现为市场经济的有效性和可行性，即企业通过市场竞争来实现企业自身的价值愿望并带来社会资源的有效配置；企业行为的局限性表现为市场经济的局限性和盲目性，即企业过度竞争所造成的不合理性并引起某种行业性垄断的危害性。企业行为的有效性和局限性并存，是市场竞争过程中不可避免的现象，对于行业组织来说，基本任务是充分发挥企业行为的有效性，尽力抑制企业行为的局限性。

社会主义市场经济体制的构造，既要以企业行为为出发点和归宿点，又要研究政府行为及其与企业行为的关系，还要重视研究行业组织行为及其与企业行为和政府行为的关系。唯有明确企业、政府、行业组织三者之间的行为关系，才能实现社会主义市场经济体制的目标要求。因此，在市场经济条件下，行业组织不仅是必要的，而且是不可缺少的。我国经济体制改革的实践过程表明，计划经济旧体制下没有行业组织的地位和作用，而随着企业行为的独立自主性和市场竞争性的增强，政府职能的转变和政府机构的精简，市场经济体制的建立与完善，行业组织便应运而生并将愈益显示出其重要地位和作用。所以，问题不在于要不要行业组织，关键在于需要什么样的行业组织，在于怎样更好地发挥行业组织的作用。

市场经济条件下的行业组织（本文以行业协会为代表），是由企业自愿参加并组成的非营利性民间协调组织。行业协会既不同于营利性经济实体的企业，也区别于行政性管理机构的政府。行业协会同企业与政府沟通并在企业与政府之间起着桥梁和纽带的作用。行业协会既要起到企业所不具有的作用，又要起到政府所无法起到的作用，行业协会应受到企业和政府的双重赞赏，这就是行业协会的正确定位和生存空间。否则，如果把行业协会办成企业，或把行业协会变成政府，行业协会必将失去其存在价值，受到企业和政府的两面夹击，费力不讨好。

在由计划经济向市场经济的过渡时期，特别应当警惕习惯性地把行业协会变成政府的延伸机构和派出机构或变相的行政管理部门，一方面是政府革除了计划经济体制下直接干预企业行为的某些旧职能，另一方面又变相地通过行业协会对企业行为进行直接干预，使行业协会成为直接干预企业行为的行政性机构。我们必须防止和克服那种既不利于行业协会又有损于企业利益的状况出现，使行业协会从成立伊始就沿着社会主义市场经济体制的轨道健康发展，起到推动社会生产力发展的积极作用。

行业协会是市场经济发展的产物，在市场经济发展过程中，企业的市场竞争行为表明每个行业同时存在许多企业，而且一般行业是大中小企业并存。同一行业的数量众多的企业之间既存在市场竞争关系又包含着彼此合作关系。这些合作关系的内容广泛，涉及生产、销售、技术、人力、资金以及各种经营要素，涉及专业化分工协作、零部件加工装配、原材料供应与服务以及产品系列化、通用化、标准化过程中的诸多业务。其中有些合作关系通过企业之间的直接联系能够实现，但有些合作关系是企业自身不能或无力直接实现的，因此行业协会的形成便成为众多企业的客观要求，是市场经济发展的必然结果。这种客观要求和必然结果告诉人们，行业协会应当做好那些企业不能或无力去做的事情，而企业能够做到的事情应当由企业自己去做，行业协会不要直接干预或越俎代庖。只有这样行业协会对企业才是真正必要的，不是额外负担。

行业协会在行业管理中的职能，就是反映企业意愿，为本行业的众多企业提供信息和人才方面的服务，协调行业内部企业之间的竞争与合作关系，通过协商、咨询、交流、培训和其他有效方式来指导企业行为的健康发展。能够满足企业要求是行业协会得以存在的先决条件。行业协会应当立足于企业，向政府反映企业要求，使企业权益体现在政府的产业政策和经济发展规划之中，并使企业行为遵守国家法律和政策的规定，既保证企业经营活动的独立自主性，又利于企业行为接受政府宏观经济调控的正确引导，维护企业和行业的合法权益。

行业协会的组成，应当打破地区、部门界限和所有制界限，不受行政机构的条条块块束缚，其目的在于使行业协会真正起到对企业行为的指导作用，消除计划经济旧体制下企业分属不同地区、部门、所有制的弊端，反映全国社会主义统一大市场的客观经济规律要求，有利于企业在国内外市场竞争中获得更大的发展。同行业的各种类型的企业，均可成为行业协会会员，享有同等权利并承担共同义务，交纳会费，参加行业协会各种活动。企业接受行业协会的协调和指导所带来的后果，包括获利和损失，都由企业自己负责，行业协会不为企业行为承担经济责任。当然如果企业不接受行业协会的某种协调和指导，但行业协会却单纯用行政手段去强制企业接受而造成后果，应当在法律范围内追究行业协会的责任。随着社会主义市场经济体制的建立与完善，必然会不断地出现新的行业协会，同时某些不适应要求的行业协会也可能会解体，这是新陈代谢的正常现象。

由于各种行业的特点不同，不同行业协会的内部成员企业规模大小及其数量多少和比例程度是有差别的。有的行业协会内部中小企业较多，有的行业协会内部大型企业较多，还有一些行业协会内部企业规模相差悬殊，这些客观状况表明各个行业协会必须从本行业的实际出发对企业行为进行协调和指导。从企业的市场竞争行为来考察，不同行业内部的企业之间的竞争关系是有区别的，即不同行业的企业所处的市场条件是不同的，或是不同行业有着不同的市场结构。实质上，这是企业行为的微观经济环境的基本内容。所谓市场结构，是指某一行业内的企业之间在数量、规模、份额方面的关系及其竞争方式。这是行业组织理论的重要概念。研究行业协会是行业组织理论的组成部分，但两者不是等同的。行业组织理论，也称产业组织理论，或称工业组织理论，因为英文中的"industry"一词，译成中文可视不同场合为"工业""产业""行业"，主要是运用现代微观经济理论来研究企业、行业、市场之间的相互关系，以及市场结构、企业行为、企业绩效之间的相互关系。在行业组织理论中，依据某一行业内提供某种产品的企业数量多少、规模大小、市场占有份额不同，一般分为完全垄断、寡头垄断、垄断性竞争、完全竞争四种市场模式。不同行业的不同市场模式中的企业行为，对产品的差异程度、价格控制水平、进出行业能力、非价格竞争立法（如广告、派员销售等）的采用以及其他各种市场竞争方式的运用，都会表现出不同的特点。应当明确，行业协会的内部成员企业无论是企业的规模大小不同，还是企业行为的市场模式不同，都不会改变企业与行业协会之间关系的基本性质，也不会改变行业协会内部的成员企业之间的竞争与合作关系。虽然一个或少数几个大型企业可以在行业协会中充当领袖企业，在行业协会中占据主导地位并发挥骨干作用，但绝不能由一个或少数几个企业操纵行业协会，使行业协会沦为某个或少数几个企业控制的企业分支机构或变相营利性企业集团式垄断组织。行业协会具有独立的法人资格。行业协会应当制定必要的章程或公约，以维护行业协会内部成员企业之间的平等地位和公平竞争。对违反行业协会章程或公约的企业，可以采取必要的惩罚措施，以利于企业行为的合法化和行业的协调发展。行业协会本身不是一成不变的，其内部成员企业可增可减。行业协会之间也会出现合并或分立现象。政府在企业与行业协会之间以及行业协会与行业协会之间可通过法律手段起到指导和监督作用。

（原载中国工业经济协会编：《论工业行业管理新体制——'95行业管理论坛论文选编》，北京，中国社会出版社，1995）

● 组建行业协会　加速政府职能的转变

随着社会主义市场经济体制的建立和不断完善，政府对企业的管理方式日益间接化，客观上造成政府主管部门的很多职能成为多余。与此同时，政府与企业之间在中介环节上出现了真空，而组建行业协会，一方面可取代政府部门原有的一些过时的职能；另一方面可为企业与政府之间的联系打开新的通道，从而较好地实现政企分开和政府职能的转变。

一、组建行业协会的指导思想

研究行业组织和行业管理问题，必须着眼于实现市场经济新体制的目标，立足于市场经济新体制的内在要求，抛弃计划经济旧体制的习惯性思维，以保证思路正确，避免出现偏差。具体来说，就是要以企业行为为出发点和归宿来研究行业组织和行业管理。

二、市场经济条件下企业行为的特点

市场经济条件下的企业行为，集中体现为企业在激烈的市场竞争中求生存、求发展的行为。企业按照法律规定，独立自主地从事市场活动，追求企业经营目标的实现和绩效的最大化是其基本动机。

市场经济条件下，企业行为的有效性和局限性同时存在。企业行为的有效性表现为市场经济的有效性和可行性，即企业通过市场竞争来实现自身的价值并给社会带来资源配置效益；企业行为的局限性表现为市场经济的局限性和盲目性，即企业过度竞争的不合理性和行业垄断的危害性。企业行为的有效性和局限性是市场竞争过程中不可避免的现象。

三、建立行业组织，保证企业行为的有效性，克服其局限性

为保证企业行为的有效性，克服其局限性，一个重要的途径就是建立行业组织，其基本形式是行业协会。我国经济体制改革的实践过程表明，在计划经济旧体制下没有行业组织的地位和作用，随着企业行为的独立自主性和市场竞争性的增强，政府职能的转变和政府机构的改革以及社会主义市场经济体制的建立与完善，行业组织应运而生并将日益显示出其主要地位和作用。

市场经济条件下的行业组织，是由企业自愿参加并组成的非营利性民间协调组织。行业协会既不同于作为营利性经济实体的企业，也区别于作为行政管理机构的政府。行业协会沟通企业与政府之间的联系并在企业与政府之间起着桥梁和纽带作用。

行业协会在行业管理中的职能，就是反映企业意愿，为本行业的众多企业提供信息和人才方面的服务，协调行业内部企业之间的竞争与合作关系，指导企业行为的健康发展。行业协会应当立足于企业，向政府反映企业要求，使企业权益体现在政府的产业政策和经济发展规划之中，并使企业遵循国家法律和政策的规定，从而既保证企业经营活动的独立自主性，又促进企业行为接受政府宏观调控的正确引导。

四、关于行业协会的组建

行业协会的组建，应当打破地区、部门和所有制的界限，不应受

行政机构的条块束缚，其目的在于使行业协会真正起到对企业行为的指导作用，消除计划经济旧体制下企业分属不同地区、部门、所有制的弊端，以反映全国统一大市场的整体性要求。企业接受行业协会的协调和指导所带来的行为后果，包括盈利和亏损，都由企业自行负责，行业协会不对企业承担经济责任。当然，如果企业不接受行业协会的协调和指导，而行业协会用单纯行政手段强制企业接受所造成的后果，应当在法律范围内追究行业协会的责任。

由于各行业特点不同，不同行业协会的内部成员、企业规模大小及其数量多少和比例是有差别的。各行业协会必须从本行业的实际情况出发对成员企业进行协调和指导。从市场结构的角度来考察，不同行业内部企业之间的竞争关系是有区别的，这是企业行为的微观经济环境的基本内容。所谓市场结构，是指某一行业内的企业之间在数量、规模、份额上的关系及其竞争方式，这是行业组织理论中的重要概念。行业协会也是行业组织理论的组成部分，但两者是不相同的，行业协会更强调对市场竞争的组织和协调，既要起到企业所不具有的作用，又要起到政府所无法起到的作用，行业协会应受到企业和政府的双重称赞，这就是行业协会的正确定位和生存空间。

五、组建行业协会值得注意的问题

第一，行业协会的职能定位必须准确

这里特别要警惕习惯式地把行业协会变成政府的延伸机构和派出机构或变相的行政管理部门。组建行业协会不可走入以下误区，即一方面政府消除了计划经济体制下直接干预企业行为的某些旧职能，另一方面又变相地通过行业协会对企业行为进行直接干预，使行业协会成为政府直接干预企业的工具，这是值得注意的根本性问题。行业协会与政府的职能必须分开。

第二，行业协会与企业的关系必须界定清楚

在市场经济发展过程中，企业的竞争环境中成员众多，多为大中小并存。同一行业内众多企业之间，既存在着市场竞争关系，又存在着彼此合作的关系。而有些合作关系的建立，尤其是众多企业之间的市场协调，是少数企业难以做到的，而行业协会因其能满足众多企业的共同要求，随着市场经济的发展便应运而生了。这一背景客观要求行业协会只能做那些企业不能或无力去做的事情，企业能够做到的事情应当由企业自己去做，行业协会不能直接干预甚至越俎代庖。只有这样，才能使行业协会和企业的联系得以长久保持。

第三，行业协会的权威性须由其公正性加以保证

根据行业内提供某种产品的企业数量多少、规模大小以及市场份额的差异，可将行业内竞争模式分为竞争垄断、寡头垄断、垄断竞争和完全竞争四种。不同市场模式中的企业对产品差异程度、价格水平、进出行业的壁垒、非价格竞争方法的选用等的控制是各不相同的，但有一点是明确的，行业内成员企业，不论企业规模大小如何，也不论市场竞争模式如何，都不会改变企业与行业协会关系的基本格局，行业协会应对行业内全部成员公平开放，这是行业协会信誉和生命力之所在。虽然行业协会中常常有一个或少数几个大企业充当领袖企业，在行业协会中占据主导地位并发挥骨干作用，但绝不能由一个或少数几个企业操纵行业协会，使行业协会沦为少数企业的分支机构或变相的垄断组织。行业协会应制定严格的章程和公约，以维护行业内成员企业之间的平等地位，行业协会的公正姿态应具有普遍性。

（原载中国工业经济协会编：《建立工业产业管理新体制——’96 行业管理论坛文选》，北京，改革出版社，1997）

● 经济增长和企业行为

关于经济增长的方式，社会上流行多种划分方法，例如速度型增长、结构型增长和效益型增长；粗放型增长与集约型增长；均衡增长和非均衡增长；等等。事实上，经济增长方式可以分为两类：依靠要素投入的增加而实现的经济增长，称为外延型增长；依靠要素生产率的提高而实现的经济增长，称为内涵型增长。

在实际的经济增长中，这两类增长方式是无法截然分开的。对一个社会的经济活动来说，在任何时期，这两种增长方式都是同时并存、共同作用的，只不过在不同的时期侧重点不同而已。某一时期以外延型增长方式为主，另一时期以内涵型增长方式为主。因此，经济增长不存在绝对的、简单的由一种增长方式向另一种增长方式的转换。准确的、科学的提法，是由以一种增长方式为主向以另一种增长方式为主转换。

就我国经济发展的现状来看，随着经济发展水平的提高，内涵型增长日益成为占主导地位的增长方式。这是因为：第一，我国经济的总资本量已有相当规模，但其中占主导部分的国有资本效率普遍低下，因而内涵型增长尚有很大余地；第二，随着经济总体规模的扩大，其内部的结构性矛盾、技术与管理落后的问题日益突出，新要素投入的边际收益不断下降，导致外延型增长相对不经济。基于上述两方面原因，当前经济增长中的主要矛盾是，对存量资本进行调整，实现现有要素投入的产出增长，也就是从内涵上增长，这是经济增长的主要方式。

中国自 1978 年实行改革开放以来，经历了几起几落的经济发展周期，伴随着数次通货膨胀的循环波浪。几次物价上涨主要集中在生活必需品和能源、交通、原材料等基础产业上，这是结构性通货膨胀的典型表现。国家每次都对通货膨胀及时采取了治理措施，包括收缩投资规模、控制货币投放量、以行政措施平抑生活必需品价格以及其他一些“紧缩”政策。这些措施在当时取得了一定的社会效果，但它们带有很大的局限性，不能从根本上解决经济发展中的深层问题。同时，面对一些地方政府抢项目、铺摊子、大搞开发区的热潮，国家采取了严格控制新开工项目、限建楼堂馆所、促进国有企业扭亏为盈、加强农业投入等措施，力图从调整产业结构、盘活存量资产、提高经济效益入手，引导资金投入农业、能源、交通等基础产业，以强化经济增长的内涵方式，削弱经济增长的外延方式，控制盲目需求，增加有效供给，进而保证经济的长期稳健发展。然而，这些结构性调整政策的实施却是极其困难的，难就难在计划经济旧体制的束缚和国有企业制度的机制性障碍。在国有企业大面积亏损而又未能转变经营机制的现实状况下，要实现从外延型为主向内涵型为主的转换，挖掘生产潜力，提高经济效益，谈何容易！由此可见，实现经济增长以内涵型方式为主，乃是我国现阶段和今后一段时期经济发展过程中的艰巨任务。

实现经济增长以内涵型方式为主的关键，在于充分发挥企业行为在内涵型增长方式选择中的作用。因为无论哪一种增长方式，最终都是通过企业行为来实现的。经济增长方式是社会生产力发展规律的表现，也是企业成长规律在经济发展中的综合表现。所以，经济增长方式的选择，是企业行为的内在要求。社会主义市场经济条件下的企业行为，集中地体现出企业在激烈的市场竞争中求生存、求发展的行为。企业是社会生产力发展和经济增长的载体，企业行为的基本动机是按照法律规定，独立自主地从事市场经济活动，追求企业经营目标的实现和企业绩效的最大化，包括企业的盈利率、增长率、技术进步及经济效益。而政府在经济增长方式选择中的作用和对经济增长方式的设计，也需要相应的企业行为，必要时还应以相应的企业政策来推动企业行为。换句话说，政府对企业的政策，取决于需要什么样的企业行为。那么，为实现以内涵型方式为主的经济增长，需要什么样的企业行为呢？按照从计划经济旧体制向社会主义市场经济体制转变和建立现代企业制度的要求，从我国经济发展的实际情况出发，当前需要着重强调的企业行为是：

第一，以提高经济效益为目标的规模扩张行为；

第二，以进入或退出某行业为特征的调整行为；

第三，以革新技术和改进管理为主要内容的经营行为。

上述三种企业行为，在社会主义市场经济条件下，是企业自主经营、自负盈亏、自我发展、自我约束的自然行为，但在我国企业特别是国有企业未能实现“四自”和尚未转变经营机制的情况下，必须要有相关的政策来推动这些行为，并为这些行为扫清障碍。

大企业和小企业在实现以内涵型方式为主的经济增长过程中的行为是有区别的，所以政府对大企业和小企业应采取侧重点不同的企业政策。

大企业是实现规模经济效益、促进产业组织合理化的主力军。但在我国目前情况下，单纯依赖国家增加投入来扩张大企业规模，只是杯水车薪，解决不了多大问题。较为有效的方式是改变计划经济旧体制下国家是单一投资主体的做法，由单一投资主体转换为多元投资主体。多元投资主体既包括国有资产的投资主体，也包括各种社会法人机构、外商投资主体、个人投资主体。多元投资主体的好处是，有利于明确投资主体的责任，有利于投资主体之间的竞争和相互监督，有利于实现政企分开和政资分开，从而提高投资经济效益。大企业可依据国家有关法律规定，从实际情况出发，有效地选择实现多元投资主体的具体途径和方式，包括在增量股份化中实行公司制，在采用企业兼并方式中实行公司制，在发展企业集团中实行公司制，在盘活存量资产中实行公司制，在互换股权中实行公司制，以及其他切实有效的方式。

当然，大企业要实现规模经济效益，在目前环境下会遇到种种困难。例如，促进企业之间的兼并，可以使现有存量资本相对集中，是实现内涵型经济增长的有效方式。但是，我国目前的企业兼并状况极其错综复杂，企业兼并行为会遇到来自多方面的阻力，包括一些地方政府的阻力，被兼并企业不愿接受兼并，兼并企业不愿进行兼并，以及诸如债务包袱沉重、冗员过多无法安置等具体问题。为此，应当采取实际措施予以解决，并按《公司法》和有关法律的规定，规范企业的兼并行为，以利于内涵型经济增长方式的顺利进行。依据社会主义市场经济规律的要求和《公司法》的规定，企业兼并行为的基本目的是获得更好的经济效益，包括：规模效益；财务效益；提高被兼并企业管理水平所获得的效益；扩大市场占有率所获得的效益；利用被兼并企业的已有网络，扩大兼并企业的形象所获得的经营战略性效益；分散经营风险所获得的多角化经营效益；购买价格较低的现有设备，降低设备投资成本，提高设备投资报酬率所获得的效益。

对经济效益好的大公司尤其是上市公司，国家应支持和鼓励其增资扩股。这是实现经济增长以内涵型为主的一条典型的、有效的途径。因为这些公司的增资扩股，是在提高科技水平和利润率基础上扩大企业规模的行为，是实现效益与规模有机结合的行为，是通过生产与科技有效结合实现经济增长以内涵型增长方式为主的行为。1992

年我曾在《中国软科学》杂志撰文指出:“股份公司拥有巨额资本,进而能够拥有雄厚的科技力量,吸收高水平的科技人才从事高投入的科研活动,从而使生产与科技处于相互依存、相互促进的良性循环状态之中。”[①]科学技术是大企业销售额增长的直接源泉。中国钢铁、汽车工业中有的大企业产量并不比国际同类大公司少,销售额却只有人家的一个零头。我国最大的3家钢铁大企业即宝钢、首钢、鞍钢的销售总额合计只有意大利伊利公司的15.7%,不及世界最大的500家企业中冶金类最后一名德国德古萨公司;上海汽车工业总公司销售额仅及美国通用汽车公司的2%,仅占世界最大的500家企业中最小的企业日本AISIN SEIKI公司的35.7%。出现上述差距的重要原因就在于我国企业产品基本上是大路货,若增加大公司的高科技含量,使产品上档次,销售额也就必然上升。

几年来,我国上市公司取得了明显效果,但从总体来看,仍然不能适应我国经济发展和改革开放的需要。目前我国上市公司虽然已有200多家,但真正属国内外著名大企业的却非常少,在行业中起排头兵作用的大公司更是微乎其微,特别是支柱产业上市的大公司太少,严重地限制了支柱产业的发展。因此,在实现经济增长以内涵型方式为主的过程中,一方面应把股份公司上市的重点放在大型企业和特大型企业上面,另一方面应支持和鼓励已有大型上市公司的增资扩股,这对于我国优化资源配置、调整产业结构、促进基础设施和支柱产业的发展,具有极其重要的现实意义和深远的战略意义。

为使上市公司的增资扩股行为规范化,必须强调《公司法》的指导作用,严格按照《公司法》和相关法律的规定,坚持上市公司的信息披露制度,加强监管工作。同时,要发展和完善我国证券市场,尽快建立起依法运作、高效有序的资本市场和资金市场,使企业经济效益和整个社会效益都有大幅度增长,使生产要素和各种资源流向社会

① 邓荣霖. 发挥股份公司在科技进步中的作用. 中国软科学,1992(4).

最需要、企业效益最好的地区、部门和产业中去。在资本市场和资金市场中，必须坚持公平、公开、公正的原则，反对欺诈、操纵、作弊、弄虚作假行为；必须维护全国经济的稳定与健康发展，规范国家股、A股（个人股）、B股（外资股）、C股（法人股）、H股（香港上市的人民币特种股票）的交易行为，促进国内资本市场与国际资本市场的对接和并轨。

为实现以内涵型方式为主的经济增长，不仅应当重视大企业行为，而且还必须非常重视小企业行为。由于过去计划经济旧体制的长期束缚，在高度集权式行政管理的支配下，人们存在着对小企业的某种偏见，“小土群”的说法在中国一度颇为流行，甚至成为制定某种方针的依据，造成小企业忽起忽落、忽高忽低的盲目发展，要么不讲效益地使小企业扩张，要么不加区分地使小企业成为行政管理中“关、停、并、转”的对象。但事实上，从社会生产力发展规律的角度来考察，小企业是一个国家经济增长不可忽视的极其重要的组成部分。为此，我们应当科学地对待小企业，并提出符合实际的小企业政策。在我国建立社会主义市场经济体制的过程中，要客观地、全面地看到小企业的优点和缺点，采取切实有效的措施，使小企业的发展有利于实现内涵型方式为主的经济增长。

小企业的兴旺对国民经济和整个社会的繁荣与稳定至关重要。小企业与大企业是同时存在、相互补充、相互促进、共同发展的。小企业往往是大企业的产品市场，小企业欣欣向荣，大企业产品就有销路；小企业捆死了，大企业必将受害。小企业不仅吸收了大量的社会就业人员，而且具有缓和社会失业冲突的功能，一旦大企业不景气，出现被裁减人员和社会失业者，小企业可以帮助消化，从而使社会保持稳定。从实现经济增长以内涵型方式为主的角度来看，小企业的存在是实现产业组织合理和市场竞争有序的重要基础。因而，要实现内涵型增长的结构效益，就离不开小企业的发展，而小企业自身素质的提高，更是内涵型增长中企业效益的重要方面。

小企业行为的最重要特点是与企业家的关系越来越密切，这也是小企业的突出优点。小企业能够发展为大企业，由小到大、由弱到强，但并非所有小企业都会成为大企业，关键取决于是否有企业家。小企业与企业家是互相推动的关系，小企业需要企业家，企业家需要小企业，两者的共同点在于创新精神。小企业具有极强的新陈代谢功能，日新月异，每时每刻都可能形成新经济因素的生长点，而且机动灵活，应变能力强，是企业家比在大企业更能充分发挥才能的有利环境和有效场所，满足了企业家希望看到自己创造性设想实现全过程的愿望。现代小企业，是建立在社会化大生产基础上、具有新含义的小企业，不是单纯规模意义上的“小而全”的企业，特别是不断适应高新技术进步要求、专业化程度高的开拓型小企业，能够最充分发挥现代人的潜能，不断创造新的生产力。这正是小企业的活力所在。

政府针对小企业的企业政策，是提供帮助和服务，其重点应放在扶持小企业的技术进步，促进小企业提高经营管理水平上。为此，建议国家设置专门的小型企业管理机构。但这不是计划经济旧体制下的那种所谓行政主管机构，而是社会主义市场经济体制下的政府新型机构。这个机构的职责是为小企业提供帮助和服务，并制定相关的政策，包括：提供职业训练，协助小企业提高人员素质的劳动政策；建立面向小企业的专门金融机构和信用制度，提供低息贷款和贷款担保的金融政策；减轻小企业的税收负担及与特定产业政策目标相联系的优惠税收政策；对为小企业提供企业诊断、业务指导的地方公共团体组织、小企业团体组织和社会中介组织支付补助金，以及促进小企业技术改造的特别折旧制度的有关财政政策；限制大企业滥用市场支配力，建立小企业互助团体，保证小企业有平等接受政府订单的机会，制定小企业与大企业在市场交易中的条件公平化政策；为小企业提供信息咨询服务，协助制定不同产业现代化计划和对发展远景提供预测的信息指导政策。

由此可见，我国现阶段实现以内涵型方式为主的经济增长，必须重视分析大企业行为和小企业行为，并制定相应的大企业政策和小企业政策。无论是大企业行为及其相应政策，还是小企业行为及其相应政策，对国有企业来说，都要求转换企业经营机制，转变政府职能，深化企业改革和体制改革。从企业行为和企业改革来看，实现以内涵型方式为主的经济增长，基本出路在于建立现代企业制度，按公司制度改造传统的国有企业制度；从政府行为和体制改革来看，实现以内涵型方式为主的经济增长，基本目标在于，增强企业在国内外市场中的竞争力并为企业转换经营机制创造良好的制度环境，加速建立并完善社会主义市场经济体制。

（原载《中国软科学》，1996（4））

● 现代企业管理制度纲要

第一章　现代企业组织形式及其管理制度

一、企业组织形式的划分及其对管理的影响

我们研究企业管理，首先必须明确企业管理的对象是什么。企业组织形式的不同，对于一个企业的管理制度有着重要影响。所以，研究企业管理的前提是分析企业的不同类型。

企业组织形式的划分可以有不同的角度，我认为主要从三个角度来划分。

（1）从国内外共同的企业历史来看，按照企业资产所有者形式的不同，可以把企业分为：独资企业；合伙企业；公司。这三种企业的管理有着不同的要求。

（2）按照企业的组成方式不同，可以把企业分为：1）单厂企业，即一个工厂就是一个企业。2）多厂企业，即多个工厂联合组成一个企业。多厂企业一般以公司为代表。显然，单厂企业的管理其实是工厂管理，其特征表现为单纯的生产管理。在计划经济体制下，我国的企业管理就是工厂管理。1988 年《中华人民共和国全民所有制工业企业法》

(以下简称《企业法》)公布以后，在北京召开的一个座谈会上，我明确指出1988年《企业法》实际上是部工厂法，因为它是以工厂为对象来制定的，不是一部真正意义上的企业法。我认为1994年7月施行的《公司法》在一定意义上是部真正的现代企业法，因为公司是现代企业的典型代表。我们今天究竟是研究工厂管理还是研究公司管理，这个问题必须明确。当然，它们之间有一些共同点，但是也有很多的不同点。市场经济条件下的企业形态，它最有效的、最典型的表现应该是公司形态。当然，这里所指的公司不是那种行使政府管理职能的政企不分的公司，应该是符合《公司法》要求的真正的公司。

我认为，市场经济条件下真正的企业管理是以公司管理为代表的，但是这种公司管理绝不是政府机构那一套职能。如果不明确这些基本前提，我们研究的企业管理就有可能回到过去工厂管理的老路上去。

(3)按照企业的规模形态不同，可以把企业分为三类：1)小企业，包括单个工厂企业、独资企业或合伙企业；2)大企业，一般以公司、特别是大公司为代表；3)企业集团(在欧美多称为跨国公司)。这三类企业规模不同，显然它们的管理要求也是不同的。

我们研究企业管理究竟以什么为对象，必须有一个清楚的共识或前提，这样才能很好地开展研究。各种类型的企业，它们的管理既有共同点，也有不同点。我们的研究必须抓住它们的共同点，以某类企业为基本对象，兼顾其他类型的企业。应当明确，企业组织形式划分的三个角度，它们之间是有交叉的。企业组织形式及其划分角度对于企业管理有着极其重要的影响。

二、现代企业的含义

我们研究的企业管理应该是现代企业条件下的管理，即现代管理。所谓现代企业，我认为必须具有两个支柱：一是现代技术；二是现代管理。只有拥有现代技术和现代管理的企业才能称得上是现代企业，这两个支柱缺一不可，而且相互联系。我们应该研究制定在现代技术条件下的企业管理制度，而且管理制度又要有利于企业掌握现代技术，必须把握好这个重要前提。我国过去有很多企业引进了现代技术，可是没有引进现代管理。先进的技术并不意味着先进的管理。当然，先进的管理应当是建立在现代技术基础上的管理。我们在研究制定现代管理制度的同时，应当考虑到现代技术，因为它们是相互联系的、现代企业不可缺少的两个支柱。而且，我们应当认识到，企业组织形式和现代企业是两个不同的概念，任何一种企业组织形式的企业都可能成为现代企业。也就是说，不管是小企业还是大公司，抑或是跨国公司，都可以成为现代企业，关键是要看它是否拥有这两个支柱。虽然企业组织形式可以是不同的，这两个支柱却是共同的。

当前世界上现代企业最主要的表现，我认为一个是小企业，另一个是跨国公司。跨国公司在一个国家的社会经济活动中起着举足轻重的作用，研究企业管理必然要研究跨国公司的管理，而跨国公司的管理实质上与公司的管理相同，是在一般公司管理基础上的进一步发展。同时，小企业的管理也非常重要，西方发达国家对市场经济条件下的小企业管理就特别重视。在美国、加拿大的教科书中，小企业管理单列一章，不跟公司管理混为一谈。我们在重点研究讨论一般大公司管理的同时，要对小企业给予强调或重视，这一点应当注意。

三、现代企业管理制度是现代企业制度的重要组成部分

现阶段我们研究企业管理是在建立现代企业制度这个改革的总体方向上来进行的，管理制度是现代企业制度的一个重要组成部分，我认为立足于这一点来看，就要处理好现代企业制度的几大内容之间的关系。1994 年 6 月我提出现代企业制度包括三个组成部分：第一，以公司产权制度为代表的现代企业产权制度；第二，以公司组织制度为代表的现

代企业组织制度；第三，以公司管理制度为代表的现代企业管理制度。在党的十四届三中全会通过的《中共中央关于建立社会主义市场经济体制若干问题的决定》（以下简称《决定》）中有关现代企业制度的十六字精神当中，这三部分反映为十二个字，即“产权清晰”（产权制度要解决的问题）；“权责明确”（组织制度要解决的问题）；“管理科学”（管理制度要解决的问题）。另外，还有“政企分开”四个字，我认为是这三部分的基础。没有政企分开，企业产权就无法清晰，企业内部权责利就不能明确，企业科学管理就更无从谈起了。而且，政企分开也表现在这三个方面，在产权制度方面表现为政资分开；在组织制度方面表现为企业要有自己独特的组织机构和组织系统，不能套用政府的机构设置方法；在管理制度方面则表现为适应企业特性的科学管理。

现代企业制度的三大组成部分，我认为是缺一不可、相互影响的统一整体。所谓缺一不可，是说对于全国的企业而言，在任何时候这三部分都是不可或缺的。至于具体到某个企业、某个时期，哪方面作为重点，这可以因条件而变化。所以，我们要全面理解这三个部分，不能片面，不能刮风。1994 年 6 月份，我在讲话中把管理制度包括在现代企业制度里面，当时有些人还提出不同看法，那时的气氛是产权几乎压制一切。现阶段又有一种偏向，似乎是产权搞不下去了，就只抓管理。我认为，产权问题还是主要的，但不能把管理排除在外。所以，如何处理好产权制度、组织制度和管理制度三者的相互关系，需要有一个总体的思路。必须处理好三者之间的关系，否则容易导致另外一种偏向，似乎今后现代企业制度中只抓管理制度了。其实，如果这样做，管理制度肯定也是搞不好的。所谓相互影响，是说管理制度搞不好，即使产权清晰了，权责明确了，也不能真正建立起现代企业制度；反之，单纯只抓管理，如果财产关系不清楚，组织机构不理顺，权责利不明确，那么，管理也不可能搞好。所谓统一整体，是说这三大部分最终都归结到现代企业制度这个问题上来，它们都是现代企业制度的有机成分。

总之，我认为《决定》中有关现代企业制度的十六个字是正确的，必须坚持下去，必须写进《'95现代企业管理制度纲要》中。再者，我还要强调，我们研究的现代企业管理制度应当以公司的管理制度为代表，以真正的、一般的公司为对象、为目标。既要以政企分开为前提，又要有利于推动政企分开。同时，也要考虑到一般公司管理基础上的跨国公司管理以及小企业管理的特点。

第二章　现代企业管理制度的特征

一、现代经营观念的确立

管理改革，在一定意义上是观念变革。要搞好现代企业管理，首先必须确立现代经营观念。这里涉及以下几个问题：

1. 经营的含义

英语里有个单词“business”，过去有人把它译为“企业”、“商业”或“工商”等等，我认为译为“经营”比较恰当。经营是一种从商活动，但这个“商”是广义的商，不是商业流通那个狭义的商。有一本在国际上影响很大的英文杂志 *Business Weekly*，我国译为《商业周刊》，它所包含的内容不仅仅只是商业流通领域，还包括工业、金融业等领域。从这里也可以看出，“business”与商业流通中的“商业”是有区别的。

那么，经营的确切含义究竟是什么呢？我认为，经营就是企业依据内部条件和外部环境而从事的商品经济活动，或者说市场经济活动。企业就是市场的主体，它直接从事市场活动，企业经营的一切行为都是市场经济行为。现在，很多人把经营等同于销售，其实，销售在英语里专门有“sale”这个单词对应，经营与销售绝不是等同的。

经营是生产和流通的统一和结合，既不是单纯的生产，也不是单纯的流通，而是既有生产又有流通。生产经营活动这个概念是不确切的，因为生产包含在经营之中。现在还没有哪个概念能够全面准确地概括中国企业的所有市场经济行为，我试图用“经营”这个概念来概括。

2. 经营观念的内容

要搞好一个企业的管理工作，首先必须树立起经营观念。企业经营观念包括空效观念和时效观念两部分内容。

（1）空效观念。即从空间的扩展中获取经济效益的观念。因为一个企业的经营活动总是在一定的空间范围内进行的，空间包括市场、生产的地区等等，所以，企业扩展了空间，就能从中获得经济效益。空效观念具体表现为以下内容：1）开放观念，就是整个企业要对外开放，既要对国内市场开放，也要对国外市场开放；2）开拓观念，企业要不断开拓自己的活动空间，要不断创新；3）多角经营观念，多角经营的具体内容有纵向多角经营、横向多角经营、多向性多角经营和复合性多角经营；4）形势法则观念，就是一个企业要依据形势发展的客观规律来分析研究自己的经营活动；5）联合观念，企业要善于通过与别的企业的多种形式、多种内容的联合来扩大自己的力量。

（2）时效观念。即从时间的节约中获取经济效益的观念。企业的一切行为都是节约时间的行为，时效观念的重要性在于，其实质是速度与效益的有机结合，企业经营活动既要求速度，更要求效益。时效观念具体表现为以下内容：1）资金周转观念，企业的一切管理工作都要有利于企业资金周转，其中包括利息观念；2）投入产出观念，怎样尽可能少地投入，尽可能多地产出，实际上是一种时间的节约；3）信息传递观念，企业的信息管理非常重要，信息传递应当迅速、准确、广泛；4）智力投资观念，投资了智力就等于节约了时间，高智力水平才能求得企业的更快、更大发展。

（3）空效观念和时效观念的共同点在于：1）效率观念，一个企业之所以要扩展空间、节约时间，目的就是求得高效率，所以企业管理必须以效率为生命；2）竞争观念，企业如果没有竞争观念，就不可能有空效观念和时效观念；3）人才观念，对于人来说，重要的不在于数量，而在于质量，所以企业管理必须要有人才观念。

二、面向消费者

消费者是企业管理工作的出发点和归宿点，是检验企业管理工作优劣的唯一准绳。我认为市场就是消费者，面向市场就是面向消费者，寻找市场就是寻找消费者。现在很多地方所谓建立市场就是找块地皮搭几个棚子，其实那是有场无市，搞形式主义。消费者在哪里，市场就在哪里，企业管理工作就从哪里出发。企业必须找到消费者，否则，时效观念和空效观念就会成为没有意义的概念。在计划经济体制下企业管理工作是面向政府的，在市场经济法制下必须转为面向消费者。可以说，目前我国大多数企业都不尊重消费者，所以，我认为评价企业管理工作的优劣首先应当看是否尊重消费者权益，是否对消费者负责。

三、生产过程和流通过程的结合

在旧的计划经济体制下，生产与流通被人为地分割开，企业管理实际上是单纯的生产管理，研究对象主要是工业企业的生产过程。在市场经济体制下，这样来研究企业管理显然是不行的，因为企业经营是生产与流通的结合，企业必须工商结合，研究管理单纯针对某一领域的企业来进行已经落后了，例如 1992 年的《全民所有制工业企业转换经营机制条例》现在看来就不符合现实要求。企业按其经营业务的内容划分为工业企业、商业企业等等，尽管这种分类本身并没有错，但是它越来越不符合现实的需要，企业跨领域多角经营是适应市场竞争的必然。而且，具体到某个企业究竟是生产重要还是销售重要，不能一概而论，应当具体问题具体分析，中心思想是要有利于企业发展，研究企业管理工作时要注意这点。

四、内部条件与外部环境的结合

我认为，企业管理工作的目的就是要把企业有限的内部条件予以充分地利用和发挥，也就是资源配置在企业内部的最优化。将企业内部条件理解为过去通常讲的“人力、财力、物力”，似乎笼统了一些，不够确切，可以用“经营要素”这个概念来描述。经营要素包括生产要素、流通手段、企业商誉和信息要素四部分。其中，生产要素包括自然物质条件（即原料、材料、土地等）、劳动力、资本（即厂房、机器设备、必要的资金等实物形态和货币形态）、技术（即知识在生产过程中的运用，如生产工艺操作方法等）；流通手段包括销售渠道、推销方式；企业商誉包括商标、服务质量、企业形象（包括企业信用等）；信息要素就是统称的信息。

以上四大类共十个具体要素，它们的相互关系以及各自所占的比重可以因为企业管理状况的不同而不同。企业管理就是对这些要素的组合，企业的管理水平就表现为对它们的运用，这些要素本身也是企业实力的表现。所以，管理工作是既要增强企业活力，又要增强企业实力。增加了经营要素的数量和质量，就是增强了企业实力；在经营要素不变的条件下把企业搞活一点，就是增强了企业活力。企业的实力和活力两者既有区别，又有联系。过去一提管理工作就谈搞活企业，我认为仅有这点是不够的，现代企业还必须具有实力，要不断扩大规模，企业管理不仅要有利于在原来规模上搞活企业，还要有利于增强企业实力。

计划经济条件下的企业管理是单纯的内部管理，企业只是眼睛向内不断挖潜，一旦外部条件发生变化，就无法适应。在市场经济条件下，企业管理必须内外结合，既要眼睛向内，充分组合好内部要素，又要眼睛向外，不断适应外部环境的发展变化。外部环境在市场经济条件下对企业的管理是非常重要的，不能认为外部环境只是政府的事，与企业无关，当然，政府有责任为企业创造良好的外部环境，但是，企业的管理工作必须善于分析外部环境，主动地适应其发展变化。对于一个企业来说，它的外部环境包括以下几个方面：

（1）历史环境。就是要回顾分析企业经营变化的历史过程。一个企业只有回顾历史，然后着眼现实，才能看到未来。不了解企业历史，不分析企业现实，是搞不好管理工作的。

（2）自然物质环境。是指企业经营过程中面临的可资利用的各种资源，这些资源包括自然界中天然形成的自然条件，以及经过一定加工处理的各种原材料。企业应当注意在原有资源短缺的情况下，努力寻找可替代资源。

（3）政治法律环境。是指影响企业经营活动的政治、经济制度，以及一系列有关的法律、法规和政策。我提倡企业应当认真分析国家法律、法规和政策的变化，企业应当把对它有利的政策充分用足，避开对它不利的政策，政府不能认为企业这是“上有政策，下有对策”，如果认为有必要的话，政府可以修改、补充政策，而不能埋怨企业，苛求企业，政府的职责就是制定和不断完善一项好的政策。企业作为营利性组织，有理由也应当有权利从自身利益出发来分析、研究、利用国家的有关法律、法规和政策。

（4）社会文化环境。是指通过社会上各类人的生活观点和态度、习惯和行为表现出来的，影响企业经营的价值观和社会信仰。例如，人们的消费观念和社会的就业观念总是不断变化的，这就会对企业管理工作造成重大影响。

（5）经济环境。是指企业经营过程中所面临的各种经济条件、经济联系及各种经济因素。虽然经营只是企业的行为，但是企业经营活动是社会经济的重要组成部分，所以经济环境对企业管理的影响更直接、更重要。经济环境有两类：1）宏观经济环境，即国际经济状况和国家的国民经济状况及其形势；2）微观经济状况，即企业所在的行业状况及其所处的市场类型。

企业外部环境对企业管理工作的影响既有有利的一面，也有不利的一面。企业管理应当充分利用其外部环境中的有利因素，尽量把不利因素对其造成的损失减小到最低限度，虽然它不可能排除外部的不利因素。我认为“抓住机遇，迎接挑战”这句话能够生动地表达市场经济条件下外部环境对企业管理工作的要求，机遇就是摆在企业面前的有利因素，必须抓住；挑战就是对企业的不利因素，必须去迎接，尽可能减少其负面效应，逃避和退缩是没有用的。

另外，企业在经营过程中要承担社会责任，因为企业的存在依靠社会资源，企业的发展来自社会对其产品及服务的不断需求。企业经营一方面要追求利润，这是企业内部条件与外部环境结合的目的；另一方面也要承担相应的社会责任，这一观点在第二次世界大战以后才为各国企业界普遍接受。

企业责任最主要的是满足社会上六种人的利益要求。第一，投资者。资本是最重要的企业内部要素，企业扩大资本一靠内部积累，二靠吸引社会资金（这条途径更为重要）。投资者（即股东）不投资，就没有企业的存在和发展，投资者的目的就是获得投资利润回报，给投资者以较高的投资回报率，是企业满足投资者的最大责任，是检验企业管理工作优劣的首要标准。第二，顾客。企业对顾客最重要的责任是保护顾客的利益，保证提供的产品和服务不给顾客带来利益和人身安全的损害，尤其要对顾客忠诚老实，如果做不到这一点，那就是企业管理工作的最大失败。第三，债权人。企业开展经营活动，必然会与社会其他组织和个人发生债权债务关系。企业对债权人的责任是必须按时还债，这不仅是道义上的，也是法律上的责任。第四，职工。

企业管理要立足于维护职工利益，为职工提供满意的工作条件和劳动报酬。第五，政府。企业对政府的责任就是要遵守有关的法律、法规和政策。第六，社会公众。企业对社会公众承担的责任包括下列内容：提供就业机会；参与社会慈善活动；保持环境清洁，消除污染；以公平合理的价格销售产品和服务。

五、经营战略与管理方法的结合

关于企业经营，首先要有经营战略，企业管理必须树立长远的战略观念，不能总是罗列一些具体现象就事论事，不能有短期行为。其次还要重视管理方法的改进，也就是具体管理工作的改进。我认为，企业管理是企业经营的一个组成部分，应当称其为经营管理。因为“管理”这个词涉及的领域很广泛，任何有人群、有组织的地方就有管理。例如，政府称为行政管理，学校称为教学管理，医院称为医务管理。这样，就把各种组织的管理区分开来了。所以，企业经营包括两个方面。一方面是要有经营战略。当然，战略本身也是一个大管理，这取决于如何理解这个概念，从总体来说，战略也属于管理的一个部分，称为战略管理。但是，单有整体战略，没有具体管理方法，战略就得不到落实，就会成为空洞的毫无意义的概念。所以，还得把战略具体化，也就是另一方面的管理方法。总之，企业管理必须把经营战略和管理方法相结合，两者缺一不可，不能偏废。

在经营战略中，企业要有长期目标，企业长期目标包括以下几方面：

（1）经济效益的长期目标。包括：1）销售额；2）利润；3）投资回报率；4）其他经济指标。

（2）社会效益的长期目标。包括：1）满足顾客，这是一个总体目标；2）企业商誉；3）改善环境；4）扩大企业规模，提供就业机会。

（3）综合效益的长期目标。包括：1）增长目标（或成长目标），就是企业作为一个组织要不断追求自身增长，由小到大，由弱到强；2）市场占有率；3）科技发展；4）质量，这里指整个企业的质量，包括产品和服务的质量，以及企业经营的质量。

根据以上这些目标，企业的经营战略可以分为以下几类：

（1）回避风险的战略。企业经营要尽可能回避风险，多角经营就是典型的回避风险战略。

（2）产出增长战略。就是企业要尽可能多地产出，然后扩大市场、渗透市场、占领市场。

（3）合理化战略。就是降低成本或者减少投资，但是，减少投资是在同样的产出下减少投资。

（4）竞争战略。就是企业管理工作要服从于、有利于企业在市场中的竞争。竞争战略包括市场领先战略、市场挑战战略和市场跟随战略。

以上所述就是现代企业管理制度的五大特征，从内容来看，就是企业管理工作的目标和思路。

第三章　现代企业管理制度的内容

现代企业管理制度的内容，是市场经济条件下企业管理工作不可缺少的内容，改进企业管理工作就要从建立现代企业管理制度开始。

一、销售管理制度

面向消费者是企业一切管理工作的出发点，因此销售管理对于企业管理工作尤其重要，销售管理也是我国企业的薄弱环节，尽管最近几年一直提倡加强。销售管理制度需要解决的几个问题是：

1. 市场营销职能

市场营销职能就是把产品和服务从生产者转移到消费者的过程中必须完成的全部工作任务。它包括：(1)购买；(2)销售；(3)运输；(4)储存；(5)产品分类，站在消费者的角度对产品进行分类，是为了方便顾客选择、购买产品；(6)筹款和付款；(7)风险承担；(8)市场信息收集。这八项工作为企业建立销售管理制度奠定了基础，也为设立销售管理业务部门创造了条件。另外，需要明确的是，不只是销售管理，企业所有业务管理机构的设置都应当遵循“因事设职，因职设人，人事相符，权责相当”的原则，这样才能避免目前我国很多企业的业务管理机构因人设事从而造成人浮于事或者事浮于人的状况，也避免管理人员有责无权或者有权无责的现象。

2. 市场营销组合

市场营销组合就是企业为实现市场营销职能而制定的市场营销策略，其内容包括：(1)产品；(2)价格，同样的产品可以制定不同的价格，这是一个定价策略；(3)销售渠道，同一种产品，同样的价格，可以通过不同的销售渠道进行销售；(4)销售方式，有广告、派员销售等。这四方面内容的组合就是要求企业销售管理制度是一种良性循环，也就是一种良性机制。机制是制度的具体表现，要依靠制度来保证，企业制度在运行中的良性循环就是企业良性的经营机制。企业管理工作改进的结果，应该是建立起一种良性的管理机制。

3. 选择对企业有效的目标市场

企业的销售管理制度最终要有利于它选择一个有效的目标市场。选择目标市场要注意两个问题：(1)细分市场。就是要从巨大的市场中找到属于自己的部分。(2)强调国内市场和国外市场的结合。企业要树立国际市场的观念，企业管理工作应立足于国际市场。但是，国际市场、国内市场、国外市场这三个概念是有区别的，国内市场与国外市场之和就是国际市场。中国市场是国际市场的一部分，而且是重要部分。我认为，企业占领了中国市场，在一定意义上也就是占领了国际市场。

二、生产管理制度

在市场经济体制下，必须改变过去计划经济体制下那种企业管理就是单纯生产管理，一切以生产为中心的状况。但是，这并不意味着生产管理不重要，生产管理制度依然是企业管理制度的一个重要组成部分。

1. 生产管理制度的指导思想

（1）生产管理是企业经营活动的组成部分，不是企业管理的一切。经营是生产与流通的结合，生产管理制度本身就应该确立与流通相结合的观念，不能为生产而生产，应当为销售而生产，总之，生产管理必须服从于销售。

（2）生产管理制度必须把产品作为商品来对待。只有把产品作为商品来生产，才是市场经济思想指导下的生产管理。

（3）生产管理应该力求生产过程的高效率和多品种相统一。现代企业对生产管理的更高要求是在同一条生产线上，既要保证高效率，又要实现多品种。而不是通过新增生产线来实现多品种生产，尽管那也是实现多品种生产的一种手段。生产的高效率与多品种必须统一在生产过程当中，日本的汽车生产企业就是如此。

2. 生产管理制度的内容

（1）制定产品计划。在市场经济条件下，企业的计划管理不仅不能削弱，反而应当加强。这里所指的“计划”不是过去旧体制下国家对企业的指令性计划，而是企业独立制定的反映企业利益的计划。企业的产品计划要与销售计划相协调，首先要确定产品生产的盈亏临界点，在盈亏临界点以上企业生产才能盈利，然后决定生产批量，接着进行产品开发，最后是产品说明书，要站在顾客的角度对产品进行说明。

（2）建厂计划。企业进行产品生产面临的首要任务就是工厂建设，企业的建厂计划包括两项重要内容：选择厂址和确定生产能力。企业扩大生产能力既可以通过新建工厂，也可以在原有工厂的基础上扩大。

（3）厂内布置。企业的生产管理要解决好厂内生产的合理布置，有利于生产过程的进行。

（4）库存控制。其任务就是谋求以最恰当的库存量（即最佳控制点）保证满足生产和销售需要，包括库存费用、订货制度、库存量等内容。库存控制一方面要保证供应，另一方面要尽可能少地占用流动资金。

（5）采购。主要是解决原料采购方式。

（6）设备维修。

（7）作业进度表。

（8）质量控制。质量控制应该属于生产管理制度的范畴，质量问题要解决在生产过程中，在生产过程之外考虑质量并不能从根本上解决问题。

（9）克服工人对机器操作单调的厌烦，丰富工人的工作内容，有利于增强其责任感，提高产品质量。

（10）保证工人的劳动安全。

三、人力资源管理制度

从总体上说，人力资源管理制度要有助于企业开发和利用人力资源。人力资源是个广义的概念，在企业范围内指企业所有的作业者和管理者。关于人力资源管理制度，主要解决以下几个问题：

（1）激励。一个企业的管理制度要有利于激励企业中的各种人完成他们的工作任务。激励包括物质鼓励和精神鼓励，激励就是给人以动机，然后由这种动机把他内在的积极性和主动性激发出来，而不是靠外部力量去强制和调动他的积极性和主动性。所以，企业管理制度一定要建立起激励机制。一个人的工作绩效取决于他的知识水平、能力（包括体力、精力等）和积极性三者，绩效作为一个函数，是这三个自变量的综合表现。过去总是认为只要调动了积极性，就能把企业管理搞上去，我认为这不是科学的态度。

（2）企业领导方式。管理在企业的指挥系统中表现为一种领导与被领导的关系，领导方式对于人力资源的激励、开发和利用非常重要。

（3）职工的挑选和培训。

（4）工资制度和福利待遇。

（5）企业的所有者、管理者与工人三者之间的关系，即劳资关系。

四、科技开发管理制度

企业应当拥有自己的研究开发管理体系，形成一套研究开发管理制度，从而有利于企业的研究开发工作。这里要解决的主要问题有：

1. 科技预测

科技预测需要企业的管理部门而不是科研部门对与本企业有关的科技发展趋势作出预测。

2. 科学研究管理

科学研究管理包括开展课题研究、科研设备和科研人员的配备等的管理。

3. 新技术、新产品的开发管理

过去总是把新技术、新产品的开发管理列入生产管理的范围，容易造成缺乏长远观点。因为生产管理主要以作业进度、计划操作为主，立足于应付现实，而新技术、新产品的开发管理则是着眼于长远的未来，它们是两种不同的思路，所以，应当把新技术、新产品的开发管理单列出来。企业应当配备一定的资金，安排一定的人员专门进行科研开发，让他们拥有相应的权力，承担相应的责任，这样才能保证企业经营的良性循环。

4. 生产技术准备和日常生产技术的管理

生产技术准备和日常生产技术的管理就是围绕着生产管理，企业需要制定一些技术准备、设计、工艺准备、试制、鉴定等的规章制度。

5. 科学技术信息管理

科学技术信息管理包括科学技术的情报系统、技术档案、技术标准的资料等。

6. 技术经济论证

企业在其管理系统中应该有强大的技术经济论证系统，为有关企业发展的科学技术方案提供经济论证和决策依据。

7. 科技人才管理

科技人才管理必须单独列出，不能作为一般的人事管理对待。

8. 技术转移和技术引进的管理

从管理工作方面来看，企业的利润由产品或服务的利润、技术的利润、资产经营的利润和外汇风险的利润四部分组成。技术的利润是通过技术商品化实现的，也就是说，通过转移技术或者开发新技术为企业创造利润。

五、财务管理制度

财务管理制度是企业管理制度中非常重要的组成部分，它的基础是财务会计制度。我认为，如果说前面四大管理制度还有某些中国特色的话，财务管理制度则完全是国际统一标准，这就要求我国企业建立起与国际接轨的财务会计制度，财务管理制度必须科学化。

（1）市场经济条件下企业财务管理的职能：

1）决定投资项目。投资项目需要资金，决策前必须进行财务会计评估。

2）为确定的项目筹集所需资金。包括筹集的数量、筹集资金的来源、筹集资金的结构，另外要分析市场上投资者的偏好，确定对企业最为有利的融资方式等。

3）控制资金的使用。包括会计核算过程（即会计控制）、现金流量的控制、财务报表的分析、统一控制、财务风险管理等内容。

这样就从根本上改变了计划体制下企业财务管理中算死账、算旧账的状况，市场经济体制下的企业财务管理应该算活账、算新账、算未来的账。

（2）根据财务管理职能，企业应该配备的财务管理人员有：

1）经济员。总的来说，经济员属于财务管理范畴，主要职责是分析和预测企业外部环境的变化对企业经营的影响，为企业决策者提供决策依据。

2）财务分析员。主要职责是分析企业以及企业内部各部门的财务状况，分析资产负债表和损益表。

3）现金管理员。主要职责是管理企业的现金，保证企业现金有足够的流动性，加速现金周转。

4）资本预算员。主要职责是评估企业的长期投资项目，包括项目的内部条件和外部环境，分析这个项目的风险和利润。

5）证券员（或称银行证券员）。主要职责是力求企业与金融机构保持良好的关系，一方面要让金融机构了解企业的财务状况，取得金融机构的信任，从而获得贷款；另一方面也要了解金融机构的信贷状况，以使企业寻求贷款时能够做到有的放矢。

6）兼并员。主要职责是寻求本企业进行兼并、收购等企业产权交易活动的机会。

7）出纳员。主要职责是掌握企业现金的流出，直接向企业的财务经理报告和负责。

8）会计长。负责整个企业的财务分析和会计控制，为制定财务计划提供条件，没有会计长的认可，企业的财务计划不能通过。

以上列举了八种财务管理人员及其职责，如果有了这八种财务管理人员，而且明确了财务管理的职能，那么，我国企业的财务管理就可以走上科学化的轨道，改变目前这种不规范的状况。

企业财务决策应该由企业领导来进行，要以企业的整体目标为依据，企业目标应当多元化和可量化，企业经营目标最终要落实到企业财务决策上。

第四章　现代企业管理者

一、管理者的特征及其重要地位

我认为，所有者、管理者、作业者和消费者是企业经营活动中最重要的四类人，前三类人是企业内部的，后一类人（消费者）是企业外部的，这四类人在企业经营活动中缺一不可。只有对这四类人都给予足够的重视，企业才能经营好。

简单地说，管理者就是通过别人来做好工作的人，或者说，是对别人的工作负责的人。管理者最重要的特征是：第一，他是决策者；第二，他要对下级的工作优劣负责任。所以说，管理者的代表是企业经理，以经理为首的管理者系统中的人都被称为管理者。与管理者相对应的一个概念是作业者，工人、会计员、推销员等都是作业者。管理者与作业者的区别主要是：第一，管理者的绩效是通过别人表现出来的，管理者不能只是自己任劳任怨，埋头苦干，还要通过别人来把工作做好，而作业者的绩效完全是通过自己的工作表现出来的。第二，管理者的绩效是一种团体绩效，而作业者的绩效是一种个体绩效。这两种绩效的衡量标准不同，对管理者和作业者的要求也不同，因为他们在企业经营活动中所处的地位不同。另外必须明确，管理者在企业内部是一元化的指挥系统，不能多头领导，要坚持一个下级只有一个上级。

管理者要在企业经营中发挥好作用，首先必须处理好与所有者的关系。管理者与所有者的利益在总体上是一致的，但是，由于两者的目标函数并不完全相容，所有者追求企业利润最大化，管理者追求其管理劳动的报酬最大化以及自身人力资本的增值，这样，管理者就有可能利用掌握的权力，为了达到自己的目的而侵蚀所有者的权益。所以，管理者与所有者之间是存在矛盾的，这就需要站在所有者的角度建立起一套对管理者的激励和约束机制。所有者在把企业交给管理者管理的同时，管理者就获得了很大的权力，形成了对企业的内部人控制，内部人控制问题是不可避免的，关键是所有者如何实现对企业内部人控制的控制，这是一个世界性的难题。

其次，管理者应当处理好与作业者的关系。在这个方面，作业者是基础。管理者水平再高，机器设备再好，作业者不认真工作，企业经营也搞不好。

最后，管理者要始终把消费者的利益放在首位。

二、管理者的层次

管理者是个总体概念，它内部还分有层次，这些层次因企业规模的大小而不同。一般来说，管理者的层次可分为高层管理者、中层管理者和基层管理者三个层次。规模小的企业也可分为两个层次。无论一个企业的规模如何小，即使一个工厂，至少也有两个层次。当然，规模很大的企业也可以有四个层次。因此，管理者的层次取决于企业的规模、企业内部结构的复杂程度以及企业的管理幅度。应当明确，管理者是有层次的，对不同层次的管理者，应该有不同的具体要求，管理工作不能一般粗。

三、管理者的职能

职能就是工作的含义，管理者的职能概括起来有以下几项：第一，计划职能，即管理者做计划工作；第二，组织职能，即分工与协调；第三，指挥职能，即一元化领导，上级命令下级；第四，控制职能，即检查、监督工作。当然，国外还有管理者的五职能、六职能之说，但这四项职能是不可缺少的。这四项职能是管理者的共同职能，任何管理者都要遵守。不同层次的管理者，这四项职能各自所占的比重不同，例如，计划职能对高层管理者特别重要，而基层管理者主要是控制职能。而且，各项职能的具体内容也有所不同，例如，高层管理者的计划职能主要是企业经营战略计划，基层管理者的计划职能则是一般的作业进度安排计划。

四、管理者的技能

所谓管理者的技能，就是管理者应该具备的本领。包括以下内容：

1. 业务技能

管理者必须懂生产、技术、销售、财务等方面的业务知识，这是起码的要求。

2. 做人的工作的技能

管理者的工作主要是与人打交道，所以，管理者要善于与人相处，能够了解人、关心人、激励人、团结人，充分利用人的长处，去实现企业的管理目标。这就是做人的工作的技能的含义。

3. 概念形成方面的技能

管理者要善于通过不断变化的情况、新的形势，来综观全局，高瞻远瞩，用系统论的观点来看待企业的管理工作，要协调下属的利害关系，形成新的概念，指导管理工作的发展。也就是说，管理者不能就事论事，必须通过自己的管理实践不断形成新的概念，一句话，要不断改进管理工作。当然，这种改进要通过新的概念的形成。那么，要形成新的概念，管理者就需要掌握大量的知识和信息，知识和信息的获取和积累对管理者就显得越来越重要。不拥有知识、不掌握信息的管理者是搞不好管理工作的。

以上三种技能是对所有管理者的共同要求，但是对于不同层次的管理者，这三种技能的要求程度有所不同。对于基层管理者业务技能要求相对高一些；对于高层管理者则是概念形成方面的技能要求相当重要；至于做人的工作的技能，不管哪个层次的管理者都要求具备，只是具体内容有所不同而已。

五、企业家的职业化

人们越来越认识到，中国企业经营不好，管理工作搞不好，原因在于缺乏企业家。企业家的职业化已成为我国企业管理工作中亟待解决的重要问题。我认为企业家目前可以定位到董事或经理，但不是所有董事和经理都是企业家。企业家的核心是企业家必须具有创新意识和开拓精神，只有具有创新意识和开拓精神的董事和经理才具有企业家的特征，才能称为企业家，才能把企业经营好。一个企业不可能有太多的企业家，但也不能没有企业家。我认为，从量的概念来看，一个小企业要有一个企业家，当然有两个更好；一个大公司要有三至四个企业家，但是多了也不行，没有更不行。对于企业家的要求就是必须职业化，我们既不能把企业家庸俗化，也不能没有企业家。管理者和企业家是两个既相联系又相区别的范畴，企业管理工作对二者有不同的要求。

第五章　现代企业管理制度的环境保证

所谓环境保证，是指企业要能够建立起现代企业管理制度，除了企业本身要努力，企业的外部也要做出努力。现代企业管理制度的环境保证包括以下内容：

一、市场体系的形成和完善

如果没有一个良好的完善的市场体系，现代企业管理制度的建立将无从谈起。孤立地抓企业管理是不可行的，没有意义的，一定要有有利于企业面向市场的一系列市场体系作为基础和保证。

二、法律制度的建立与完善

现代企业管理制度的存在与运行，必须依赖于一系列相应的法律制度的保障，这就对法律制度的建立与完善提出了要求。

三、社会保障体系的建立与完善

人力资源管理是企业管理的重要内容之一，社会保障体系的建立与完善极大地有助于企业的人力资源管理，企业管理工作的顺利进行离不开社会保障体系的支持。

四、政府职能的转变和宏观调节体系的建立

1. 政府的作用

（1）直接服务的作用。政府要为企业提供直接服务，例如，政府积极建设公共设施，以有利于企业经营活动的进行。

（2）调节和控制的作用。政府应当设立一定的机构来调节和控制企业的经营行为，尤其是对那些处于特殊行业、经营特殊产品或服务的企业。例如，药品的质量、食品的质量以及公平合理的价格等就需

要调节和控制。

（3）稳定和发展的作用。就是政府行为要有利于企业的稳定和发展，主要包括税率、货币供应、信贷政策、政府支出以及政府支出的对象等内容。

（4）直接帮助。就是政府对一些特殊的企业或者特别困难的企业要给予帮助。例如，对一些从事农产品或以农副产品为原料的工业企业，对一些出口企业，对一些经营困难但对社会有益的企业，对一些小企业等，政府应当给予扶持，帮助它们解决困难，健康发展。

2. 政府作用要达到的目的

（1）有利于企业管理制度的有效性。

（2）保证企业之间竞争的公平性。

（3）有利于企业经营管理的稳定性。

3. 政府调节的原则

（1）原则上，政府不能直接经营企业。当然，政府可以经营一些特殊的企业，但应当有特殊的管理制度。现代企业管理制度的对象是那些自主经营、自负盈亏的企业。

（2）政府对企业的调节应该是间接的调节，而不是直接的管理。而且这种调节应当着重于防止企业对社会造成损害，有利于企业在获得利益的同时朝着对社会有利的方向发展。我认为，政府的调节政策应当是事前禁止的政策，而不是计划经济条件下惯常的事前允许的政策。政府应当规定企业不能做什么，除此之外，企业就可以根据具体情况决定是否去做，当然要以不妨碍社会为前提。

（3）政府的调节同样也要接受法律的检查和法院制裁。将来应当建立一个专门法院来调节政府和企业的矛盾，因为建立起现代企业管理制度以后，政府和企业之间的矛盾将不可避免地经常发生，所以必须有一个专门的独立机构来进行裁决。

总之，关于政府调节，我认为，政府应当建立起一套调节的机制，包括：第一，法律机制，政府对企业的调节通过立法来实施；第二，经济手段，政府通过经济手段调节企业行为；第三，设立一些专门机构，包括某种法庭、某种社会中介服务机构等。这样，就使得政府调节更为主动，可以避免政府直接陷入企业管理工作的冲突当中。

（原载《中国企业管理大百科全书·现代企业制度卷》，
北京，光明日报出版社，1996）

● 企业集团的内部组织与管理

第一节　企业集团的组织目标及组织原则

从企业集团作为由具有一定内部经济联系的多个企业联合组成的经济组织的基本含义及其特征中可以看出，不仅企业集团是组织，而且企业集团的内部成员企业也是组织。因此，企业集团内部存在着大组织与小组织、整体组织与局部组织的关系。它们之间是一种互相依赖、互相制约的关系。不论是大组织还是小组织，整体组织还是局部组织，都必须有共同的组织目标，遵循共同的组织原则，使企业集团形成一种组织力量。这是企业集团作为经济组织生存和发展的基本原则，也是企业集团内部组织与管理工作的基本指导思想。

企业集团的组织目标，从根本上来说，就是在经济发展和技术进步中求得企业集团更好的生存与发展，为我国的社会主义现代化建设做出更大贡献。企业集团的这个组织目标是通过高效率来实现的，没有高效率就无法实现企业集团的组织目标。因此高效率就是企业集团组织目标的内涵。企业集团的高效率，既是在同其他企业集团的比较中确定的，表现为高于其他企业集团效率，也是在其成员企业的各自比较中确定的，表现为这些成员企业组成企业集团之后的效率高于之前各自的效率。

企业集团组织系统的高效率，是建立在企业集团内部的合理分工与有效协调的基础上的。集团内部的分工与协调、各个成员企业之间的分工与协调以及各种职能人员之间的分工与协调，比起单个企业的组织工作，显然更为复杂、更加困难。为此，努力做到企业集团组织机构精简，企业集团的高层领导班子精练，企业集团的各种职能人员精干，既有合理分工，又能有效协调，激发出蕴藏在各个成员之中的积极性、主动性，乃是实现企业集团组织系统高效率的必要保证。

企业集团作为一种现代的经济组织，是为着实施其内部的合理分工和有效协调而建立起的高效率的组织系统，应该遵循下列三项重要原则：

（1）统一目标原则。既然企业集团是作为一个组织而存在的，就必须有一致对外的共同目标。这个统一目标是高效率目标的具体化和深化的表现。如果缺乏统一目标，那么，这个企业集团就毫无意义。各个成员企业联合起来、组织起来，不是为组织而组织，而是为了实现企业集团的统一目标。

（2）法人平等原则。企业集团内部各个成员企业所具有的法人资格，表明这些企业之间在法律上的平等地位。这在客观上要求企业集团必须确认各个成员企业在经济活动中具有平等、独立地进行商品交换活动的自主权。因此，企业集团内部各个成员企业之间的关系，与每个成员企业内部各个单位之间的关系，是既有联系又有区别的。

（3）组织变革原则。由于企业集团内部各个成员企业条件的变化和企业集团外部环境的变化，企业集团须相应地进行组织调整与变动。企业集团的这种组织变革，应当反映出内部条件与外部环境的结合，不仅要保持各个成员企业之间的平衡，而且要体现整个企业集团组织的连续性过程，使企业集团的组织目标继续执行下去，不至于出现因组织变革而损害整个组织目标的状况。

第二节　企业集团的组织联系及其形式

企业集团内部的组织联系，即各个成员企业之间的关系，表现为一种经济关系。企业集团通常是由一些在经济上有着一定联系的关系企业所组成的。所谓关系企业，是指两个以上具有业务关系或所有权投资关系的法人资格的企业体。因此，企业集团就是由多个企业形成的关系企业体。在这些关系企业中，往往是公司这种企业组织形式起着核心的、主导的、基础的作用，故企业集团也多是以公司特别是经济实力雄厚的大公司为核心、为主导、为基础而形成的。

企业集团内部的关系企业，基本上有两种形式：

（1）两个以上具有业务关系的法人资格的企业体。所谓业务关系，包括生产、营销、采购、财务、人才、技术等方面的关系。其具体形式可以多种多样。例如，在生产联系方面，有承担产品装配的中心企业与承担零部件加工的卫星企业之间的关系；在营销联系方面，有生产企业与批发企业和（或）零售企业之间的关系；在财务联系方面，有企业之间的借贷关系或企业与金融机构之间的往来关系。所有这些业务关系，对于企业集团内部的任何一个企业来说，都会在一定程度上影响到这些企业的生存与发展，从而也影响到企业集团本身的生存与发展，两者的命运是相关的。

（2）两个以上具有所有权投资关系的法人资格的企业体。这种企业集团内部各个企业之间的经济关系，表现为相互之间的投资关系，并以此来带动其他的业务关系。一般来说，有以下三种具体形式：

1）控股公司与关联公司的关系。在这种企业集团内部，控股公司投资于关联公司。控股公司和关联公司都具有独立的法人资格。控股公司的转投资本必须在法定账册上予以记载，而且不得超过原公司（即控股公司）资本总数的三分之一。在年终的财务报表中，应当冲销企业集团内部相互投资的往来数额，以真实地反映企业集团的资本数额，避免造成假象。因为关联公司的资本是由控股公司的转投资形成的，并在控股公司的账册上已有记载，所以不能重复计算。控股公司对关联公司，一般是只控制一定数额的股权，不派人参与关联公司的管理工作，由关联公司独立自主地从事自己的各项经营活动。

2）母公司与子公司的关系。在这种企业集团内部，母公司不仅转投资于子公司，控制子公司一定数额的股权，而且往往还派人参与子公司的管理工作，包括向子公司委派领导人员、指导子公司的经营方向和调整子公司的业务关系。但是，子公司仍然具有独立的法人资格，受到国家有关公司的法律保护和监督，独立自主地从事经营活动，承担自负盈亏的经济责任。由于子公司的资本是由母公司的转投资形成的，所以，必须在母公司的法定账册上予以记载，并在年终财务报表中冲销企业集团内部的投资往来数额。一般情况下，母公司的转投资本数额不得超过母公司资本总额的三分之一。

3）多个法人的共同投资关系。在这种企业集团内部，各个成员企业（即作为法人企业而存在的公司）共同投资于企业集团的多种经营事业，形成姊妹公司的关系。这些姊妹公司的共同投资，如同它们各自投资于某种经营活动一样，承担各自盈亏的经济责任，所不同的是它们作为公司集团（即企业集团是由多个公司共同投资而形成的）的成员而从事统一目标的多种经营事业。因此，这些姊妹公司的各自投资，无须在专门的法定账册上予以记载，而且投资数额不受比例限制。这种企业集团内部的企业关系，在涉及诸如交通运输、服务行业以及其他公用事业活动的经营业务方面，较为明显地表现出来。

由控股公司和关联公司、母公司和子公司所组成的企业集团内部的经济关系，一般表现为控股公司和母公司是作为投资中心，关联公司和子公司是作为利润中心，关联公司和子公司的内部工厂或其他生产单位以及其他业务操作单位是作为成本中心，它们都为企业集团的共同目标和整体经济利益而发挥各自的作用。

如果企业集团是以跨国公司的形式存在，那么，在这种跨国公司式的企业集团内部，除了上述的企业集团内部关系企业之间的经济关系之外，还有着跨国公司内部的特殊经济关系。因为跨国公司内部的企业关系，不仅涉及这些企业相互之间的业务关系和投资关系，而且还涉及母国（即跨国公司的母公司所在国）与东道国（即跨国公司的子公司所在国）之间的关系，包括法律关系、货币兑换关系、关税及商品检验关系、技术转让关系、语言及文化习俗关系以及其他方面的关系。

跨国公司式的企业集团内部企业关系，大体上分为两种形式，即股权参与形式和非股权参与形式。

股权参与形式是指跨国公司的母公司在东道国新建的企业中占有股权和通过收买或参与当地企业的股份而占有股权。这是跨国公司内部企业关系的主要形式。其具体形式有三种：（1）全资子公司形式，即母公司拥有子公司的全部股权，也称做独资经营方式；（2）合资经营形式，即由母公司与东道国人士合股经营设在东道国的子公司，母公司占有子公司的一部分股权，可能是占大多数股权，也可能是占少数股权；（3）三方经营形式，即由母公司、东道国和国际金融机构（例如世界银行）三方共同投资，在东道国设立子公司。

跨国公司内部的母公司对子公司的控股份额比重不同，有着不同的组织形式和经营方式。但是，不论哪种具体形式，跨国公司内部的企业关系都表现出一些共同内容：（1）母公司对子公司的控股份额多少取决于母公司本身的条件和东道国的立法规定，而这两者是缺一不可的，并各自受到许多不同因素的影响；（2）母公司拥有股权的多少，表明对子公司控制程度的高低，因为股权是所有权并成为支配企业的关键，拥有股权越多就越能控制子公司的活动，拥有全部股权就意味着对子公司的完全控制；（3）子公司具有独立的法人资格，在东道国注册登记，服从东道国有关公司的法律规定；（4）母公司通过子公司所从事的经营业务内容可以多种多样，但其主要宗旨是利用当地市场环境，从事国际性的生产、投资和技术转移活动，而不仅是把产品从甲国销往乙国或丙国，这是跨国公司与不在国外从事生产活动的国际性贸易公司的主要区别。

非股权参与形式是指跨国公司的母公司不是通过对东道国的子公司的股权占有，而是通过提供各种服务来建立母公司与子公司的经济联系。这是20世纪70年代以来逐渐被广泛采用的跨国公司内部企业关系的重要形式。其具体形式有三种：（1）许可证（或特许证）合同形式。它包括许可证贸易和许可证合同。前者是母公司与子公司按一定价格，就母公司向子公司转让某项技术知识达成协议，子公司的偿付方式为一次付清或分期付清；后者是母公司按一定价格向子公司转让某项技术，而子公司对转让技术的补偿方式是依据产品的生产和销售数量由母公司按合同规定提取一定比例的费用。母公司虽然不参与子公司的股权权益分派，但可以对产品数量和质量进行监督。（2）统包合同形式。这是指母公司为东道国的子公司或其他企业和单位承包建设工程项目，例如厂房设施体系、交通系统、道路、水坝、油管以及其他生产设施，不仅供应机器、设备和物料，而且提供设计、建造、安装和交付使用，直到开工阶段的生产操作人员的初始培训等一整套服务。（3）管理合同形式。这是指母公司在一定报酬条件下，为国外某一企业或事业承担实际的经营管理工作，经过一定时期或一切工作转入正轨之后，再将其交还该国的原企业或事业人员去经营管理。

跨国公司式的企业集团内部对股权参与形式和非股权参与形式的选择与采用，既是母公司向国外发展的经营战略和策略的表现，又由东道国的经济水平、技术状况、管理能力及其对企业的政策所决定。

第三节　企业集团的组织结构

企业集团的组织结构就是其总部的各个部门和人员构成以及这些部门和人员之间的关系。以大公司为核心组成的企业集团，在许多情况下其总部就设在大公司，由处于核心地位的大公司（如母公司）来承担企业集团总部的职能。因此，企业集团的组织结构，有的表现为企业集团总部的组织结构，有的表现为企业集团内部处于核心地位的大公司的组织结构。但无论是哪种表现形式，企业集团组织结构的基本原理和内容都是一样的。

企业集团的各个部门及其人员之间的分工与协调，形成了该企业集团组织结构的“框架”。这个“框架”是由部门化、管理幅度和委员会这三个基本要素组成的。

部门化是把企业集团的业务工作和人员划分为可管理的部门的过程。部门化的基础在于分工，通过部门化而设立许多部门的过程，实际上就是对企业集团组织的业务活动及其人员配备的专业化过程。划分部门的方法是多种多样的，包括按职能划分部门，按产品划分部门，按地区划分部门，按用户划分部门。这些划分方法有各自的优点和缺点，适用于不同的组织，难以找到适合各类企业集团组织或各种条件的唯一的最佳方法。因此，每个企业集团都要善于分析各种划分部门的方法的优点和缺点，并根据自身所面临的内部条件和外部环境，选择有助于实现企业集团经营目标的有效方法。

管理幅度是指一个部门的管理者所直接管辖的下属人员人数。任何一个企业集团的组织结构，都必须合理确定管理幅度，解决好从总经理到各个部门管理者能够直接管辖多少下属人员的问题。总经理不可能直接管辖这个企业集团的所有人员，而应当确定各个组织层次管理者的有效管理幅度。为此，企业集团应当分析影响管理幅度的各种因素，包括各项业务工作的特点、各类人员的工作能力、各个组织层次的上下左右关系，从而决定各个部门管理者的管理幅度。

在企业集团组织结构的三个基本要素中，部门化对组织进行了横向分割，形成了组织的水平差异；管理幅度对组织进行了纵向分割，形成了组织的垂直差异；而委员会则充当纵向分割与横向分割的交叉点，形成了组织结构“框架”中的“节点”。因此，对委员会组织进行深入的分析与研究，探讨委员会组织的优点和缺点，以使企业集团成功地利用委员会组织，是合理设计企业集团组织结构的重要任务。

在企业集团的组织结构中，委员会是由一个集体负责处理某种特定问题的组织形式。这个由若干人组成的集体就叫委员会组织。企业集团中有各种各样的委员会，这些委员会组织都是由集体来进行讨论、提出建议、做出决策。委员会组织的最大特点是集体活动。

根据委员会组织的工作任务的不同，可以设立各种各样的委员会组织。有的承担管理职能，有的不承担管理职能；有的需要决策问题，有的仅仅讨论问题；有的是直线式的，有的是参谋式的；有的是正式的，有的是非正式的；有的是常设的，有的是临时的；还有一些委员会纯粹是为了接收信息，既不提建议，也不做决策。

委员会的优点通常有四点：

（1）集体判断。集体判断常常胜于一个人的判断，因为集体总能比个人拥有更广泛的知识和经验。因此，一个需要不同的知识和各种经验去求得最优解答的问题，最适合进行集体研究。一位经理，为了某项决策广泛听取各个部门的意见，也可以取得较好的效果。然而，人们不能保证每一位经理在决策时都这样做，实际上在许多情况下也不需要这样做。但当一些决策需要更广泛的知识与经验时，从制度上保证决策的集体判断就必须运用委员会了。

（2）增进激励。委员会可使更多的人参与决策。一般来说，参与编制计划或决策工作的人通常会怀着更大的热情去接受和执行这些计划或决策。似乎总有这样的人，如不事先与他商量，他就什么事都反对，或者对决策做出消极的反应。这样会使得决策的执行变得缓慢。在执行计划中加强合作或增进激励，是参与委员会的工作的结果。参与使得人们更多地了解了以前不知道的事情，因而他们能更好地执行决策和对待决策。对于决策的支持者来说，积极地执行由自己努力建立的计划是合乎情理的；而对于决策的反对者或旁观者（弃权者）来说，他们感到不执行决策就是一种错误，至少集体表决对这些人产生了一种暗含的压力。

（3）制约权力。委员会内部的权力制约适当地克服了职权过于集中于某个人的偏向。虽然在大多数情况下委员会主席的意见可能基本上确定了决策的方向，但一个委员会一般总是存在这样的委员：不管委员会主席的看法如何，坚持发表自己的观点；或者当委员会主席的倾向性意见明显地对组织不利时，也不表示反对。如果委员会的委员都是选举产生的，各个委员的作用将更大，也就是说，这种情况下相互的权力制约更具有实质性。董事会制约董事长的权力和行动就是委员会内部权力制约的最明显的例子。

委员会不仅能在委员会内部实现一定程度的权力制约，而且委员会之间或委员会与某个实权人物之间也会有一定的权力制约。

（4）改善协调。协调的方式有很多，委员会也是一种协调的方式。委员会一般要定期开会，委员们必须面对面地接触，可以接收和交换情报，这不但能节省时间，而且加强了相互间的了解。因此，委员会总是可以完成协调的职能。专门用于协调的委员会常见于由生产、销售、财务等各职能部门组成的经营或管理委员会，或者由各生产以及有关部门组成的生产调度委员会等。

但是，委员会也存在缺点，如果对这些缺点没有足够的认识，就很难利用委员会组织。委员会组织的缺点有：

（1）做出决策往往需要很多时间，费时费钱。如果 8 个委员一起开会 3 个小时，就等于花费 3 个人一天工资或是一个人 3 天的工资，这笔支出是很大的，如果再加上会议的准备时间和费用，那就更可观了。

（2）效率低。一般来说，集体决策总比个人决策要花费更长的时间，因而行动迟缓、效率低。委员会是一个论坛，所有委员都要发表自己的意见，需要花费更长的时间。

（3）导致问题的妥协解决。委员会的决策往往是折中的结果。有时某些委员因为对其他委员的尊敬或畏惧而不敢坚持自己的意见，只好顺从他们的看法。有时因为委员们争执不下，只得放弃最好的解决方案，勉强通过一个不好不坏的方案。

（4）责任难以明确。在委员会组织内，委员的责任感较差。因为是集体决定的事情，不是某个委员负责决定的事，所以，往往不如个人决定那样认真负责。对于集体决定中的失误，也无法追查委员个人的责任，容易出现大家都负责又都不负责的现象。

由于委员会组织本身既有优点又有缺点，所以，问题不在于企业集团要不要设立委员会组织，而在于如何正确发挥委员会组织的作用。企业集团必须想办法突出委员会组织的优点，并采取措施防止与克服委员会组织的缺点，以达到成功地利用委员会组织的要求。企业集团应该主要注意以下几个问题：

（1）明确规定委员会的职权范围。对企业集团的每个委员会组织，都要依据其具体目的，详细规定该委员会的权限及其职责范围，包括使每个委员都知道集体讨论的议题的准确范围。

（2）委员会规模的确定。企业集团的每一个委员会组织都应有合理的规模。一般来说，委员会组织应有足够的人数，以便能够集思广益，并包含为完成其任务所必需的各种专家。但是，委员会组织的人数不能太多，规模不能过大，以免浪费人员和时间，或是助长优柔寡断，造成拖延会议或者是议而不决。

在正常情况下，企业集团的小型委员会组织以 5 ～ 6 人为宜，大型委员会以 15 人左右较合适。当然也不能一概而论，而应通过分析具体情况，来确定每个委员会组织的具体规模。

（3）委员的选择。把符合条件的人选入委员会，担任委员会的工作，是使委员会组织成功的一个基本因素。每个委员都必须具备在品质、能力和知识诸方面完成该委员会任务的起码条件，还应当清楚地了解其所代表的部门的情况。每个委员都必须有足够的时间和充沛的精力参加委员会组织的工作。不宜由同一个人参加若干个委员会组织；不能因照顾关系或本人情绪而把没有才能的人塞进委员会组织；不要设置挂名的或名不副实的委员。

（4）主席的挑选。委员会组织作为一个集体，每个委员都有权利和责任来做好委员会主席的挑选工作。虽然委员会组织实行的是集体决策原则，但委员会主席对整个委员会组织的工作效果有着重要的作用。

对委员会主席的挑选，必须服从于完成委员会组织的任务。委员会主席要善于了解并把握委员会组织的优点与缺点，能够充分发挥每个委员的作用；善于启发委员们的辩论又能果断地结束这种辩论；不把个人观点强加于人但又不迁就狭隘观点；使会议开得生动活泼但又不走题，并能够就实质性问题做出决定。

（5）选择议题。企业集团的工作是多种多样的，但并非一切工作都要通过委员会组织。有些问题必须交由委员会组织决定，而有些问题就不必经过委员会组织，因此，选择委员会组织的工作议题是很重要的。

委员会组织的工作议题必须是适合于集体讨论并能够做出集体决定的议题。一般情况下，企业集团的发展方向、长远规划、方针政策，以及主要计划的制定与控制这些问题，最适于作为委员会组织的工作议题。议题可由委员个人或几个人联合提出，也可由委员会主席提出。议题的选择应当符合所要审议和解决的问题，并须附必要的资料，以供委员们准备好讨论的意见。

（6）决议的执行。委员会组织做出决议并不是委员会工作的结束，而是检验委员会组织实际工作效果的起点。委员会组织工作的成败，关键要看委员会组织的决议执行之后所带来的工作效果。不能认为开完委员会组织的会议，做出集体决议，就完成了委员会组织的任务。

为此，委员会组织的每次会议应有记录，写出会议所讨论的问题和决定的内容。委员会组织的决议必须简明、准确，便于执行与检查，这有助于在执行过程中节省时间和减少费用的支出。

企业集团在合理地划分部门、有效地确定管理幅度，特别是成功地运用委员会组织的基础上，可以分别选择与建立经理人员的直线指挥系统、参谋职能组织系统、各种事业部组织、矩阵或多维的组织结构以及企业集团内外结合的多层组织结构。

第四节　企业集团的组织机构

企业集团是多个法人企业在多种层次上联合的经济联合体。一般地，典型的企业集团内部成员企业有如下几种类型：

（1）总公司或母公司，一般指企业集团核心企业。核心企业具有法人地位，每一个核心企业都是资产一体化和经营一体化，并拥有雄厚的实力。

（2）子公司及孙公司，一般指企业集团的骨干企业和配套企业。母公司对子公司具有控股关系，同样子公司对孙公司也有控股关系。子公司与孙公司都是独立的企业，具有法人地位，但由于具有控股关系，母公司对子公司（同样，子公司对孙公司）在经营决策上具有重大的影响。

（3）分公司或事业部，一般指企业集团内部总公司的下属公司，分公司可以有一定的经营自主权，进行独立核算，但不具备法人资格。

（4）关联公司或关联企业，一般指企业集团内部子公司、孙公司有一定参股份额，或者没有参股但有固定协作配套关系的公司或企业（工厂），这些公司或企业都是法人企业，但由于在集团内不是紧密联合，一般不参与集团的经营决策。

由上可见，企业集团的组织结构，一方面是指集团总部的组织机构，另一方面也指集团整体的，包括上述四类成员企业在内的组织机构。后一方面实际上就是各个公司的组织机构。

企业集团组织机构的建立，从整体框架上考虑，应该着眼于建立“三个中心”，即投资中心、利润中心与成本中心。

投资中心是整个集团的“灵魂”，它包括投资决策、资金筹措、资金融通、资金运行实务等一系列任务。集团投资中心的形成可以分别从决策与执行两个层面来考虑。投资中心的决策层面，典型的是通过集团的“经理会”来实现。“经理会”是一种委员会组织，通常由核心企业和骨干企业的经理组成。“经理会”在日本比较流行，它作为企业集团的最高领导机构，实际上相当于集团的大股东会，它定期举行会议，对集团中的重大问题（如投资决策）进行协商，做出决策。

在我国，比较普遍的做法是以核心企业为核心，组成一个董事会（由于只有一个核心企业，所以它同核心企业的董事会合二为一），负责投资决策。投资中心的执行层面，一般由集团的财务公司来负责。财务公司是一种非银行金融机构，自主经营、自负盈亏，在业务上受国家银行的监督指导。它全部由集团内成员企业（主要是核心企业和骨干企业）入股投资创建，没有国家拨款。

在我国，当前的企业集团绝大部分都是产业集团（银行等财团未介入），而且通常只有一个实力强大的核心企业，财务公司只有少数集团设立，且设立时间很短，因此，作为投资中心的执行机构，财务公司一般同核心企业的财务部门合为一体（一个机构，两块牌子）。

利润中心是整个集团的中间环节，因此，集团母公司下属的子公司和关联公司都是该集团的利润中心。这些公司具有独立的经济地位和法律地位，有自己的经营决策权。集团总公司下属的分公司或各个事业部虽然不是独立的法人企业，但也有一定的经营决策权，实际上也是一种利润中心。

成本中心一般指集团内各类公司下属的工厂或生产单位，其特征是具有生产决策权，从事经济核算，通过增产节约，提高质量、降低产品成本。

企业集团中各类公司（尤其是组成核心企业的母公司或控股公司）的组织机构，从整体框架上考虑，应该着眼“三权分立”（三权即决策权、执行权和监督权），并相应建立决策机构、执行机构和监督机构。

集团内公司的决策机构是董事会。董事会也是一种委员会组织，由全体董事组成，董事则由该公司的股东大会选出。在股份公司内，股东大会是最高权力机构，董事会则是股东大会闭会期间行使股东大会职权的常设权力机构。有关董事会的具体内容包括董事会的规模、职责、权利和义务，董事长和副董事长的产生办法，董事的条件及素质要求等。[①]

集团内公司的执行机构是指具体负责经营管理活动的一种执行性机构，其主要职责是贯彻、执行董事会所做出的决策，经营公司的日常业务。公司执行机构实行个人负责制，一般是总经理负责制，总经理由董事会选任和解任，而总经理有任免各职能部室负责

① 蒋一苇．企业集团概论．北京：中国劳动出版社，1991：76-80.

人的权力。董事会与总经理的关系，反映了决策权与执行权的分立，因此在具体的权力、责任和义务诸方面，需要在公司章程中明确规定。当然，在执行机构负责完成各项经营业务过程中，也须对一些问题作出决策，但这不同于决策机构所承担的对重大问题作出决策的专门职能。概括地说，前者一般指经营决策，后者主要是资金决策。

集团内公司的监督机构，一般指企业集团内部对决策机构和执行机构的工作监督，以区别于集团的外部监督（这种外部监督通常由国家有关部门，如审计部门、税务部门、金融部门及工商管理部门等负责）。监督机构通常采用委员会组织，如监事会等。监督是发现和纠正在决策和执行过程中发生错误行为的有效手段。监督机构成员由股东大会选出，代表股东大会执行职能，它是执行业务监督的法定机构，独立行使监督职权，从职能上说，它与董事会是处于对立地位的。为此，决策机构和执行机构的成员，不得兼任监督机构职务。

在我国，公司的监督机构尚未定型，实际做法也多种多样，关键是根据我国的国情和有关法规、条例的精神，如何协调公司中党组织、纪委、职代会的职责，以及是否需要另设监督机构。所有这些还须通过实践，通过试点，总结经验，以最终建立具有我国特色的监督机构。

第五节　企业集团的经营管理

一、企业集团经营管理中的现代观念

企业集团的经营活动是依据集团的内部能力和外部环境而从事的商品经济活动。在社会主义有计划的商品经济条件下，企业集团的经

营活动具有以下几个方面的基本特征：

（1）企业集团的经营活动是生产过程与流通过程的结合。集团能够在生产过程中把多个存在分工与协作关系的企业有效地组织起来，把工业、农业以及其他存在相互联系的生产部门联合形成新的社会生产力。集团在联合生产企业的基础上，还能把生产企业、商业企业、外贸企业、金融企业以及科研单位组织在一起，实现多种商品经济活动的结合。

（2）企业集团的经营活动是内部能力与外部环境的结合。集团经营就是要有效地运用与协调其内部的能力，包括人力资源、机器设备、物质设施、原材料、资金、科研技术力量和其他各种条件的运用，对内部成员企业之间、单位之间以及人员之间的横向和纵向关系的协调。这是集团经营事业取得成功的立足点。在此基础上，集团还必须考察和适应外部环境的各种因素及其变化，而且更要善于把内部能力与外部环境有机地结合起来。

（3）企业集团的经营活动是整体经营战略与具体管理工作的结合。集团的整体经营战略，包括集团发展方向、开发新产品、开拓新市场、采用新技术、资金筹集和运用以及其他的重要战略决策，涉及集团的全局利益和长远利益，在集团经营活动中占有举足轻重的地位。在集团经营战略指导下，切实做好集团内部的各项具体管理工作，包括生产管理、销售管理、人事管理、财务管理以及其他各项管理工作，是集团得以顺利发展的根本保证。

依据上述企业集团经营活动的基本特征，在企业集团的经营管理过程中，必须确立集团的现代经营观念。按照社会主义现代商品经济客观规律办事，是在集团经营活动中不断获取更大经济效益所必须具有的明确的信念。企业集团经营管理中的现代观念，基本上有两类：

1. 空效观念

这是集团从空间的扩展中获取经济效益的观念。集团的经营活动总是在一定的空间范围内进行的，所以，必须重视空间对集团的重要作用。集团的空效观念，具体表现在以下几个方面：

（1）开放观念。在科学技术迅速变化、各种信息公开而广泛地传递的现代商品经济条件下，集团的经营内容、经营方式、经营手段日趋社会化、国际化。集团经营管理过程中的开放，不仅是向国内开放，而且还向国外开放。

（2）开拓观念。集团应当具有开拓意识，善于开辟新的领域。从一定意义上说，集团经营观念的精髓就是创新精神。集团经营管理过程中的开拓观念，既包括开拓新产品、新技术、新工艺、新市场以及同经营有关的新领域，又包括适时调整集团原有的组织结构和组织机构，以及在改革集团原有内部组织系统过程中建立新的组织系统。

（3）多角经营观念。集团多角经营就是把多方向发展新产品和多个目标市场有机地结合起来，多方面地长期地占领市场的经营活动。其内容包括纵向多角经营，即把同原有产品处于同一生产领域但属于不同生产阶段的新产品投向原有市场；横向多角经营，即以利用原有生产技术条件生产的同类产品投向同行业市场；多向性多角经营，即以多行业生产技术交融的边缘新产品投向不同行业的全新市场；复合性多角经营，即以完全不同的崭新产品投向各行各业的全新市场，特别是从作为硬件的物质产品转向作为软件的信息、服务、知识方面的产品，开展硬件和软件齐头并进的一揽子经营活动，成为集团全方位地占领市场的战略措施。

（4）形势法则观念。这是要求集团在经营管理过程中，看清外界经济技术发展的形势，并依据形势变化的客观规律，来确定集团的经营策略。集团应当观察经济技术的发展动向，综合分析全局性的变化趋势，不断形成集团经营的新策略，用以指导整个集团经营行为；集团应当根据形势法则的要求开创自己的新业务，从事前景兴旺的产业或行业；集团应当选择有利机会迎接各种挑战，而不能坐失良机，回避挑战。

（5）联合观念。把联合就是力量的原理贯穿于集团组建过程以及组建之后的经营管理过程之中。集团通过多种形式和多项内容的联合，为扩大集团的组织力量，发挥集团的优势与特长，增强市场竞争能力并扩大集团的市场占有率。

2. 时效观念

这是集团从时间的节约中获取经济效益的观念。集团的经营活动总是需要占用一定的时间。因此，用同样时间以取得更大经济效益，或取得同样经济效益而占用更少时间，就成为指导集团经营活动的一条根本性的指导原则。集团时效观念的实质是求得速度与效益的有机结合。集团的时效观念具体表现在以下几个方面：

（1）资金周转观念。这是集团运用资金的数量概念与质量概念相结合的表现。其具体要求是，集团在占有必要数量资金的情况下，必须加速资金周转，提高资金周转率；集团应当形成合理的资金结构，包括自有资金与外借资金、长期资金与短期资金、固定资金与流动资金以及其他有关经营活动各项资金的合理比例关系；集团应当重视分析利息，包括增加利息收入、减少利息支出、内部成员企业之间的资金往来采用计息办法、控制各个成员企业的利息支出在其销售额中的比重等。

（2）投入产出观念。集团应当确立的是把投入与产出有机地结合起来的观念，既不是以为产出越多越好而不问投入多少，也不是以为投入越少越好而不问产出多少。这是集团在整个经营管理过程中必须解决的经常性问题。

（3）信息传递观念。信息传递对于集团从内部以及从其同外部的关系中求得时间节约而获取经济效益的作用越来越重要。其具体要求是：集团的信息传递速度应当尽可能快；信息传递内容应当尽可能广；信息传递效果必须准确。

二、企业集团的经营战略

企业集团的经营战略就是对涉及集团经营规模或方向的长期性、全局性、决定性的方案在组织与环境之间所进行的决策。集团的经营战略是集团全部决策过程中的最主要内容，对集团的生存与发展具有极其重要的意义。企业集团的经营战略是由集团的长期目标决定的。集团长期目标不同，就有不同类型的集团经营战略。例如，产品市场战略是使集团的产品适应已选定的现有市场的要求，实现把这种市场作为集团的长期目标，从而减少集团风险，这是最常见的一种以求稳为主的战略；市场渗透战略是通过不断改进集团的产品，吸引更多的顾客，实现集团扩大市场占有率的长期目标，从而取得集团在市场中的更重要地位，这是一种比较激进的战略；市场领先战略是使集团的规模和技术优势得到充分发挥，实现集团保持或迅速占有市场的大部分份额的长期目标，从而排斥或压制市场竞争对手，这是实力雄厚的集团的一种迅速发展战略。

值得重视的是，面对世界上科学技术日新月异的严峻挑战，当代一些高技术工业集团正在改变经营战略，由以竞争对手为目标的经营战略转为“战略性结合”的经营战略。所谓“战略性结合”，是把昔日的国内竞争对手（甚至包括某些国外竞争对手）变为今日的联合伙伴，并加强与高校和科研机构的联系及合作，结合成同舟共济、一致对外的巨型联合生产企业集团。这种经营战略的出现，有着许多内在的具体原因：一是高技术开发费用高、风险大，单个公司显得力不从心；二是市场国际化迫使大公司寻找新的合作伙伴，以结成统一战线去开拓国外市场；三是一批竞争实力雄厚的外国高技术工业集团纷纷涌现，迫使本国的大公司改变经营战略，结成新的巨型联合生产企业集团。

在这种高技术工业集团经营战略的调整和发展过程中，还出现了跨行业的联合趋势。例如，汽车工业与微电子工业的结合，正在形成一个汽车电子的独特领域。在这个领域中，汽车工业为微电子技术的发展提供了庞大的市场，微电子装备在汽车中的广泛应用又促使汽车工业技术焕然一新。

在一般情况下，企业集团经营战略的选择，应当对集团的外部经营环境和内部经营能力分别进行评价。通过评价集团的外部经营环境，包括自然物质环境、政治法律环境、社会文化环境、宏观经济环境和微观经济环境，可以了解这些环境中对集团的有利因素和不利因素，从而使集团经营战略建立在客观、及时、有效的基础上，并符合环境变化趋势的要求；通过评价集团的内部经营能力，包括人力、物力、财力、技术、信息等现有资源的能力和对这些资源的运用能力，可以把握本集团的优势和劣势，从而做到扬长避短、取长补短，力求选择与本集团优势一致的经营战略。

对企业集团经营战略实施管理，是整个集团经营战略的重要组成部分。在具体实施集团经营战略的管理工作中，应当注意长期效益与短期效益的结合；系统性与灵活性的结合；综合考虑物资、资金、人员的协调关系；经营战略的实施与集团的一般经营计划相协调。对集团经营战略实施管理，就是考虑经营战略执行的结果与预期的目标之间所出现的偏差以及引起偏差的原因，进而采取纠正偏差的有效措施，以保证和控制经营战略的顺利实施。

三、企业集团内部管理的特点

由于企业集团是由具有一定经济联系的多个企业联合组成的大型经济组织，因此，企业集团内部的各个企业管理工作对整个集团的管理水平有着决定性和基础性的作用。为更好地发挥企业集团的作用，企业集团内部管理工作往往体现出以下几个特点：

1. 以顾客为中心开展经营活动

这是企业集团内部各个企业的共同经营方向。在企业集团面临激烈市场竞争的条件下，内部各个企业以顾客为中心，就是从市场信息、产品设计、产品制造、销售渠道、销售方式、售后服务到新产品开发，都围绕着满足顾客的要求，这已经成为企业集团生存与发展的重要保证。任何一个企业集团，要想长期保持竞争中的优势地位，必须使其内部各个企业的管理工作都能全心全意地为顾客着想，不断保持与顾客的直接联系，把顾客遇到的问题作为自己的问题来对待，时时、处处使顾客满意。

2. 重视计划的整体性和应变性

企业集团内部各个企业的计划管理工作，应当体现出企业集团的整体性要求，有利于企业集团统一目标的实现。但由于市场需求的千变万化和现代技术的日新月异，各个企业的计划还必须具有必要的应变性，以便根据情况的变化来迅速调整自己的经营活动，应付各种意外情况和事件。企业集团内部各个企业计划的整体程度和应变能力，乃是企业集团生存与发展的一个重要条件。

3. 财务管理的重点从事后控制为主转向事前控制为主

为了保证企业集团经营战略的实现，必须重视资金使用的经济效益，控制财务收支，加速资金周转，提高资金利用效果。因此，企业集团内部各个企业的财务管理工作的重点，应当由事后控制为主即以财务监督为主，变为事前控制为主。其核心内容是把财务管理工作中的资金筹集、资金运用、会计控制、风险管理等方面有效地结合起来，并通过多种融资手段，形成满意的资金结构，提高企业的盈利能力。

4. 在企业管理中更多地采用定量方法和先进的经济技术分析方法

随着企业集团经营规模的扩大和科学技术的进步，企业集团广泛地应用高等数学研究管理的定量方法，使定性管理与定量管理有效地结合起来；普遍采用各种先进的经济技术方法，包括生产分析中的规模收益率和生产函数分析、销售分析中的市场份额和时间序列分析、成本分析中的成本函数和盈亏分析、定价分析中的各种定价方法，并建立和开发各种管理信息系统，使企业管理更趋科学化。为此，企业集团内部各个企业管理工作中越来越多地运用电子计算机技术，已成为企业管理发展的一种重要工具。

5. 重视职工的挑选和培训

由于企业集团的经营环境复杂多变，以及各种先进的管理技术和科学方法的广泛采用，企业集团内部各个企业对职工素质的要求越来越高，职工的挑选和培训已成为企业人事管理工作中的一项重要任务。是否重视对人力资源的开发和对职工的智力投资，已成为关系到企业集团能否生存与发展的重要前提条件。企业集团内部各个企业对职工的挑选和培训，不仅包括工人和技术人员，也包括管理人员和高层领导人员。对公司经理人员的培训，一般属于“通才”教育，着重于全面的管理理论和知识以及经验的培训；对公司职能部门的专业管理人员的培训，往往属于“专才”教育，着重于专业职能范围的理论和知识以及技巧与方法。企业集团应当使其内部职工的这两类培训有机地结合起来。

6. 通过联合形式来开发新产品

不断创新是企业集团持续发展的基本动力，也是其内部企业之间增强凝聚力的基本标志。尽管企业集团内部各个企业可以独立开发新产品，但在这些企业之间通过联合形式来开发新产品，对整个企业集团的发展具有更重要的意义，是企业集团内部各项管理工作的重要特征。这不仅有利于加快新产品的研制工作，适应科学技术飞跃发展的要求，而且通常可以节省研制费用并保证新产品的开发质量。同时，在企业集团内部各企业之间联合开发新产品的基础上，还可以在企业集团与高等院校和科研机构之间以及企业集团之间，通过联合形式来开发新产品。甚至同国外企业集团（有时还是竞争对手）进行合作开发新产品，以更有效地同国外企业竞争，打入国际市场。

7. 加强对国际管理的研究

随着国内市场营销与国际市场营销的联系越来越紧密，企业集团的国际营销业务活动必定会逐步扩大，使国际环境成为企业集团外部环境的重要组成部分。因此，企业集团内部各个企业必须加强对国际管理的研究。通过这种研究，一方面可以博采众长，吸取各国企业管理的有益经验，促进企业集团的发展；另一方面可以使企业集团更有效地同国外企业开展经济往来和市场营销活动，增强企业集团的实力。企业集团内部各个企业对国际管理的研究，包括合资企业的管理、跨国公司的管理、国际财务、国际金融、国际经济合作以及涉及国际市场营销管理各个领域的研究。在对国际管理进行研究的过程中，企业集团必须重视开展国际管理的教育与培训工作，逐步开设国际管理知识和国际管理专门化方面的必要课程，提高有关人员的国际管理专业水平。

8. 重视以人为核心的管理

企业集团是由众多的企业及成千上万的人所共同形成的组织。这些企业的各项管理工作只有紧紧围绕着以人为核心，把注意力集中到重视发挥人的积极因素，才能充分显示出企业集团的优势。在企业集团内部的所有资产中，人是最重要的“资产”。把人看做具有主动意识的企业一员，看做实现企业集团目标的主体，而不是把人当做被动的、利己的客体，才能有效地调动人的积极性和创造性，使员工一心一意为企业集团的发展从事创造性的工作，实现企业集团的统一目标。为此，企业集团内部必须合理地解决集权与分权的关系，发挥各个成员企业及其下属部门各类人员的自主性；企业集团内部的各个企业，在管理工作中应当实行民主管理，吸收职工参与企业的决策和监督过程。

四、企业集团的跨国经营策略

随着科学技术的飞跃发展和市场的社会化与国际化，越来越多的企业集团从事跨国经营活动。跨国公司式的企业集团自然是以跨国经营方式为其基本特征，但是，一般的企业集团都在不同程度上把跨国经营作为自己的重要目标，并力求使本集团跻身跨国公司的行列。尽管我国的企业集团历史较短，集团规模和经营程度有限，但在我国社会主义经济迅速发展和生产社会化水平不断提高的情况下，我国企业集团以更加勇敢的姿态进入世界经济舞台，走跨国经营之路，是集团发展的必然趋势。因此，我国的企业集团应当重视分析与研究跨国经营策略，用以指导和改进集团的经营管理工作。

企业集团的跨国经营策略就是集团经营战略在跨国经营活动中的具体实施政策和方法。集团的跨国经营策略同集团的一般经营策略有着共同的基本原理，但跨国经营策略是着眼于世界范围的全球性经营活动，所以具有范围广、程度高、竞争激烈等重要特点，采用跨国经营策略有利于带动一般经营策略水平的提高。企业集团的跨国经营策略主要表现在下列几个方面：

1. 产品策略

（1）出口带动投资的策略。即先在本国发展一种产品，随着出口业务的扩大，把零部件运到国外装配或直接在国外投资建厂生产产品，从而使出口产品转变为在国外直接投资生产。

（2）产品多样化策略。即把在国外生产的单一产品转向多品种产品的生产；不仅生产本行业的多种产品，而且生产跨行业的产品，甚至从事与本行业生产毫不相关的多种行业的经营活动。

（3）按产品生命周期扩展市场的策略。一般是在产品投入期进行小额投资，利用本国新技术优势在国内生产与销售；在产品成长期到经济发达国家进行有限度的投资，在当地生产销售以获取大量收益；

在产品成熟期到发展中国家进行大量投资建厂，以利用当地廉价劳动力；到产品衰退期就不再进行投资，而是把在国外生产基地的产品运往世界各地市场进行销售。

（4）国际专业化生产的策略。这是按照当代最先进的科学技术水平和专业分工来安排国外的投资生产，在全球范围内配置专业化工厂网，定点生产，分工制造零部件，然后集中运到有利的地点进行装配，定向销售。

（5）统一调配的策略。即从原料购买到零部件加工再到成品销售，都是先在集团内部成员企业之间进行统一调配，或用现金购买或用转账方式结算；当内部成员企业不能供应，或是内部价格不合算时，再同集团外部企业进行交易。

2. 销售策略

（1）当产品的用途和使用方式在国内外市场上完全相同时，国外市场的推销方式可与国内市场相同。

（2）当产品用途不同而使用方式相同时，则应调整销售策略。例如，自行车在各国的使用方式是相同的，但用途有所不同。在用做交通工具的国家或地区的市场上，推销自行车的广告应强调其运输功能；在用于锻炼身体的国家或地区的市场上，则可在体育电视节目中做推销自行车的广告。

（3）当产品用途相同而使用方式不同时，可以采用相似的销售策略，但必须对产品本身作适当变动，例如，洗衣粉都是用以清除衣物上的污垢，但在主要采用手工方式洗衣或主要采用机器方式洗衣的不同国家或地区的市场上，应当对洗衣粉的成分、颜色以及包装诸方面作一些变动，以满足当地市场上顾客的使用要求。

（4）当产品用途和使用方式都不同时，则应当对销售策略和产品本身都作适当调整和变动。例如，在不同国家或地区的服装市场上，由于顾客对象不同，对面料的要求不同，并且不同时令的流行款式和风格也是经常变化的，服装企业必须同时调整销售策略和变动产品本身。

（5）对国外市场上销售渠道的选择和利用，除了考虑产品用途和使用方式并充分发挥国内市场上已有销售渠道的作用以外，还应当有效地利用当地代理商及其既有的销售网，或是在当地市场及其周边地区建立集团的直接销售网，以取得推销活动的最大成功。

3. 定价策略

企业集团在跨国经营活动中的产品定价策略，主要是根据当地当时市场的不同情况采用不同的价格。有时在全球范围采用统一价格，有时在不同市场采用变通价格，有时可采用倾销价格以加强竞争力，而且产品生命周期的不同阶段对集团的产品定价策略有重要影响。其中产品投入期的定价尤为关键，在某些市场可能定价很高，然后依照产品在市场演变的各个生命周期阶段再逐段降低售价；在某些市场上则可能定价较低，以迅速打开市场，待市场打开之后再逐步地提高售价。

对于跨国公司式的企业集团来说，往往采用内部定价策略，即在本集团的母公司与子公司之间以及子公司之间的一种内部价格，通常称为划拨价格或转移价格。这种内部价格一般不受供求关系影响，不受市场价格水平影响，而是服从于整个集团全球战略目标的需要。实际上，这是使国外的所有子公司服从于母公司获取最大限度利润的目的。因为母公司通过把各种名目的费用列在划拨价格内，来调整子公司的产品成本，转移子公司的利润，增加母公司的利润。其方法包括：控制零部件进口价格来影响产品成本；调整对子公司固定资产的出售价格或折旧年限来影响产品成本；通过出口专利、提供技术咨询服务以及有关管理、租赁、商标、运输方面的劳务费用来影响子公司的成本和利润；改变对子公司的贷款利率来影响产品成本；在销售产品时给予子公司高低不同的佣金或回扣来影响子公司的销售收入，以及其他一些隐蔽的办法。这些做法虽然在有些情况下可能给子公司及其所在国带来局部利益，但在许多情况下，一方面会对子公司及其所在国（特别是对发展中国家）有效地利用跨国公司式的企业集团对推动本国经济发展起积极作用；另一方面又需采取必要的防范措施和监督手段来消除与抵制对本国经济发展的不利因素。

目前我国企业集团跨国经营方式尚处于探索阶段，企业集团可以根据自身条件来选择和利用相应的方式，开展跨国经营活动。例如，代理自营方式，就是利用国外的公司协助我国企业集团扩大销售渠道，为外国的进口商和大批发商提供良好的服务。这种方式的特点是所需资本较少，风险较小，虽利润不高，但有助于扩大出口。又如，进口批发方式，就是由我国企业集团在国外建立自己的销售网点，其服务对象是国外的零售商和中小批发商。这种方式的特点是所需资本较多，风险较大，但可以直接获得第一手的市场信息，而且利润较好。各个企业集团分析自己的优势和劣势，有助于合理地运用各种跨国经营方式。从总体上看，我国企业集团的优势是有生产能力、有货源，价格竞争力较强；劣势是商品适应能力差，质量及技术水平较低，缺少销售渠道。随着我国社会主义经济的发展，企业集团经济实力的增强，集团内部的组织和管理水平的提高，我们可以通过逐步开展集团的大宗商品进出口业务，在国际市场上树立集团信誉并积累资金，由小到大地开展在国内生产的系列产品的出口批发经营方式，进而发展到在国外投资生产并开展地产、旅游、金融、股票及其他交易活动，这必将形成我国的多功能式的企业集团，建立我国社会主义的跨国公司式的企业集团。

（原载蒋一苇主编：《企业集团概论》，北京，中国劳动出版社，1991）

● 企业组织改革是提高经济效益的重要途径

一、企业组织改革的必要性

企业组织，从广义上看，既包含企业内部的组织工作，又包含组成企业的方式。企业内部的组织工作，是整个企业管理体制的重要内容，对提高企业经济效益有重要意义。而组成企业的方式，既涉及企业内部管理体制的改革，又涉及企业外部宏观管理体制的改革。因此，这里讲的企业组织改革，是指企业组成方式的改革。

企业组织是企业制度最基本的内容。企业组织对企业机制的建立具有决定性的影响。不同的企业组成方式，会导致不同的企业机制，包括不同的企业经营方式和不同的企业管理制度。所有这些影响，集中地表现在企业组织对经济效益（包括社会经济效益和企业经济效益）的重要作用；特别是企业组织的规模效益更为重要。

在以社会主义公有制为主导的多种所有制形式并存的条件下，企业的组成方式基本上有两类，即：由一个业务单位（例如工厂、商店等）组成一个企业和由多个业务单位组成一个企业。前者可称为单厂企业，后者称为多厂企业（其中以由多个工厂联合组成的公司作为这种企业组织形式的典型表现）。

与不同的企业组成方式相对应，存在着不同的规模效益概念。单厂企业的组成方式，表现出工厂的生产规模效益；多厂企业的组成方式，表现出企业的经营规模效益。工厂生产规模效益的源泉来自生产要素的不可任意分割性。这包括两个方面：（1）生产设备的整体性。只有当工厂生产规模达到一定水平，足以使每台设备能力得到充分发挥时，才具有经济效益。（2）生产能力的配套性。只有当工厂产量尽可能地接近各个环节的生产能力之间存在着的最小公倍数时，才具有经济效益。

企业经营规模效益的源泉不仅来自生产规模效益，还来自其他各种经营要素的有效结合。这包括三个方面：（1）工厂之间专业化协作水平的提高，形成新的社会生产力。（2）生产与销售的结合，使企业面向社会市场有效地实现产品价值。（3）生产与科研的结合，使企业依靠科技进步来改善工艺过程和开发新产品，获得长期的、持续的经济效益。

我国现阶段的企业组织，从企业组成方式来看，存在着下面两个主要问题：

（1）大量企业是封闭的全能式工厂。这些企业不论是大厂还是小厂，都是从毛坯、零部件到装配样样自己干的万能厂。对这种“大而全”“小而全”的落后的封闭现象，我国曾采取一些措施，设法解决这个问题，虽然取得了一定效果，但效果并不明显。在有些部门、有些地区这个问题仍相当严重地存在，企业 60% ～ 80% 的零部件都由本厂生产。而经济发达国家的企业零部件自制率一般只有 20% 左右。企业合理确定自制与外购零部件的比例关系，是提高经济效益的有效途径，但我国许多企业长期未能树立这种效益观念，致使效益低下。这是个老问题，也恰恰就是阻碍经济效益提高的深层次问题。改革，就应该首先解决这些与生产力发展直接有关的深层次问题，以达到促进生产力发展的根本目的。

（2）以单厂企业为主，企业经营规模不合理。例如，轮胎企业的合理规模应是年产 200 万～ 300 万套，而我国 1989 年生产的轮胎 2 864 万套却分散在 200 多个厂家。除少数几家企业年产在 100 万套左右外，其余的单厂企业都是几十万套，有的甚至只有几万套的规模。这种状况在国际上是极为罕见的。全世界没有一个国家有我们这么多的轮胎企业，我们也没有一家企业达到合理的经济规模。汽车企业的合理规模应是年产 10 万～ 30 万辆，而我国汽车企业数量已经超过美国、日本、英国、意大利、德国这五个发达国家的总和，但全国 100 多家企业年产仅 60 多万辆汽车。除“一汽”“二汽”外，平均规模仅为年产 4 000 辆，有些单厂企业甚至只有 100 辆左右。国外汽车公司大多是年产 100 万辆左右。我国电梯厂有 300 多家，全国年产电梯 1.2 万部。其中 200 家小规模的单厂企业年产不到 10 部，产量最多的一个电梯厂也不过年产 650 部。而瑞士迅达公司年产电梯 1.3 万部，美国奥的斯公司年产 2 万部。

这种落后的封闭现象和单一化的企业组成方式，造成企业的各类消耗长期居高不下，难以降低产品成本；企业的技术力量有限，难以形成技术群体和提高产品质量；企业的经营能力单薄，难以抵御市场风险；企业的投资分散、重复，难以提高投资效益；企业资金的筹集不易，难以扩展更大的经营范围；企业缺乏足够的信息，难以建立综合性的信息网络系统。总之，我国企业组织的现状，已经成为提高经济效益所必须解决的根本性问题。深化企业组织改革势在必行，早改早主动，早改早受益。

二、企业组织改革的基本方向

企业组织改革可以从两个方面着手：

第一，对单厂企业来说，应当在具有工厂生产规模效益的基础上，防止和克服“全能厂”的组织形式，充分发挥其特长。从经营成功的单厂企业的实践经验来看，都有着各自的特长，这些特长一般包括：（1）具有较强的生产专业性，便于创造出局部优势，为专门用户生产某种专业产品。（2）具有较强的市场应变能力，善于洞察用户的需求，对市场需求变化作出快速反应。（3）机构精简，免受机构重叠及官僚习气的危害。（4）用企业家的创新精神来指导企业的经营活动，为造就企业家创造条件、奠定基础。

为使单厂企业能够更好地发挥这些特长，改变“全能厂”的不合理状况，提高经济效益，从整个经济改革的角度来看，必须确定并保证企业自主经营、独立核算、自负盈亏的地位，实行政企分开，使企业不再成为政府的附属物，而是按照国家法律和政府政策的要求独立自主地从事经营活动。

第二，对多厂企业来说，应当特别重视有效地发挥现代公司这种企业组织形式的作用。我国在20世纪50年代中期曾经兴起一批公司，对当时的经济发展和体制变革起了一定作用。后来由于种种原因，其中的大多数公司消亡了。从70年代末期开始，到整个80年代，尽管公司的发展是曲折的，但从总体上看，公司的数量更多、范围更广、规模更大了。我国公司发展的历史过程和实践经验表明，公司作为一种现代企业组织形式，有利于促进我国社会主义经济的发展，有利于推动我国社会主义现代化大生产水平的提高，符合我国社会经济发展的客观要求。

我国的公司与单厂企业相比较，有以下优越性：（1）便于有效地组织工厂之间的专业分工与协作关系，提高社会生产的专业化与协作水平。公司不是各个工厂的简单相加，而是集各个工厂优势和特长于一体，形成新的合力，具有更高的生产力水平。（2）能够把生产、商业、金融、信息等单位以及与经营活动有关的其他业务单位组织在一起，形成一个具有雄厚经济实力的企业实体即利益整体。（3）有助于把经济单位与科研单位结合在一起，使公司既是生产基地，又是科研基地，集中大批科技人才从事新产品、新工艺、新设备的开发活动，形成以先进技术力量为后盾的现代企业组织形式。（4）有利于实现社会资源的综合利用，充分发挥技术、资金、设备诸方面的优势，从企业组织上保证对原材料和能源以及“三废”的综合利用。（5）能够表现出大型企业的规模经济性，特别是通过采用大批量的专业化与协作生产和开展多种经营活动，节省原材料消耗，降低成本费用，增加企业收入。

为使公司这种现代企业组织能够真正发挥作用，依据我国社会主义经济体制改革目标的要求并结合我国公司的历史经验和现实状况，必须坚持按照政企分开的原则来组建公司和发展公司。公司是企业，不是一级政府机构；不能使公司既具有企业职能，又行使政府的行政权力职能。近些年来，清理整顿公司，对于解决以权谋私和取缔公司中的违法乱纪活动取得了明显效果。但清理整顿公司并不是消极地取消公司这种企业组织形式，而是为了解决公司中存在着的政企不分问题，以保证我国公司的健康发展。从我国社会主义现代化的要求来看，我国公司的数量不足，质量不高，真正起到现代大型企业骨干作用的现代公司还不多。随着我国社会主义经济的发展需要，我国公司必须在更高水平上有一个新的发展。

因此，我建议，我国应当尽快出台《公司法》。通过立法，明确公司的企业法人地位；规定组建公司的法律程序；防止行业性垄断公司的出现。这是使我国公司健康发展的根本保证。

我国企业组织改革的基本方向，是建立以大公司为主导、众多中小企业相配套的企业组织体系。大公司的主导地位，是指大公司在国民经济发展中的战略地位，包括在创造国民生产总值中占有举足轻重的地位；在满足市场消费者需求中的重要作用；对经济结构的形式和调整的关键作用；对我国在世界市场中的地位的决定性作用。但是，大公司的主导地位并不能取代单厂企业的作用。公司是一种最先进的企业组织形式，但不是企业的唯一组织形式。一般来说，公司是大企业的主要组织形式，单厂企业多是中小企业。在发挥大公司主导作用的同时，必须充分发挥众多中小企业的配套作用，两者相互依存、相互促进，不可偏废。在企业组织改革过程中，必须解决落后的单一化的企业组成方式，但切不可重复过去那种按行业“梳辫子”、按地区“装口袋”的做法，把所有的工厂都硬性凑入公司。应当看到，单厂企业不仅不能取消，而且从企业数量来考察，任何时候都是中小企业占多数，作为大企业的大公司只是少数。离开众多中小企业的配套和促进作用，大公司就难以发挥主导作用。无论是大公司，还是中小企业，在国家法律面前的地位都是平等的，都必须通过市场竞争来检验经济效益的高低。

三、合理确定公司的规模效益

在企业组织改革过程中，必须解决合理确定公司的规模效益问题，并在此基础上明确大公司的发展战略。

公司的规模效益是由公司整体的规模效益和公司内部的工厂规模效益两部分构成的。对公司来说，这两部分效益既有联系，又有差别。公司整体的规模效益包含着公司内部的工厂规模效益，但公司整体的规模效益是指公司的经营规模效益，公司内部的工厂规模效益是指这些工厂的各自生产规模效益。公司的经营规模效益不仅包含公司内部各个工厂的生产规模效益，而且还包含这些工厂之间在更高的专业分工与协作基础上的联合效益；同时还具有除生产要素之外的其他经营要素所带来的效益，例如销售渠道、推销方式、商标、服务质量等方面的效益。因此，对公司规模效益的决策，除了要考虑公司内部工厂生产规模效益外，还要考虑公司整体的经营方向、经营范围及其在市场竞争中的地位和发展前景的效益。

一般来说，在满足需求和条件可能的情况下，公司总是力图扩大自身的规模。因为规模越大的公司，越有雄厚的经济实力和竞争能力，越能发挥专业化和协作化以及联合化的优势，越能把生产过程的高效化与适应市场需求的多样化有机地结合起来，取得更好的经济效益。当然，大公司的规模不是无限的，而是有限的。它既受公司本身条件的限制，又受国家法律的制约，不能盲目地追求公司规模的扩大，不能形成大公司的垄断状态。

大公司内部的工厂规模通常有下列三种方式：（1）由大工厂与大工厂联合组成的大公司，即“大－大”联合式；（2）由大工厂与小工厂联合组成的大公司，即“大－小”联合式；（3）由小工厂与小工厂联合组成的大公司，即“小－小”联合式。从组成大公司的三种方式中可以看出，作为大企业的大公司，可以由若干个大工厂联合组成，但大公司内部的工厂并非一定是大工厂。由此可见，大企业并非必须是大工厂。如果从传统的单厂企业组成方式来看，似乎扩大企业规模就意味着必须扩大工厂规模，而且是把工厂变成包罗万象、万事不求人的“全能厂”；但从公司作为现代企业的组织形式来看，小工厂同样可以取得大企业的规模经济效益，这就是走联合之路，包括由许多小而专的工厂联合组成大公司，或由小工厂与大工厂联合组成大公司。

大公司内部工厂规模的确定，受到各种内外因素的综合影响，其目的是实现公司内部各工厂生产规模效益与公司整体经营规模效益的有效结合。例如，不同类型的行业，对公司内部工厂规模有着明显的影响。一般情况下，在装置型行业，如钢铁、有色金属、石油、化工、电力等行业中，规模经济效益主要靠设备大型化来实现，所以，这些行业的公司内部工厂大多是大工厂，即是“大－大”联合式的大公司。在装配型行业，如汽车、机器制造、家用电器等行业中，规模经济效益是通过整机组装生产自动化、连续化的大批量生产和零配件生产的高度专业化来实现的，所以，这些行业的公司内部工厂更多的是大型整机厂和小而专的零配件厂相互配合，即是“大－小”联合式的大公司。但是，所有这些行业，都不是一个行业只有一个公司，而是根据不同情况形成各具特色的公司。

在相当多的行业中，公司的规模很大，但其内部工厂大多是小工厂，即是“小－小”联合式的大公司。作为大公司，它拥有强大的经济实力，能够从事大规模生产和多种经营活动，在市场竞争中占据有利地位并抵御市场风险；拥有雄厚的科技力量，能够形成先进的技术群体，从事应用研究和技术开发活动，在日新月异的科技进步中持续处于前沿阵地。作为大公司内部的小工厂，便于灵活机动地调整生产方向；便于用先进技术和新产品淘汰落后技术和衰退的产品；便于抛弃陈旧过时的工厂并以较少投资创建新的工厂，减少新建工厂的风险，取得更好的经济效益。因此，这种建立在小工厂基础上的大公司组织形式，更能适应现代技术迅速变化和产品生命周期愈益缩短的要求。

大公司发展战略的确定，对提高经济效益具有长远的方向性影响，是企业组织改革必须解决的重要内容。依据我国社会主义发展战略的要求，以及我国深化改革和对外开放政策的要求，我国大公司发展战略的要点包括以下几个方面：

（1）依靠日益加快的科学技术进步，有效地占领国内外市场。

（2）打破传统的行业界限，不断拓宽公司经营领域，不断调整经营范围和经营方向。

（3）采用不同公司的类型，包括股份公司、有限公司、两合公司，通过多种途径，包括新建工厂、建立合资合营企业、实行企业兼并、购买国外股票、扩大对外贸易往来等，不断扩大经营实力。

（4）大公司把中小企业组织在自己的周围。这既有利于促进大公司本身的发展，又有利于大中小企业相互依存、共同发展，包括大公司直接投资控制中小企业，通过开展专业化协作关系，建立各种形式的联系和协调关系。

（5）形成以大公司为核心的企业集团式的利益共同体。公司与企业集团既有区别，又有联系。公司是企业，是法人，而公司内部的单位不是企业，不是法人；但企业集团内部的企业（包括公司）是法人，而集团本身不是法人。企业集团一般建立在公司（特别是大公司）的基础上，办好公司是发展企业集团的前提条件。两者是相互促进的，不能彼此替代，更不是相互排斥的。

（6）迅速向跨国公司发展。

（7）建立高智商的决策机构和高效率的指挥系统。

（原载《改革》，1991（1））

● 股份制企业的外部关系

第一节 法律意义上的外部关系

一、法律意义上的外部关系的含义

股份制企业的外部关系是在确认该企业的法律地位的基础上建立起来的。具体来说，只有在确认股份制企业的法人地位的前提下，才能研究其外部关系。作为法人企业而存在的股份制企业，是民事活动的参加者和重要的民事主体，是具有民事权利能力和民事行为能力并依法独立享有民事权利和承担民事义务的营利性组织。所以，从法律意义上看，股份制企业是以其独立的法人资格而发生各种外部关系的，这就是股份制企业法律意义上的外部关系的含义。它涉及的是公司及其股东与第三人的关系。

股份制企业作为一个社会经济细胞，本身是一个完整的系统，在其生存与发展过程中，需要有效地处理内部关系和外部关系。本书有关各章对股份制企业内部关系的论述内容，如领导制度、产权关系、财务管理以及其他有关内容，表明处理好股份制企业的内部关系是极其重要而又极其复杂的。但是，不论股份制企业的内部关系有多么复杂，都必须是以一个法律主体身份而建立外部关系，即以一个法人身份对外进行交往活动。股份制企业内部成员（包括个人与单位）不能作为独立的法律主体而建立外部关系，不存在企业内部的二级法人概念。即使像股份有限公司这样的大型股份制企业，其内部的分公司也只是隶属于总公司的对外关系的一个部门。应当指出，股份制企业的内部成员可以同企业外部发生各种经济联系，但不是作为一个独立法人而存在。因为股份制企业的这些内部成员单位不能超越公司总部而独立承担民事责任，而且法人之间的法律地位是平等的。如果股份制企业的内部成员也是法人，也能独立地建立法人资格的外部关系，这不仅会损害股份制企业作为法人的独立性和作为企业的整体性，而且也违反我国《民法通则》所规定的法人制度的基本原则。至于通过股份制企业而建立的企业集团，乃至形成跨国公司中的母公司与子公司关系，实质上，这已经超出了原有股份制企业的内部关系，而是表现为原有股份制企业的外部关系。因此，企业集团中的成员企业（即关系企业）和跨国公司中的子公司已不是原有股份制企业的原来意义上的内部成员单位，而是具有独立的法人资格。当然，股份制企业的这种外部关系，是一种特殊情况下的外部关系。由此可见，股份制企业的所有外部关系，都是具有法律意义的外部关系。

股份制企业的外部关系，应由该企业的法人代表来负责，该企业的内部成员在对外关系中只按其所持股份承担责任、分享利润、分担风险，这是由众多股东共同集资形成的股份制企业这个特点决定的，不同于独资企业与合伙企业的外部关系。在一般情况下，股份制企业应对自己的法人代表在企业外部的经营活动行为承担民事责任。对一些特别情况，例如，从事超出登记范围的经营活动、隐瞒资本或弄虚作假以逃避税务、抽逃资本或隐匿财产以逃避债务、从事法律禁止的其他活动等，除了由股份制企业承担民事责任外，还可根据情节轻重给予法人代表以必要的处分或罚款以至依法追究刑事责任。股份制企业的法人代表是外部关系的承担者，代表该企业进行各种对外活动，签订并履行对外协议与合同，承担对外关系的责任与后果，必须遵守国家法律、法规和政策，这既是股份制企业本身的利益所在，也是建立我国社会主义商品经济新秩序的客观要求。

二、外部经营环境

股份制企业外部关系的目标是在法律范围内创造一个最好的外部经营环境。企业外部经营环境就是影响企业经营活动的各种外部因素。影响企业经营活动的一切外部因素构成企业的综合性大环境。这个综合性大环境是由许多具体的小环境组成的。股份制企业对外部关系的分析与研究，就是通过考察这些具体的小环境的内容，使自身的经营活动适应外部环境的变化，包括利用对企业有利的外部因素和消除对企业不利的外部因素的影响，从而形成一个对本企业最好的外部经营环境。这些具体的小环境包括以下几个方面。

（1）历史环境。企业通过对过去的外部经营环境的回顾，总结企业经营活动中的历史经验教训，从而指导企业现在的经营活动。

（2）自然物质环境。企业通过分析自身的生存与发展过程中所面临的自然物质条件，包括原料、设备、设施及各种劳动物质手段，能够寻找到对企业有利的条件，摆脱对企业不利的条件，企业应在法律允许的范围内通过各种代用品来弥补物质资料的短缺，以便降低生产成本，提高经济效益。

（3）社会文化环境。企业分析社会中各类人的观点、态度、习惯和行为及其对经营活动的影响，有助于掌握大量的信息，有效地作出经营决策。

（4）政治法律环境。企业对政府制定的直接或间接影响到经营活动的各种法律、法规和政策的分析，尤其是掌握这些法律、法规和政策的变动情况及其最新内容，有利于企业在法律的指导下更好地实现经营目标。

（5）经济环境。企业对需求者和供给者的状况以及供需关系的变化情况的分析，包括对整个国民经济发展趋势的宏观经济分析和对行业内部各个企业及其市场地位的微观经济分析，更加现实和具体地影响到自身的经营活动，是企业外部经营环境的最基本内容。

股份制企业外部关系中的上述五种具体的经营环境，是存在于企业周围并影响企业经营活动的客观因素，有着相互联系、彼此补充的作用。企业要想使自己的经营活动适应外部环境的变化，科学地分析各种外部的客观因素对企业的影响，就必须善于探索企业外部关系的诸方面表现，以更好地实现外部关系的目标。对于股份公司来说，企业外部关系主要表现在公司与国有资产管理部门的关系、公司与政府职能管理部门的关系、公司与行业管理机构的关系、公司与市场的关系。

第二节　与国有资产管理部门的关系

股份公司实行所有者与经营者分离的结果，一方面要求公司拥有各种专家来经营管理好一切业务活动，另一方面要求公司善于利用资产并处理好涉及资产问题的各种关系。在我国社会主义公有制占主导地位的条件下，大量的股份公司的资产关系表现为与国有资产管理部门的关系。从股份公司来说，应当遵守国家有关资产管理的法律、法规和政策的规定，充分运用市场机制来协调资产关系，促进经营事业的发展。

一、国有资产管理部门

国有资产管理部门是代表国家实施国有资产管理的职能机构，拥有对国有资产的监督权以及对国有资产的处置权。国有资产管理部门的任务是，贯彻执行有关国有资产管理的法律、法规和政策；组织推动股份公司及其他企业合理、有效地利用国有资产并解决各种资产关系；同时，还应当在国有资产管理部门的指导下，设立专门从事国有资产经营活动的公司，但这种公司不是一级国家行政机构，而是一种营利性的企业组织即投资公司，进行国有资产的投资和收益以及企业之间产权交易的经营活动。国有资产管理部门对国有资产经营公司及其他各类国家投资公司、投资银行的经营活动进行稽核和监督，并参与国家投资的分配和回收投资的再分配。

股份公司在国有资产管理部门的监督下，贯彻执行国家有关国有资产的法律、法规和政策，运用市场机制来协调资产关系，既包括股份公司同专门经营国有资产的投资公司之间的关系，也包括股份公司直接参与产权交易市场的资产买卖关系。这是我国社会主义商品经济进一步发展的重要标志，是深化我国经济体制改革的重要步骤。股份公司经营活动的全部内容都是商品经济活动的表现，不仅是产出商品化，即提供的产品和服务是作为商品出售的；而且是投入商品化，即所需的原料、设备和各种生产要素是作为商品购买的；更重要的是资产商品化，即公司作为企业本身也是一种商品存在于社会之中，公司资产的股份是公司商品化的重要内容。股份公司商品化中的前两项内容（即产出商品化和投入商品化）已经成为我国商品经济社会的普遍现象，第三项内容（即资产商品化）开始出现并将继续发展，这对促进我国商品经济的高度发达具有重要意义。

二、与国有资产投资公司的关系

在股份公司资产商品化过程中，股份公司同专门经营国有资产的投资公司之间的关系，是股份公司外部关系的重要表现。对股份公司来说，除了从企业集体和职工个人以及社会法人（如各类信托机构、保险公司、投资银行、企事业单位联合组成的新的法人持股公司等）取得股份资产之外，还可以不断从专门经营国有资产的投资公司取得作为国有股的国有资产，在企业资产的来源方面引入了市场竞争机制，从而有利于在企业中形成合理的产权结构，提高国有资产的使用效益，根本改变旧体制下企业内部资产与企业外部市场脱钩的现象。对专门经营国有资产的投资公司来说，通过投资入股形成股份公司中的国有股并参与对拥有国有股的股份公司的管理，而且按照国有资产的收益率、增值率和安全性，来决定国有资产的投资方向以及有关国有资产的产权转让事项，从而使国有资产的经营活动具有开放性和竞争性，有利于国有资产管理部门解脱对企业资产使用业务的直接干预，并硬化对拥有国有资产的企业经营者的财产制约关系。股份公司同专门经营国有资产的投资公司之间的这种资产关系，是在股份公司外部关系中运用市场机制的结果。

三、与产权市场的资产买卖关系

股份公司直接参与产权市场交易的资产买卖关系，是股份公司资产商品化过程的又一重要内容，也是股份公司外部关系中运用市场机制来协调资产关系的结果。股份公司参与产权市场交易活动，就是通过购买整个企业的方式来实现产权转让（或称产权转移、企业兼并）。这种产权转让方式，能够较快地扩大企业规模，不必完全由自己从头做起；可以减少投资风险，利用原有企业的一套既有业务渠道；有利于对原有企业进行技术改造，这比破产方式更为稳妥；更为重要的是，能够促进资产存量的优化配置。在现有企业产权体制改革的过程中，一方面，要把实行资产增量股份制与实行资产存量股份制结合起来，并且是在实行资产增量股份制的基础上即通过发行股票集资的方式，再进一步实行资产存量的股份化，使企业现存的资产发挥更大的作用，以利于国民经济结构的合理调整；另一方面，必须重视分析与研究产权转让方式，有效地解决资产存量流动过程中遇到的困难和问题。

股份公司利用产权转让方式所碰到的难题，包括企业市场的建立和企业价格的确定，都是经济体制改革深化过程中的重要课题。企业市场不同于消费品市场和生产资料市场，企业价格不是企业现有资产的账面价值，而是反映在企业市场中产权交易买卖双方愿意接受的、对双方都有利的真正的经济价值。股份公司直接参与产权市场交易活动，是一种极其复杂的高度发展的商品经济活动，应当在有关改革措施的配套条件下，认真、稳妥、慎重地进行，不可一哄而起，盲目地普遍进行，否则会引起消极现象，并造成经济损失。为此，国家需要尽快制定有关产权转让的法律、法规和政策，发挥专门经营国有资产的投资公司在建立企业市场和确定企业价格以及解决产权转让的其他有关业务问题中的作用，使股份公司外部关系中的资产商品化过程得以顺利地健康地进行，促进我国社会生产力的发展。

第三节　与政府职能管理部门的关系

股份公司与政府职能管理部门的关系，是一种政企关系，即公司是企业，拥有企业的全部职能，政府部门是行政权力机关，行使国家管理经济的职能。

一、政企分开

公司的企业职能，包括公司直接从事以营利为目的的经营活动，承担自负盈亏的经济责任、对国家照章纳税的义务以及其他各项企业职能，表明公司是独立的商品经营者，具有企业的独立性、商品性、营利性的经济特征；公司是社会再生产的最基层环节，反映社会生产力发展的经济技术要求。不能以企代政，即公司不能行使国家管理经济的职能，公司不是一级政府权力机关。公司的规模有大有小，公司所属的内部单位业务范围有所不同，存在地区性公司、跨地区公司、全国性公司、跨国公司这些不同的经营规模，但不能把行政级别套用在公司组织上，不存在什么“中央级公司”“省军级公司”“县团级公司”之类的划分。公司的水平只能在市场竞争中客观形成，反映出公司的产品质量水平、生产技术水平、经营管理水平和经济效益水平，而不是由行政级别的高低决定。

政府部门的行政管理职能，是通过国家法律、法规和政策并实施各种经济杠杆间接管理企业的经营活动，不是直接干预插手企业的经营活动。不能以政代企，即政府部门不能直接从事经营活动，也不能代替企业承担各种业务职能。政府部门应该做好政府职能的事情，包括对企业进行宏观指导、统筹规划和监督协调工作，不该直接管理企业的资金、物资和投资。

所以，股份公司与政府部门的职能区分是明显的。由此导致公司组织机构的设置与政府的行政权力机关是完全不同的。公司不能一套机构两个牌子，既不是政府的附属单位，也不是政府的派出机构。必须政企分开。“行政性公司”的提法是不科学的，不能使“行政性公司”的提法合法化。所谓“行政性公司”，实际上是政企不分的混合体，是官商不分的表现，严重破坏了社会主义商品经济的正常秩序。公司的本意就是一种企业组织形式，不存在什么“行政性公司”与“企业性公司”的划分。在“公司”前面加上“企业性”三个字作定语，是多余的重复。“行政性公司”不是真正的公司，不能使“行政性公司”作为一种公司存在下去。因此，从法律制度上必须明确，使用公司名称的组织机构，不能行使政府权力机关的职能，各级政府不能把政府职能转移到公司。这是我国现阶段正确处理公司与政府部门之间关系的前提条件。

二、政府部门对公司履行的政府职能

正确处理股份公司与政府部门之间的关系，就是要使股份公司在遵守国家法律、法规和政策的条件下，充分发挥股份公司作为企业在社会经济技术发展中的作用，通过公司经营活动为人们提供更多的产品和服务，促进社会生产力的发展。为此，从政府部门来说，一要为公司经营活动创造良好的宏观环境；二要对公司经营活动予以宏观指导，这是政府部门对公司履行政府职能的具体表现。

（1）政府部门为股份公司经营活动创造良好的宏观环境。包括以下几个方面的具体内容。

1）确立并维护股份公司的企业法人地位。政府部门应当保证股份公司直接从事经营活动所必需的外部条件，并尊重股份公司作为法人参与民事活动的主体资格和独立的法人地位。如果政府部门忽视公司的企业法人地位，把公司看做自己的附属单位或派出机构，甚至把公司当做国家的一级行政权力机构，就必然会造成公司外部关系的混乱。政府部门不能直接从公司获取经济收益用于机关费用支出。

2）为股份公司提供健全的法律体系保障。股份公司经营活动中的行为标准是什么？哪些事情能做，哪些事情不能做？必须以法律为准绳来衡量公司行为，符合法律规定的事情能做，违背法律规定的事情不能做。公司经营活动面广量大，行为错综复杂，这就要求形成健全的相互配套的法律体系。政府部门的职责在于建立一整套法律体系及其实施办法，保障股份公司经营活动的正常进行，包括保护公司的合法行为，惩罚公司的违法行为，使公司的外部关系的行为规范化。

3）形成全国统一的社会主义市场。股份公司经营效果的好坏，归根到底是由市场检验的，消费者是公司经营成败的最终发言人。因此，公司要求打破行业界限、地区障碍，有一个公平合理的市场竞争环境。各级政府通过立法和必要的行政手段，建立全国统一的商品市场、技术市场、资金市场、劳务市场，有利于公司的经营要素在全国范围内公平合理地流动，使经营要素流向经营效果最好的公司，这不仅是公司生存与发展的必要条件，而且是提高公司的社会经济效益的重要途径。

（2）政府部门对股份公司经营活动予以宏观指导。主要是运用经济杠杆来指导公司经营活动的健康发展。政府部门用来指导公司经营活动的各类经济杠杆，例如税收、利率、价格、补贴、公债等，是相互配合、彼此补充、指向一致的。政府部门通过综合运用各类经济杠杆，使公司在考虑自身经济利益的同时，同社会经济利益保持一致，以达到调节经济利益的目的。国家权力机关在制定与实施各类经济杠杆的各种经济政策过程中，应充分发挥包括税务、财政、银行、审计、工商、物价、司法等经济管理部门的作用，以利于监督、控制、协调公司的经营活动。从公司方面来说，必须严格遵守国家的有关法律、法规和政策，接受政府部门的宏观指导；认真考虑自身的经济条件，在独立自主的经营活动过程中，有效地利用各种经济政策中对自身有利的因素，推动公司经营活动的开展。同时，公司要善于分析与研究政府部门各种经济政策的变化，及时掌握经济信息，不断修改与调整公司经营方针，使公司的经营活动更好地适应政府部门宏观指导的要求。

第四节　与行业管理机构的关系

股份公司与行业管理机构的关系，是股份制企业外部关系中的重要内容。公司与行业管理机构之间既有区别又有联系。

一、股份公司与行业管理机构的区别

公司与行业管理机构之间的区别表现在两者的组织性质及其职能

的不同。

（1）组织性质不同。公司是以营利为目的的企业组织，承担自负盈亏的经济责任和向国家照章纳税的义务。行业管理机构是以同行业的企业为主体，自愿组成的民间协调组织，称做行业协会。行业协会是一种社会经济团体性质的组织，不以营利为目的，不承担经济责任。所以，公司与行业协会的组织性质是不同的。不能把公司办成行业协会，也不能用行业协会取代公司。

（2）组织职能不同。行业协会有自己的专门职能，包括：1）开展行业基础调查，研究国内外行业现状及其发展趋势，既为企业（包括公司）确定经营方针提供指导，也为政府部门编制行业规划和制定行业政策提出建议；2）沟通企业与政府之间的联系，向政府反映企业的意愿和要求，向企业传递政府的有关法律、法规和政策；3）制定行业技术标准和各项定额，制定行业产品质量标准，并组织企业贯彻实施这些标准与定额，协助企业实现行业技术及产品的标准化；4）协调行业内的生产、技术、工艺的专业分工，协调本行业与其他行业的生产、技术、工艺的相互联系，发展与国外同行业之间的技术交流，为企业采用先进技术提供服务；5）推动竞争，促进企业在行业内外的竞争中求得生存与发展，为企业增强竞争能力创造条件；6）建立行业的信息资料中心，为企业提供技术、产品、行业状况以及市场方面的信息，推进本行业的学术交流活动；7）培训行业的技术人员和管理人员，采取有效措施并通过多种形式来提高企业人员的素质；8）维护会员企业的合法权益。

因此，行业管理机构的组织职能，既不同于公司，也不同于政府部门。行业协会是一种非营利组织，不具有企业职能；是一种民间协调组织，不具有政府部门的行政管理职能。

从行业管理机构的组织性质及其职能可以看出，行业协会有着重要作用。行业协会在企业与政府之间起着桥梁、纽带、服务的独特作用，有利于打破条块分割，形成跨地区、跨部门的经济联系，促进社会生产力的发展。因此，行业协会是我国未来的经济新体制的重要组成部分。可以设想，我国社会主义商品经济体制是由企业、政府、行业协会三个基本部分组成的，企业是体制的核心部分，政府不再是企业的“婆婆”，即不再直接管理企业，而是通过国家法律、法规、政策和各种经济杠杆指导企业的经营活动，行业协会则在企业与政府之间起着协调作用。正是由于行业协会在企业与政府之间所起的独特作用，行业协会才得以存在并发展。如果把行业协会变成经济实体式的公司（企业），或者变为行政管理式的政府机构，这样的行业协会就失去了其存在的价值。

二、公司与行业管理机构的联系

公司与行业管理机构之间的联系表现在公司作为行业协会的会员而发生的各种交往关系。

公司同其他企业一起加入行业协会，作为行业协会的会员，参加行业协会的各种活动，可以通过行业协会的渠道，及时掌握各种信息，包括政府部门编制的行业规划和制定的行业政策，整个行业的现状及其发展趋势，同行企业的生产、技术和经营情况，从而为公司本身确定经营方针提供依据；可以从行业协会得到技术、管理、法律、市场方面的咨询服务，获得各类人员的培训教育，从而有利于提高公司的经营水平并取得更好的经济效益；可以通过行业协会来协调同其他企业之间在生产、技术、工艺、管理诸方面的关系，解决彼此的矛盾，共同处理自身无法解决的难题。公司从事一个或几个行业的商品经营活动，可以自愿加入相应的一个或几个行业协会。作为行业协会的会员，公司可以从行业协会获得益处，享有会员的应有权利，但同时也必须承担相应的义务，为办好行业协会做出自己的努力，包括：交纳会费；向行业协会提供公司情况；参与行业协会组织的协调活动。当然，公司对行业协会的建议可以根据自身情况做出是否接受的决定，但这不能成为拒绝参与行业协会协调活动的借口。

（原载蒋一苇、陈佳贵主编：《股份制的理论与实践》，
北京，中国人民大学出版社，1988）

● 公司经营特征

一、公司与经营的关系

公司是依法集资联合组成，具有独立的注册资产，自主经营、自负盈亏的法人企业。公司作为现代企业的基本组织形式，是以独立的法人地位从事经营活动的。

经营是依据公司的内部能力和外部环境而从事的商品经济活动。公司的内部能力，包括公司的人力、物力、财力、技术力量和其他各种可能条件；公司的外部环境，包括公司外部的各种客观因素和国家法律所规定的内容。

公司与经营是形式与内容的关系，表现为相互依存、相互促进的一体化过程。公司组织形式的存在与发展，取决于公司经营内容的适应性与进步性。在现代商品经济日趋发达的条件下，人们把公司建立起来是一回事，公司能否生存与发展则是另一回事。人们建立公司之后的成败关键在于怎样从事公司的经营活动。经营成功，公司就发展壮大；经营失败，公司就破产倒闭。

公司与经营的这种相互关系，使得经营内容借助于先进的公司组织形式而更加丰富，也使得公司组织通过丰富的经营内容而促进自身的发展，直至形成一门系统、完整的公司经营学，用以指导公司的经营活动。形成公司经营学的基本原因是：(1) 公司是商品经济发达的产物。公司作为当代企业特别是大企业的一种主要组织形式，在千头万绪、变化多端的商品经济条件下，面临着公司内部复杂的组织系统和外部激烈的市场竞争，已经不能沿用早期企业的一套管理方式，迫切需要形成自己的经营战略、经营决策、经营方针及其科学理论来指导自己的各项活动。(2) 公司实行所有权与经营权的分离。公司的经营职能交给一批专职人员来承担，这批专职人员是经营公司的各方面专家，擅长钻研经营业务，熟练掌握经营本领，能够在公司内外变化激烈的情况下使公司发展壮大。这批经营专家的理论知识和实践经验为公司经营学奠定了基础，使公司经营活动可以作为一门科学与艺术相结合的理论来研究。(3) 公司是科学技术进步的结果。公司的发展过程是同科学技术进步紧密地联系在一起的，一方面是科学技术进步在客观上要求公司不断改进自己的组织形式，使公司适应现代技术基础上的社会化大生产的要求；另一方面是公司运用先进的科学技术来改善自己的经营活动，从而逐渐形成系统、先进的经营手段和经营方式。这些科学的经营手段和经营方式便是形成公司经营学的有利条件。

二、公司经营的基本特征

公司经营的基本特征表现在以下几个方面：

(一) 公司经营是生产过程和流通过程的结合

公司经营，既存在于生产过程，也存在于流通过程；或者说，既存在于流通过程，也存在于生产过程，而且将生产过程与流通过程结合起来。所谓结合，或是表现为观念上的结合，或是表现为组织上的结合。从观念上看，从事生产活动的公司，都重视分析与研究流通过程，并把流通过程的信息作为指导生产活动的重要依据，而不是单纯地为生产而生产，不是把流通过程排斥在公司生产活动之外；从事流通活动的公司，都十分关心与了解生产过程，并把生产过程的动态作为从事流通活动的物质基础，而不是把经营观念局限在单纯的买卖交易范畴之内，不是把生产过程排斥在经营活动之外。从组织上看，在一个公司组织系统中，往往是既从事生产活动又从事流通活动，公司本身就是生产过程与流通过程相互结合的统一组织体。

如果用“工”比喻生产过程（当然，生产过程不仅包括工业生产，还包括农业生产以及其他生产过程），用“商”比喻流通过程（当然，流通过程不仅包括商业，还包括其他的流通过程），那么，公司经营活动就是工商结合的表现。公司经营，是对工商分割的否定。对公司来说，只有把工商结合起来，才能取得经营事业的成功；如果把工商割裂开来，搞单纯的“工”或单纯的“商”，势必影响经营活动的效果。不仅如此，公司经营在工商结合的基础上，还把对消费者的服务过程以及分析与研究消费者的消费过程作为公司经营活动的内容。

公司经营把生产过程与流通过程结合起来，是商品经济高度发展的客观要求。在自然经济条件下，人们的生产活动是自给自足的，不存在经营观念；在产品经济条件下，生产过程与流通过程处于隔绝状态，互相分离；在商品经济初步发展条件下，生产过程与流通过程存在一定程度的联系。而随着商品经济的高度发展，客观上要求生产过程与流通过程更紧密地结合在一起。公司经营是以营利为目的的，力图通过减少经营活动的中间环节的各项费用支出，获得更多的利润，从而促使公司把生产过程与流通过程结合起来。这样做的结果，有助于提高整个社会的经济效益，符合商品经济高度发展的客观要求。商品经济越发达，经营内容越丰富，生产过程与流通过程的结合就越紧密，公司的经营活动正反映了这种发展趋势。

公司经营的这个特征，是公司这种企业组织形式的优势所在。与单厂企业和独资企业、合伙企业以及其他的企业组织形式比较起来，公司不仅能够在生产过程中把多个存在着分工与协作关系的工厂有效地组织起来，把工厂、农场以及其他存在着相互联系的生产单位组成生产联合体，形成新的社会生产力，而且能够把生产单位、商业单位、外贸单位以及其他经济单位联合组成经济实力雄厚的经济实体。同时，公司还能够使经济单位与科研单位结合在一起，在生产过程中直接、及时地运用科研成果，形成以现代技术为基础的企业组织形式，显示出公司的技术先进性和规模经济性。因此，对公司经营来说，把生产过程与流通过程结合起来，不仅在客观上是必要的，而且在组织条件上也是可能的。这是公司对经济发展起着重要作用的表现，是使公司本身具有活力并不断发展的重要因素。

（二）公司经营是内部能力和外部环境的结合

公司经营，一方面表现为对公司内部能力的运用与协调，另一方面表现为对公司外部环境的考察与适应，而且是内部能力和外部环境二者有机结合的综合表现。这是公司经营的又一重要特征。

公司经营就是要有效地运用与协调公司的内部能力，包括对人力资源、机器设备、物质设施、原材料、资金、科研技术力量和其他各种条件的运用，对人员之间的关系、单位之间以及组织系统中的纵向和横向关系的协调。这是公司经营事业取得成功的立足点。通过有效地运用公司内部的现有资源条件和潜在的可能条件，协调公司内部的各种组织关系和人际关系，能使公司成为一个整体，形成一个拳头，在经营活动中发挥自己的优势。公司内部关系是极其重要而又复杂的，是公司生存与发展的基础，所以，在公司经营过程的各个阶段，都必须重视对内部能力的运用与协调。

公司对外部环境的考察与适应，是公司经营的不可缺少的组成部分。公司外部环境是影响公司经营活动的非常重要的因素。公司考察外部环境的目标，就是在国家法律规定的范围内，寻找一个对公司最好的外部环境，并使公司经营活动适应外部环境的变化。公司的外部环境是由影响公司经营活动的一切外部因素构成的综合性大环境，而这个综合性大环境又是由许多具体的小环境组成的。这些具体的小环境，包括影响公司经营活动的外部的自然物质因素、社会文化因素、政治法律因素、宏观经济因素和微观经济因素。从总体上看，都可划分为两类，即对公司经营的有利因素和对公司经营的不利因素。有利因素和不利因素客观地存在于公司的周围并且往往是同时影响着公司的经营活动。考察公司的外部环境，目的就是要在经营活动中充分利用对公司有利的外部因素，尽量减少和消除对公司不利的外部因素。

对公司经营来说，不仅是要运用与协调公司的内部能力和考察与适应公司的外部环境，而且要把两者有机地结合起来。这就是说，不能把公司的内部能力和外部环境割裂开来，不能孤立地分析内部能力或者外部环境。在公司经营活动中，既不能单纯地“眼睛向外”，也不能单纯地“眼睛向内”，而应当内外结合，缺一不可。一般情况下，运用与协调内部能力是主要的，对公司经营活动起决定性作用。如果公司内部能力不能充分发挥作用，协调不力，聚合力弱，离心力强，再好的外部环境对公司也无济于事，公司只会坐失良机。但是，在有些情况下，考察与适应外部环境对公司经营活动起着主要作用，具有决定性的影响。特别是在现代商品经济条件下，市场变化迅速，竞争激烈，信息在经营活动中越来越重要，如果离开对外部环境的考察与适应，闭门生产，坐等顾客上门，公司的经营活动就会寸步难行。所以，在现代的公司经营活动中，非常重视对外部环境的考察与适应，并把它同对公司内部能力的运用与协调结合起来，这是使公司立于不败之地的可靠保证。

（三）公司经营是整体战略和具体战术的结合

公司经营，既包含对公司整体战略的安排，也包含对具体战术的确定，而且是把整体战略和具体战术结合起来并统一于公司的经营目标之中。这是公司经营的第三个重要特征。

对公司整体战略的安排，包括对整个公司发展方向、开发新产品、开拓新市场、采用新技术、资金筹集、重大技术改造的决策以及其他重要的经营战略决策，是公司经营所必须解决的重大问题。这些整体战略问题的决策，涉及公司的全局利益和长远利益，对实现公司经营目标起着决定性作用，关系到整个公司的发展前途，因此，在公司经营活动中占有举足轻重的地位。

对公司具体战术的确定，包括公司生产计划和各种具体计划的制定、各项组织工作的协调、日常指挥系统的建立、控制与监督工作的进行以及其他各方面具体工作的规定，是公司经营活动中经常碰到的大量的具体业务问题。这些具体业务工作的进行，影响到公司内部各个单位和每个职工的直接利益及其相互的利益关系，而且是时时、处处都可能出现各种问题，所以，公司经营活动的整个过程都必须重视这些具体业务问题的解决。

在公司经营过程中，既不能片面强调整体战略的安排，也不能片面强调具体战术的确定；既不要孤立地进行整体战略的安排，也不要孤立地进行具体战术的确定。而是应当按照公司经营目标的要求，把整体战略的安排和具体战术的确定适度地结合起来。以整体战略指导具体战术，以具体战术落实整体战略。整体中有具体，战略中有战术；具体不忘整体，战术不忘战略。只有这样，才能保证公司经营活动全过程的顺利进行。

公司经营活动中具体战术的确定，实际上就是公司内部大量管理工作的表现。经营与管理是既有联系又有区别的两个概念。把经营观念应用于公司内部的各项工作，这就是公司管理的含义，例如，销售管理、生产管理、人事管理、财务管理等。公司经营中包含着公司管理，公司管理是公司经营的组成部分。公司管理有方，则使公司经营成功；公司管理无能，必将导致公司经营失败。这表明经营与管理是相互联系的。但经营与管理是两个概念，其区别是：（1）管理是指公司内部的各项工作，是解决公司具体的战术性问题；而经营不仅包含公司内部的各项工作，解决公司具体的战术性问题，而且包含公司外部的各种联系，解决公司整体的战略性问题。（2）经营是因商品经济而引起的具有主动性、适应性特点的活动；管理是因共同劳动而引起的具有规定性、执行性特点的过程。所以，经营概念存在于以营利为目的的商品经济组织中，例如公司经营、企业经营等，而非营利性的社会组织中不存在经营概念，例如政府机关不需要经营概念，但管理概念则存在于人们共同劳动的一切组织之中，例如政府的行政管理、学校的教学管理、医院的医务管理等；也包括公司和其他企业的经营管理，经营管理就是在经营活动中对人们共同劳动的规划、组织、指挥和控制。从管理作为一门学科来看，经营管理属于管理学的范畴。但作为经营学来说，不仅包含管理学的原理，而且包含经济学的原理，所以，经营学是经济学与管理学的结合。（3）经营是以独立承担经济责任的利益整体为对象的概念；管理是以人们之间及其组织之间的相互关系为对象的概念。所以，当一个生产单位或其他的经济单位成为一个独立核算、自负盈亏的经济实体时，即成为一个真正的企业、真正的公司时，必然产生公司经营、企业经营概念。如果一个生产单位不是一个独立承担经济责任的利益整体，那么，这个生产单位只有管理概念，而不需要经营概念。例如，旧的产品经济体制下，工厂只是附属于上级政府主管部门的生产单位，一切任务由上级部门下达，工厂无须过问也无权过问外部市场，不承担盈亏责任。所以，旧体制下的工厂不是独立的商品生产者，虽然存在着工厂管理概念，但没有经营概念。因此，在商品经济条件下，对一个公司及其他任何一个企业来说，经营显得比管理更为重要，只有管理概念，没有经营概念，就无法适应商品经济发展的客观要求。

从上述公司与经营的关系、公司经营的基本特征以及经营概念与管理概念的联系和区别中可以看出，公司经营是以营利为目的而使生产过程与流通过程、内部能力与外部环境、整体战略与具体战术相结合的商品经济活动。因此，公司经营活动全过程必须研究的问题包括公司经营的外部环境、公司组织的内部联系、公司的市场营销基本原理、市场调查和市场预测、产品定价及其方法、销售渠道和销售方式、国际市场营销、公司产品计划和产品生产、库存控制和生产控制、公司工程管理、公司资金来源、公司投资决策、公司风险管理、公司决策过程、公司经营战略和公司控制过程。

（原载邓荣霖主编:《公司经营学》，北京，
中国人民大学出版社，1989）

● 企业跨国经营的基本战略

企业跨国经营战略是指一个企业所确定的长期的经营目标以及为实现这些经营目标所进行的一系列部署和安排。在当今世界上，从事跨国经营活动的最重要的企业组织形式就是以跨国公司为代表的国际化企业。因此，对企业跨国经营战略的研究，突出地表现为对跨国公司经营战略的研究。

跨国公司的经营战略，区别于跨国公司的一般经营管理。跨国公司经营战略是对公司总体的、长期的、重大的事务作出判断和决策，从战略上确定公司的经营目标，并从战术上进行部署和安排，以保证这些经营目标的实现。经营战略的制定，是跨国公司立于不败之地的根本大计，对跨国公司的生存与发展具有至关重要的意义。跨国公司的一般经营管理，是对公司各个职能方面的事务的具体管理，包括生产管理、营销管理、人事管理、财务管理、研究与开发管理以及各项组织工作。前者主要是公司董事会、总经理和高层决策者所必须考虑的问题；后者主要是公司各个职能部门和各层次管理人员所必须完成的具体任务。当然，两者是相辅相成、彼此影响的。合理的跨国公司经营战略，使跨国公司经营管理具有明确的方向和目标；有效的跨国公司经营管理，是制定和实施跨国公司经营战略的必要条件。

跨国公司的经营战略，不同于一般企业的经营战略，这是由跨国公司的经营特点决定的。跨国公司的经营活动，其产品涉及同一行业的许多产品，甚至是不同行业的多种产品，并提供各种服务，同时涉及不同国家的许多地区。跨国公司的这种跨行业、跨国界的经营特点，决定了它的基本战略必然是全球经营战略。

跨国公司的全球经营战略，具有一般企业的经营战略不具有的独特内涵：

第一，跨国公司经营战略所规划的范围，是以世界市场为经营目标，并把世界市场作为一个整体来考虑。

第二，跨国公司的经营活动是以全球范围为出发点，对各种资源进行有效配置。包括对自然资源、人力资源、资本资源、技术资源和其他经营要素资源的配置。

第三，跨国公司着眼于全球观点来设置海外分支机构，并规定各个子公司的职能和经营范围，协调母公司与子公司之间以及子公司相互之间的关系。

跨国公司经营的这种全球战略（global strategy），是一般国内企业从事国际化经营活动逐步发展的结果。国内企业从事跨国经营即国际化经营的原因是多方面的，或是由于国内市场趋于饱和转而到海外寻找市场，或是利用绝对优势原理和相对优势原理在国际贸易中获取利润，或是通过国际技术转让使企业获得先进技术和技术控制权，或是为了取得国内短缺而国外较便宜的原材料和零部件，或是尽力扩大在海外的市场占有率。总体来说，从事国际化经营活动的企业称为国际企业。具体来说，国际企业包括四类企业：（1）出口产品占企业全部产品一定比例（例如30%以上）的企业；（2）合资企业；（3）利用特许经销方式在国外设立分支机构的企业（即执照经营企业，例如代理、代销企业等）；（4）在海外设立子公司或其他分支机构的跨国公司。这四类企业的跨国经营活动，不管出于上述哪一种原因，都表明企业的跨国经营过程是一个企业发展成为跨国公司的过程。企业在从事国际化经营活动的初期，经营目标比较单一，企业内外关系的协调较为容易，但当国际化经营活动扩展到同一行业的许多产品、不同行业的多种产品和服务、不同国家的许多地区时，企业就必须制定一项全球战略，以适应整个世界市场的激烈竞争和现代科技的飞速变化，从而出现了跨国公司的全球经营战略。

跨国公司全球经营战略的内容，包括规划年限的确定、内部条件的分析、外部环境的评估、发展目标的决策。这些对任何一个企业的跨国经营活动，都是极其重要和不可缺少的。

从许多跨国公司制定全球战略的宝贵经验和实际效果来看，年限的规划一般确定在 4 ～ 5 年较为适当，这既能保证企业长期发展的战略地位，又能提高战略预测的准确性和实现战略目标的成功率，并取得企业近中期的可以看得见的现实利益，可防止由于内部条件和外部环境变化幅度太大而使预测失误。

跨国公司对内部条件的分析，主要是分析生产能力、营销能力、服务能力、研究与开发能力、资源供给、管理水平和财务状况。归根到底，是分析这些内部条件对企业跨国经营活动的有利因素和不利因素，其目的在于扬长避短，发挥优势条件，消除劣势因素，并以此作为制定全球战略的基础。

跨国公司对外部环境的评估，是对全球范围的综合性大环境的评估，而综合性大环境是由许多具体的小环境组成的，包括自然物质环境、经济环境、技术环境、社会文化环境、政治法律环境等多种经营环境。对各种具体环境的评估，是十分复杂和艰巨的工作，涉及大大小小的诸多因素。例如，自然物质环境包括有关国家和地区的自然条件、地理状况、资源条件、资金状况等；经济环境包括国民生产总值、收入分配、经济水平、通货膨胀、行业及企业状况等；技术环境包括技术基础、技术成果、高新技术开发程度及其应用状况等；社会文化环境包括人口、劳动力、就业率、教育程度、文化水平、风俗习惯等；政治法律环境包括法律制度、政府的政策稳定性与连续性、政局稳定状况等。尽管这些评估工作的难度很大，但由于跨国公司是一个国际性现代化大企业构成的开放系统，再也不是早期企业的那种封闭状态，其经营绩效在越来越大的程度上受到外部环境的影响，所以，跨国公司极其重视外部环境的变化及其对经营活动的影响并采取相应的对策。这是制定全球战略的关键所在。

跨国公司发展目标的决策，往往着眼于综合性经营目标的实现，采取多角化经营的策略，避免过分追求单一目标而带来的片面性、局限性和风险性。例如，单纯追求利润最大化会忽略风险因素，造成只顾眼前利润而忽视长远利益的后果；只注重股东财富最大化会使管理层缺乏信心，不能反映出影响股票价格的外部因素，而这些外部因素是公司内部管理部门和管理人员无法控制的；管理者报酬最大化虽然满足了管理者的欲望，但其错误的投资和融资决策会影响公司利润最大化和股东财富最大化。所谓综合性经营目标，就是在跨国公司经营思想指导下的战略规划期限内所欲实现的目的和方向，包括加强全球性经营活动的目标，抢先进入不断发展的高新技术产业领域的目标，对母国与东道国的经营业务安排及其关系协调的目标等。这些发展目标是多项具体目标（包括盈利指标、投资收益、市场份额、股利分配、成本降低、价格策略、产品开发、环境保护、政府关系等）的综合表现。这些发展目标决策的正确与否，从根本上来看，取决于跨国公司的经营思想是否符合全球发展的需要。跨国公司的经营思想，表明一个企业从事跨国经营活动的业务指导原则和经营宗旨。实践证明，在“顾客至上，质量第一”，“诚实既是最好的也是唯一的有效的政策”，“繁荣东道国经济并随时显示整个世界是我们的市场”以及其他一些积极向上的经营思想指导下所确定的发展目标，往往成为跨国公司全球战略的最重要内容。

中国企业跨国经营战略的制定及其实现，除了上述世界各国企业跨国经营战略所必须研究和解决的共同性问题之外，还有自身的特殊问题。当务之急，关键在于解决两个问题：第一，彻底摆脱计划经济旧体制对企业的束缚，使企业真正成为面向国内外市场的自主经营、自负盈亏的经济实体，切实拥有从事跨国经营活动所必需的自主权，这是中国企业经营国际化的前提和基础。第二，迅速改变单一工厂式的落后的企业组织形态，使企业公司化，使公司成为中国现代企业的最重要、最有效的企业组织形式。同时，尽早出台公司法，使公司企业化，使公司成为真正的现代企业骨干力量，而不是一级政府机构或政企不分的组织，这是中国企业经营国际化的组织保证。在此基础上，中国企业才有可能朝跨国公司式的现代企业组织及其经营战略方向发展。我深信，随着中国社会主义市场经济新体制的建立与完善及中国重返关税与贸易总协定愿望的实现，中国企业的跨国经营必将成为全球性经营活动的重要组成部分，推动中国经济及世界经济获得更大发展。

（原载赵曙明主编：《企业跨国经营研究——兼论中国企业国际化》，南京，南京大学出版社，1993）

● 中国企业经营观念须加速转变

对于大量的中国国有企业来说，只有确立反映市场经济规律要求的现代新型经营观念，才能有效地建立现代企业制度。

中国企业经营观念的转变，从企业管理工作来看，就是要建立起面向消费者的管理制度，适应公平、公正、公开的市场竞争秩序的要求，形成企业经营活动的有效运行机制和良性循环状态。

中国企业在市场经济条件下必须确立现代经营观念，现代经营观念包括两个方面，即空效观念和时效观念。

企业经营过程中的空效观念，是指企业从空间的扩展中获取更大经济效益的观念。企业必须重视空间的广阔或狭窄对企业经营活动的不同作用。广阔的空间，使企业经营活动在不断扩展中获取更大的经济效益；狭窄的空间，则使企业经营活动受到极大局限以致日趋萎缩。而欲使企业经营活动的空间扩展，企业要在主观上做到视野的扩展、思维的扩展。空效观念在企业经营中的具体内容表现为：

（1）开放观念。中国企业在市场经济体制下，在企业经营活动中必须确立开放观念，必须走进国内国外两个市场。

（2）开拓观念。企业经营过程中的开拓观念，既包括开拓新产品、新技术、新市场以及同经营有关的新领域，也包括善于采用新的经营方式和经营手段。企业开拓新领域及其对风险的分析，都应建立在切实可行的科学基础上。

（3）多角经营观念。企业多角经营观念是对单一经营观念的突破。企业多角经营就是把多方向发展新产品和多个目标市场有机地结合起来，适应市场多样化的需求。这样做也有利于分散企业经营风险。中国一些企业由于开展多角经营，即使某种产品或某个市场不景气，还是可以从营业兴旺的其他产品或市场来加以补救，从而避免“吊死在一棵树上”的情况，使企业经营处于稳定的长期的发展状态。企业多角经营的具体内容有：（1）纵向多角经营，即把一体化发展新产品投向原有市场。所谓一体化发展新产品，就是同原有产品处于同一生产领域但生产阶段不同的产品。（2）横向多角经营，即利用原有生产技术条件开发新产品投向同行业的不同市场。（3）复合性多角经营，即多行业生产技术交融开发新产品投向全新市场，包括开发兼有不同行业特点的边缘产品和由硬件产品向软件产品发展的信息、服务、知识领域齐头并进的一揽子业务活动，为全方位地占领不同行业的不同市场创造有利条件。

（4）联合观念。在专业化和协作化的基础上，通过联合化来获取更大的规模经济效益。中国企业的联合化趋势，是指通过资本联合、技术联合、人才联合以及经营过程中的多种联合形式，逐步形成具有雄厚的经济技术实力的企业集团，表现出联合就是力量的基本原理。特别是 1994 年 7 月 1 日《公司法》实施之后，应在规范化的有限责任公司和股份有限公司的基础上，通过资产关系和业务关系来形成并发展跨国公司，使更直接地参与国际市场经济活动的企业越来越多。针对国有企业发展不平衡状况，可通过企业兼并收购的经济方式，为公司提高市场竞争能力和扩大市场占有份额创造有利条件。

企业经营过程中的时效观念，就是企业从时间的节约中获取更大经济效益的观念。它在企业经营中的具体内容表现在：

（1）投入产出观念。计划经济下中国国有企业是单纯产值观念，完成国家下达的产值计划就算完成企业任务，这种观念显然不适应市场经济，因此，中国国有企业正在转变经营观念，即按投入产出的统一过程和综合表现来衡量企业经济效益，既不是单纯的产出观念（以为产出越多越好而不问投入多少和能否销售出去），也不是单纯的投入观念（以为投入越少越好而不问产出多少和企业是否需要发展），而是把投入与产出有效地结合起来的投入产出观念，在企业成长壮大的过程中求得速度和效益的统一。

（2）资金周转观念。中国企业正在改变无偿占用资金的做法，确立资金占用数量与质量统一的观念。企业经营是否成功其中重要一环在于加速资金周转，提高资金运用效率，这就是资金运用的质量概念。企业资金周转率虽然同企业是否盈利是性质不同的两个问题，但会直接影响到企业的盈亏。中国企业加速资金周转是重要的出路。特别是必须确立利息观念和现金流转观念，使企业资金周转更能适应发展的要求。

（3）债权债务观念。债权债务关系越来越成为突出的经济问题和法律问题。中国国有企业的债务包袱沉重，是一个突出的现实问题，其根本出路在于转换企业机制，确立债权债务观念，通过法律手段和经济手段来解决历史遗留以及现实存在的问题，其中包括建立资本注册制度、形成合理的资本结构、开展企业资产重组活动、有效实施破产制度以及同资产负债有关的诸项企业制度。

（4）信息传递观念。信息是不可缺少的经营要素，且正在显示出愈益重要的作用。经营成功的企业经验表明，从信息传递过程中可节约时间并获取更大的经济效益，企业从信息中能够获得需要的经营环境、技术水平、市场行情以及各方面的准确信息。

企业经营过程中的上述两类观念，即空效观念和时效观念，其共同点在于：

第一，竞争观念。要确立市场竞争观念，形成在市场竞争中求生存、求发展的新观念。企业从内部到外部，从投入到产出，从生产到销售，自始至终体现出市场竞争观念。

企业经营过程中的市场竞争观念，要研究竞争者的供求关系，包括寻找未被竞争者满足的市场，不失时机地扩大本企业的市场；掌握竞争者的经营动向，提出本企业竞争策略。

企业在市场竞争中增强活力，扩大规模，具有实力，形成优胜劣汰的经营机制，不仅有利于提高企业经济效益，而且有利于调整社会经济结构，通过法律手段和经济手段来有效地处理竞争与垄断的关系，改变过去那种单纯行政性垄断的弊端。

第二，效率观念。企业经营活动中的任何空间和任何时间，都存在着效率高与效率低的问题。效率问题是企业的生命线问题。在激烈的国内与国际市场竞争中，中国企业越来越重视效率观念在经营活动中的作用。

企业经营的高效率，是在同其他企业的比较和竞争中确定的效率。所谓高效率，就是高于其他企业的效率，企业经营的空效观念和时效观念的各种具体表现都贯穿着追求高效率这个共同内容。高效率是通过高技术水平和管理水平实现的，因此，掌握现代技术和现代管理是实现企业经营高效率的两个支柱。

（原载《中国企业报》，1995-09-23）

● 企业并购：推进社会资源的优化配置

1984 年 7 月，保定纺织机械厂吸收合并了保定针织器材厂，从而揭开了中国现代企业并购的序幕。伴随中国城市改革的不断深入，从 80 年代中期到 80 年代末，全国被兼并的企业达到 6 000 多家，全国范围内有 12 家产权交易市场挂牌营业。

1989 年，为了更好地促进产权交易的进行，国家体改委、国家计委、财政部、国家国有资产管理局联合发布了《关于企业兼并的暂行办法》，从而使国内的企业兼并有法可依。但是鉴于当时的历史条件，大部分企业兼并不是真正意义上的企业并购。

党的十四大确立了建立社会主义市场经济体制的方向，企业并购进入了新的历史阶段。1993 年，近一年的时间内并购企业的数量达到 2 900 多家，全国成立了 170 家产权交易市场。

这一时期，企业并购的主要特点是：开始向跨行业、跨地区、跨所有制的格局发展；并购对象不仅是亏损企业，还包括部分盈利企业；企业并购出现了成片的并购，并购的方式有现金收购也有证券收购；企业并购的范围由国内走向国际。

企业并购在国民经济运行中起到了重要作用，开始形成了市场竞争和优胜劣汰的机制，市场竞争由原来的产品竞争、要素竞争转向企业竞争。企业并购有利于经济结构、行业结构、产品结构的调整，有利于解决低水平生产、重复建设等问题，同时还有利于一部分企业不良债务的消化。对于并购企业，可以扩大规模效益，在不增加财务成本的情况下扩大经营规模，利用被兼并企业的营销网络提高市场占有率，实现多角化经营。对社会而言，则提高了社会资源利用效率，使得人才、设备、资金等各种社会资源向更有效率的企业流动，实现了资源的优化配置。

现代意义上的企业并购既有竞争又有合作，这是90年代国际企业并购浪潮中的一个突出特点。1997年，国际上最具震撼力的企业并购——美国飞机制造业的两巨头波音和麦道的合并，给了我们很好的启示。

麦道公司虽然一直在盈利，但是它的规模小，在波音公司与空中客车公司的挤压下不可能扩大规模，而且产品系列过窄，投入产品开发又需要大量资金和技术力量。波音公司出于与空中客车公司竞争的需要，亟须拓宽市场。在70年代，波音的市场占有率曾达到90%；90年代初空中客车超过波音占48%，波音占46%；到1996年9月，波音在商用飞机市场的占有率达到54%，空中客车为32%，麦道为9%，波音与麦道两家联合后的占有率超过60%，成为飞机制造业真正的“巨无霸”。

当前，我国企业并购中还存在许多问题，企业并购中市场机制还没有起到应有的作用。在企业财产所有者约束软化的情况下，大多数企业并购是在迫不得已情况下的被动行为。企业并购由企业战略扩张的手段变成了企业不得已摆脱困境的手段。

行政色彩仍然在企业并购中占突出地位。企业并购的主体是企业，政府的作用是维护并购当中的市场效率，防止破坏市场机制和违法并购行为的发生。但是当前许多并购是以消灭亏损企业为目标，以地方政府某些行政业绩为目标的行为，甚至出现限期完成兼并数额的强行摊派。

目前中国的企业并购还存在体制障碍，体现为条块分割的体制、地方保护的体制，因此不可能在更大的范围内进行企业并购，企业要素的流动受到限制，地方部门之间的障碍限制了企业并购发挥应有的作用。同时，尽管目前《公司法》对公司间的并购做了明确的规定，但是对于一些具体问题还没有涉及，例如债务清偿工作以及并购审批制度等，因此《公司法》仍有许多应当不断完善的地方。此外还有立法问题。应当在改革中不断完善立法，并通过立法来推进改革。

（原载《北京青年报》，1997-09-15）

● 按市场经济规律搞重组

通过参观了解，我认为福田经验有以下几点：首先，按市场经济规律进行重组，对当前国有企业改革有重大意义，它推动了行业结构调整，并对提高国有资产运行质量有重大意义。其次，重组的目标要明确，它不是为资产重组而重组，不仅仅是为保住国有资产，而且是为了实现其增值。福田公司重组的目标非常明确，就是要增强企业的竞争力，并集中地表现在提高农用车在全国的地位上。福田公司从先前的名不见经传一跃成为全国农用车排名第一，经验值得总结。

我认为在重组的过程中企业发展取决于两个因素：（1）内部的调整，一方面进行资产重组，另一方面进行组织调整。上午看了潍坊模具厂，该模具厂原是工模具总厂下设的一个分厂，调整后分成两个事业部，两个事业部发挥了各自的竞争力，这说明组织上的调整适应了资产重组的变化。（2）内部的人事制度改革。福田公司从全国各地招聘了大批人才，使用人才不拘一格。其内部的改革保证了资产重组带来效益。

作为研讨会来说，不应当总是总结经验，市场经济不承认过去，只承认明天，因为昨天的情况已经过去。汽车产品竞争力是很强的，中国汽车工业要加入国际市场竞争，不管什么车都要超越国内、国际两个市场。农用车更重要的是要超越“农用”这个范畴，你现在搞农用车，那么对汽车竞争的分析也要加强。在这一点上王总的讲话我同意，管理上实行“哑铃型”管理，抓两头，一头是产品的开发，一头是市场。市场也就是营销，这是个战略问题。

（原载《经济日报》，1997-12-04）

管理创新

On
Management

● 如何处理好市场经济体制基本成分之间的关系

确定市场经济体制是当前乃至今后相当长一段时间的重要工作，也是必须完成的任务。但是，在此过程中会遇到很多的问题，不能回避问题，而是需要一个个去解决。

第一，市场经济体制到底是怎么回事。中国现在对经济的基本常识没有共识，各讲各的。市场经济体制的基本成分有三个，关系要处理好。一是消费者，他们构成了市场的核心，在市场经济中消费者是第一位的；二是企业，也是基本成分；三是政府。现在经济体制运行出现了一些问题，问题在哪里？答案就是把这三个成分关系颠倒了。计划经济体制下政府是第一位的，企业围着政府转，消费者围着企业转。市场经济体制则要把三个成分关系还原过来，还原到生产力发展方向上来，但是对这个问题现在没有共识。

市场要具体化，市场最重要的是指企业和消费者的关系，市场不能抽象化。现在的问题是这三大成分是三大利益集团，最重要的消费者的食品安全没有保证，消费者的利益没有保证。每个人都是消费者，官员也是消费者。企业满足消费者的需要，政府要为企业服务。中国的改革主要矛盾是改政府，政府的职能要明晰，政府的机构要精简，政府的权力要关在笼子里。

市场经济体制三个成分的关系颠倒了，我们要还原过来。但阻力很大，主要来自两个方面：一是思维障碍，要解放思想；二是权力冲突、利益冲突。

第二，企业是主体，民营企业还要发展，自己要争气。企业怎么发展，还是两类企业，国有企业要改革，民营企业要建制。国企要改制，都是制度创新，就是建立现代企业制度。包括三类，一是产权制度，二是组织制度，三是管理制度。产权是前提，组织是保证，管理是基础。现在产权还是根本问题，组织就是人事，公司治理，董事会、股东，形成一套制度，我们现在还是按照计划经济那套级别在走。公司治理在中国远远没有到位，包括上市公司，存在一大堆问题。企业制度创新本身要解决三类制度的创新。

第三，要解决三类企业的关系。这三类企业是按照企业形态划分的，一是小企业，二是大公司，三是企业集团和跨国公司。这三类企业的关系现在没有处理好。我认为，民营企业要发展，靠自己，不能靠计划经济那一套，那是行不通的。企业不按级别走，要靠市场竞争力去发展。

第四，企业成长的方式要解决。有三类方式：一是新建，自己解决投资；二是扩建，通过技术创新和技术改造实现；三是并购、兼并，包括国内并购，国际并购。现在很多并购没有搞好，在国际上绝大部分并购实际上是亏损的，成功的案例并不是很多，这就需要高度重视。

第五，认识企业成长的基因。现在很多企业的成长还是靠政府，最近广州市有一个企业跟广州市提要求，希望得到政府的扶持。广州市委书记讲得好，我扶持你，国有企业是政府亲生儿子，那民营企业就不是吗？所以还要靠自己成长。对于未来在市场中生存的企业而言，必须提倡企业内部的凝聚力、财务的稳健性等，一定要将效益放在发展的首位加以高度重视。

（原载《企业家日报》，2013-03-02）

● 企业管理的中国模式

企业管理的中国模式就是立足中国企业实践的管理创新，从中国企业管理实践中提炼具有中国特色的经验，其中不仅涉及有中国特点的东西，还要尽可能吸收国外的一些优秀管理经验，并通过有效的融合，最终形成具有中国特色的企业管理模式。具体来说表现在以下三个方面。

一是处理好市场经济体制三个成分之间的关系。

中国改革开放总的要求是从计划经济转向市场经济体制，而市场经济的三个成分之间的关系决定了我们的体制是不是一个市场机制，三个成分包括消费者、企业、政府。具体来讲，第一点，消费者是生产力发展的方向，消费者是市场的代表，市场是抽象的，消费者是具体的，消费者是市场的核心。第二点，企业是主体成分，企业是财务的基本单位，是生产力的基本单位。第三点，政府是不可缺少的成分，市场是有政府的体制，不是无政府的体制。市场经济体制是由这三个成分构成的，市场经济就是要处理好这三个成分之间的关系。在这个过程中，政府的作用是制定规则、执行规则，还需要解决企业解决不了的问题，但不应该代替企业去解决问题。

二是正确认识三类企业形态的管理创新。

市场经济体制下的企业形态是法律形态，包括个人独资企业、合伙企业和公司制企业三类。因法律形态不同，管理创新也应有不同的侧重。首先，应该处理的是企业形态与企业规模的关系，还有应该处理好企业形态与技术创新之间的关系。同时应注意两种条件：一种是内部条件，包括生产、信息、营销条件，鼓励企业分清自身优劣势；另一种是外部环境，包括外部政治环境、文化环境、宏观经济环境、微观经济环境。对企业管理来说，还要处理好几种关键的关系，包括内部条件和外部环境的关系、成本与质量的关系、规模和效益的关系、微利和暴利的关系、价格竞争与非价格竞争的关系、进入市场和退出市场的关系以及主营和兼营的关系等。

三是确定制度与文化是企业管理创新的两大支柱。

企业管理创新包括企业制度创新和企业文化创新。企业制度创新包括产权制度创新、组织制度创新和管理制度创新。在三个创新中，产权是前提，组织是保证，管理是基础。企业管理制度创新应处理好战略管理创新和业务管理创新。企业文化创新要解决理念、道德观念、价值观的问题。企业制度抑制人恶的一面，企业文化引导人善的一面。企业制度是硬的，企业文化是软的。企业管理创新应该软硬结合，双管齐下。

企业管理发展的中国模式，基于计划经济体制到市场经济体制的大背景，而管理创新是企业发展的永恒动力。今年是改革开放四十年，希望中国的改革开放能在管理创新上坚持下去，越办越好。

● 十把科学“钥匙”打开管理提升之门

管理提升对企业而言是一项重要的工作，也是一项系统工程，需要在很多方面做出成绩，才能得到最终结果。对于每个企业的管理提升来说，背景和要求不一样，侧重点也不一样，这样就要求必须有所差异，即需要有针对性才能取得理想的效果。对于大型央企而言，管理提升的重点是加强科学管理，提升发展质量。既不能不分重点，也不能眉毛胡子一把抓，而是必须找到关键和着力点。综合来看，在管理提升中需要注意以下十个方面，既打造十把科学“钥匙”来帮助企业提升管理活动。

第一，依据内部条件和外部环境来加强科学管理，提升发展质量。内部条件包含四个方面。首先是生产要素，分析设备、机器、劳动者的状况是否适应发展需求；其次是流通要素，分析企业是否适应市场变化；再次是科技要素，要对专利、技术水平、技术结构、人才状况清清楚楚；最后是清楚无形资产是否有优势，是否适合知识经济时代、信息时代的要求。这些都要求领导有清醒的头脑和客观的判断。外部环境的关注点有五个：资源物质条件、历史环境、社会文化环境、宏观和微观经济环境。其中，宏观经济环境包括财政、货币、金融、税收等影响，微观经济环境涵盖企业竞争对手的成本、价格等内容。分析内外部环境，找出有利因素，看到不利因素，发挥优势条件，并将劣势条件可能导致的损害、损失和风险降到最低，这就是科学管理的着力点和关键。

第二，处理好市场经济体制的三个成分，即消费者、央企本身和政府的关系。消费者是检验央企发展质量的唯一标准、最好标准，争取了消费者就能打败国内外的竞争者。

第三，完善现代企业制度。制度创新包括产权制度、组织制度、管理制度，产权是前提，组织是保证，管理是基础。创新是支撑企业持续发展的内在主线，企业管理提升就要从这三个制度的创新入手。

第四，重视股权和股权结构调整，要更加科学地处理复杂的股权关系，进而合理地进行股权调整。对于股权的配置，必须结合企业实践来推行，尽可能吸引潜在的投资者，调动更多的社会资源来推动企业发展。

第五，坚持组织变革。处理好母子公司关系。组织变革包括横向变革，指机构、岗位设置、人员配备是否科学，是否适应市场经济、全球化、信息化等要求。纵向变革，央企的组织层次不应超过三个，层次太多容易鞭长莫及。横向的分工要明确，纵向的层次要减少。只有内部组织有凝聚力，才有外部的市场竞争力。

第六，规范公司法人治理结构。这是决定公司发展命运的核心问题、根本问题。公司法人治理结构是法律规定的三类人的关系：第一类是股东、出资者，第二类是董事，第三类是以总经理为代表的管理者、经理层。他们都处于公司的高层。只有处理好这些高层的治理关系，管理才是科学的。

第七，实行战略管理与业务管理相结合的管理制度。战略管理是解决方向、使命、趋势问题的，业务管理就是基础管理、细节管理、精细化管理，战略和业务相结合才是科学的。而战略管理中不应只关注母公司的战略，子公司和孙公司的战略不能被母公司的代替。

第八，处理好规模和效益、成本和质量、微利与暴利、进入市场与退出市场、主营和兼营这五大关系。

第九，实行综合、系统、科学的业务管理制度。以中国石油为例，该公司大致有几大管理系统要建立和分析：生产管理系统，营销管理系统，研发管理系统（或者技术研发管理系统），人力资源管理系统，财务管理系统，并形成较为完善的业务管理制度体系来支撑企业运营。

第十，央企制度创新和央企文化建设相结合的管理框架。文化是无形的力量。制度是硬的，文化是软的，制度是外在的，文化是内在的，科学管理必须双管齐下才能取得好的效果。

（原载《中国石油报》，2012-08-14）

● 堵住中国企业现代化的漏洞

在充分肯定改革开放 30 多年来中国企业现代化取得成效的同时，必须清醒看到中国企业发展进程中存在的诸多难题。通过近期对一些企业的调研，可以看到，中国企业现代化面临新的压力与挑战。比如改革开放初期提出“资金来自国外、产品销往国外”的“两头在外”企业发展方式具有积极意义，是中国企业走向世界并实现国际化、现代化的有效途径。但是，时至今日，一些过度依赖“两头在外”的企业在不同程度上出现经营困难，急需寻找新的企业发展方式。因此，“现代化”是一个时代概念和环境概念。不同时代与不同环境的现代化内涵是发展的、变化的，不是固定不变的、千篇一律的。堵住企业现代化漏洞，就是发现企业现代化进程中的难题或预见未来现代化趋势中的隐患，并采取措施予以消除或防范，既包括限制性措施，也包括疏导性措施。一个具有忧患意识和善于发现漏洞并应对风险和堵住漏洞的民族，必将是走在时代前列并实现现代化的民族。

这些“两头在外”企业的难题，一是产品销路问题，二是资金来源问题。导致这些问题的原因是复杂的、深刻的。从企业外部环境来分析，20 世纪 70 年代末以来以美国为代表的发达国家经济现代化以金融创新为主要内涵，通过国际产业转移实现经济“去工业化”，用现代金融体系支撑国内经济发展。此时此刻的中国企业现代化，正赶上改革开放的好时机，通过各种形式大量承接发达国家向外转移的产品制造及其所需资金。但2008年金融危机以来，发达国家开始反思这种经济现代化给本国带来的弊端，如制造产业空心化、大批产业工人失业、巨额贸易赤字等。一些国家开始设计一套新型的经济现代化体系，提出重归实体经济，实现“再工业化”，频频进行反倾销调查和贸易制裁。这就使中国企业出口面临日趋严峻的国际竞争形势，不仅向发达国家出口更加困难，而且还要与发达国家企业在其他国际市场上展开更为激烈的竞争。

从企业内部条件来分析，“两头在外”的企业长期依靠人口红利所形成的低成本产品出口优势，由于近几年来受到用工荒、劳动力成本上升、原材料价格上涨、节能减排要求、人民币升值等多重压力，使出口产品利润空间受到严重挤压。浙江省温州市有的企业10年前一年的利润几乎是现在做10年的利润。这种过度依赖廉价劳动力和人口红利确立起的国际市场比较优势和世界制造业大国经济地位，必然会使企业发展的内在动力与潜力受到挑战，致使企业缺乏技术创新动力，陷入低端产业的恶性循环，抑制企业产品的转型升级。由此可见，现阶段中国企业现代化的目标是通过技术创新来实现企业转型，增强我国企业在国内外市场上的竞争力。

企业现代化是经济现代化的起点，经济现代化是社会现代化的基础。国家现代化是企业现代化、经济现代化、社会现代化的综合表现。未来的中国现代化必须是技术处于领先优势和世界主导地位，才能真正进入世界发达国家的行列。企业技术创新，既是企业现代化的有效措施，也是经济现代化、社会现代化、国家现代化的客观要求。企业技术创新就是运用新的知识、新的技术、新的工艺，采用新的生产方式和经营管理方式，来开发新产品，提供新服务，提高产品质量，占据市场并实现市场价值。其内涵既包括原始性创新即发明一项新技术，也包括多种相关技术的有机融合和对引进技术的消化吸收与再创新。

对企业来说，创新有三个含义：一是创造有价值的订单，即市场、消费者是检验企业创新成败的客观标准；二是创造性地破坏，即创新是破与立的统一过程；三是创造性地学习与借鉴，即立足本企业实际来运用新知识、新技术、新工艺、新方式。在企业现代化的进程中，既要促进和支持企业技术创新，又要消除和防止对“自主创新”的不必要误解。自主创新不是万事不求人的自我创新，更不是否定技术引进，而是要倡导对引进技术的消化吸收和再创新，避免照抄照搬和引进再引进的低水平重复。自主创新不是什么事都要从零开始或从头做起，更不是排斥合作，而是强调技术引进者、技术使用者和产品生产者在创新过程及成果中的主体独立性和自主决定权。

发挥企业在技术创新中的主体作用是实现中国企业现代化的基本路径。为此，必须构建符合未来现代化发展趋势的国家技术创新体系。我国现阶段的技术创新体系存在着诸多亟待解决的体制性障碍和难题：

（1）适应市场经济体制要求的技术创新体系尚未建立，未能发挥市场在科技资源配置中的基础性作用。

（2）以企业为主体的技术创新体系尚未建立。

（3）科技投入不足，科技创新项目与社会资金流动之间缺乏有效的沟通渠道，存在好项目找不到资金和有资金又找不到项目的不协调现象。

（4）政府职能转变相对滞后。

（5）条块分割较为突出，中央与地方关系未能理顺。

（6）科技资源配置分散重复，在科技与产业方面的军民协调不够。

（7）国家经济政策与科技政策之间缺乏有机衔接。

（8）知识产权保护制度尚未健全，发明专利数量少，科研质量不高，关键技术自给率低。

（9）社会中介技术服务组织未能发挥有效作用，产学研结合与官产学结合的提法有待理顺和必要的制度保证。

（10）缺乏对技术创新的危机感和紧迫感，传统的僵化观念对创新的束缚严重，社会的创新意识和信心不足，缺乏必要的民族忧患意识。

解决上述10个难题，就是堵住中国企业现代化的10个漏洞。其中的关键就是要处理好技术创新体系中的市场、企业、政府三者之间的关系。从技术创新体系的这三个成分来看，反映技术需求和技术消费的市场是第一位的、最重要的成分；作为技术创新主体的企业是基本成分；政府是技术创新体系中不可缺少的成分，对技术创新起引导作用和监督作用。明确这三者在技术创新体系中的各自定位和发挥三者的各自作用并处理好三者之间的协调关系，是决定中国企业现代化进程及其成败的关键所在。

企业在技术创新体系中的主体地位，是指企业成为研究开发投入的主体，技术创新活动的主体，创新成果应用的主体。现阶段有一些企业尚未成为技术创新主体，原因是多方面的，既有思维障碍，也有制度约束。比如研发投入不足，一位民营企业高管说，“研发投入很大，失败了投资收不回来；成功了也收不回来，因为新产品很快被仿制，山寨版泛滥，冒牌货价格低，我们没法竞争”。这里既有企业自身急功近利的短期行为，缺乏对企业研发投入与长期战略发展的科学判断，也反映出对知识产权保护不力的社会问题。有国有企业高管人员说，“国企领导人由上级主管部门任命，在意的不是市场评价，而是上级对其任期内的业绩满意与否，若是一项技术开发期超过任期，待到研发成功之日，早已错过调动升迁之时”。这个问题深刻地反映出目前以央企为代表的国有企业人事管理对技术创新和企业现代化的体制性障碍。因此，企业技术创新和企业现代化是理念创新、观念创新、体制创新、利益协调的综合表现。

从一些成功企业的技术创新实践来看，中国企业现代化进程就是创新型企业生存与发展的过程。作为创新型企业，一定要处理好“三天”的关系，即昨天、今天、明天的关系，也就是过去、现在、未来的关系。创新理念和求新思维是处理好“三天”关系的指导思想。回顾历史业绩，肯定过去成就，是必要的，但必须着眼于现在的企业问题。回顾历史不是目的，而是为了照亮未来。所以，企业必须确立有利于创新文化的新思维，包括树立问题意识、危机意识；实现知识活力化，防止僵化；提倡散发性思维；倡导创新认知平凡论。

创新文化的实质是确立企业创新理念，是为实现企业经营目标而具有凝聚力的全体员工认同的价值观。成功的企业技术创新之路，是从企业上下一致的创新理念开始的。所谓全体员工认同，就是把创新理念融入全体员工思想中，化在全体员工血液中，做在全体员工行为中。上至董事会、总经理的决策层面，下至研发部门、生产部门、营销部门乃至每个员工，都要形成统一的创新共识。这就是使以消费者为中心的创新理念成为企业文化的核心组成部分。创新文化的关键是要精确捕捉到消费者的需求。通过创新，把不可能变为可能，从而填补市场空白，换来可观的企业利润。

中国企业现代化过程中的创新文化，就是在创新理念的指导下，使企业拥有创新精神、创新能力、创新机制、创新人员。现阶段的中国企业创新文化，既要通过企业技术创新体现出来，更要通过企业制度创新体现出来，而且要实现企业技术创新与企业制度创新的相互交融和彼此互补。企业制度创新是企业技术创新的前提条件。企业制度创新的目标是建立与完善现代企业制度。现代企业制度是中国企业现代化的根本保证。现代企业制度是国有企业改制和民营企业建制的共同方向，包括现代企业产权制度、现代企业组织制度、现代企业管理制度三个组成部分，这三个部分是相互联系、相互补充、缺一不可和统一的。

● 建立与 WTO 相适应的中国 21 世纪企业形态

我认为有三种基本的企业形态必须给予重视:(1)个人独资企业。我国 2000 年 1 月 1 日施行的《个人独资企业法》标志着中国企业新时代的到来。个人独资企业在中国的意义，首先在于解决了一个财富创造机制、财富积累机制的问题。中国五千年社会发展都没有解决这个基本问题。财富创造机制、财富积累机制的动力应该是个人的价值、个人的利益。如果不承认个人价值、个人财富、个人利益，社会发展的基本动力将是非常脆弱的。50 年后，中国个人独资企业会显示出对中国经济发展的作用。所以应以长期社会发展战略的眼光来看个人独资企业的战略意义。(2)合伙企业。合伙企业对于搞风险投资，发展高新技术产业很有优势。我主张中关村应该大量创办合伙企业。我们现在一方面有技术没资本，另一方面有资本没项目。在这种情况下，合伙企业就是一个很好的企业形态。(3)公司制。当前，公司第一要股权多样化，第二要股权分散化，避免国有股一股独大。我们的上市公司最大问题是国有股绝对控股。实践证明，国有股绝对控股的机制很难搞活。第三要处理好股东和公司法人的关系。股东拥有所有权，公司法人拥有公司财产支配权。第四要明确国有股的股东是谁，我认为国有股东不能是政府，应该构造一个国有股东。第五要建立规范的公司法人治理结构。上述三种企业形态，应在法律上加以规范，与世界接轨，发挥每一种企业的作用。

中国的国有企业与外国的国有企业有很多不同。(1) 所占比重大小不同。中国国有企业所占比重过大，产生的问题是社会问题。现在要解决社会问题就必须解决国有企业问题。所以首先要把国有企业比重降下来。我的看法是降到20%左右。现在也有人说这个比重还是太大。但我说这是第一步，太低了中国现在方方面面接受不了。(2) 环境不同。外国的国有企业生下来就处在市场竞争的环境，中国的国有企业出生在计划经济环境，在暖箱里面。现在要把中国的国有企业放到市场竞争环境中，它就经不起风雨，加入世界贸易组织（WTO）以后，它就更不适应。所以，要适应WTO的规则，还是要降低它的比重。(3) 管理方式不同。外国的国企基本依照法律来管理，我们到现在为止，仍然是政府直接干预。现在我们的国有企业最大的问题是有三个难点没法解决：第一，我们的国有企业是社会的基层单位，它不仅要承担企业的职能，追求利润，而且还要承担大量的社会职能；第二，国有企业为谁办企业没有解决，实际上是把国有企业利益当成国家利益；第三，谁来办企业，我们至今仍然是政府办企业。(4) 内部机制不同。国外国有企业的职工能进能出，人员能上能下，报酬能高能低，我们的国有企业在这些方面基本上没法解决。关键是级别问题。(5) 外国的国企能生能死，我们的国有企业基本上能生不能死。当前国企破产有三个最大难题，一是债务没法解决，二是资产没法解决，三是人员没法处理。所以我们国有企业的改革任务，我认为还是相当艰巨的。

（原载《经济与管理研究》，2000（4））

● 标本兼治打造企业标准化形象

标准化管理是指企业在经营范围内为求得最佳秩序和最大效益，制定产品生产和提供服务所需要的普遍性条款、规程要求。在企业，标准化包括“物品”标准化，以产品为中心，包括材料、设备和工具等物质的管理；也包括“事情”标准化，涵盖事物的处理方法、工作程序和服务的准则要求等。企业执行标准化管理，就是要将这些普遍使用的、重复出现的“物品”和“事情”用标准的形式固定下来，使生产、经营、管理活动的全过程在不同地方高效率地“复制”，从而获得最佳效益。然而推广标准化管理不是一件容易的事。表面上，标准化管理是对业务流程的优化和规范，实质上是企业管理理念和企业文化的再塑造，也是对企业形象的塑造。在这一过程中，需要企业标本兼治。

治标方面，首先要做好品牌形象设计，取得公信力和良好公共声誉，力争让客户满意。企业生产产品和提供服务主要是以员工活劳动形式存在的，即人的行为构成了服务产品的重要组成部分。但人的行为具有很多变数且不可控，不同的员工对操作的把握程度也不统一。员工行为本身构成了商业服务产品的组成部分。服务项目、操作规程、规范礼仪、现场管理标准需要员工的整合执行，这样一项项标准化的商业服务才会传递到顾客手中。因而，关键要提高员工对标准的认同感和自觉性，让标准化管理真正深入人心，成为每一名员工都自觉遵守的规范。

治本更加重要。企业要从长远设计，做到企业制度与文化相结合。

对于国企而言，更是需要在标准化方面做得更好，要求也会更高。国企一方面要进行制度改革，建立现代企业制度，完善管理制度，包括生产管理制度改进等；另一方面要处理好成本和服务质量的关系，许多服务企业面临提高服务质量和控制成本的两难，因而处理好两者的关系是关键。同时，还要处理好价格竞争和非价格竞争的关系。例如，现在有的加油站以降低价格来吸引顾客，但这不是长远之计。从长远来看，更主要的是做好服务，依靠提高服务质量来吸引顾客、获得效益。

除了制度建设外，企业还要加强企业标准化文化建设。要从便于执行的角度，注重标准与实际工序的契合度。相比国外企业，可操作性差是国内一些企业的常见问题，执行标准“说起来重要，做起来次要，忙起来不要”。因此，对于流程和岗位规范的描述一定要准确。在制定和修改过程中，要搜集执行中的偏差，采取改进措施，实现实际工作和标准管理的相互促进，持续地进行改善。许多企业努力降低人力和物料等看得见的成本，却忽略了服务水平提升所付出的成本。要成为一个优秀的企业就必须做到标准化，这样不仅可以降低风险，而且可以降低运营成本，并且使得客户能够感受同样的标准规范的服务，从而影响和提升企业的整体声誉。因而，企业应该重视标准化管理，给顾客提供更标准的服务和产品。

（原载《中国石油报》，2015-12-30）

● 反垄断法与公平竞争

2005年年初，有消息称商务部、发改委、国家工商行政管理局国家三部委争夺反垄断主导权，致使《反垄断法》在2005年出台无望，此消息令人深思：政府部门是执法机构，怎么能有立法权呢?

实际上政府部门可能存在某些行政性垄断行为，自身也受到《反垄断法》的约束，这就会使得人们担心在政府部门和一些企业藕断丝连的状态下，由相关部门起草的法律无法保证客观性和科学性。因为，现在一些政府部门下面是有企业的，如果交给这些政府部门起草法律，它们会考虑到自己的利益关系，很可能该写的内容没写，不该写的又写进去了。

而政府方面想制止垄断行为，某些部门却对自己所掌握的垄断利益恋恋不舍，所以在中国，《反垄断法》迟迟不能出台，体制是最根本的原因。中国有太多的优惠、倾斜、扶持等政策，一旦起草权落到了某个部门手里，该部门肯定会自觉或不自觉地向自己部门的利益去优惠、去倾斜、去扶持。同样是反垄断法，由国家工商行政管理局起草的草案和由商务部起草的草案，肯定是不一样的。

因此，对于2004年3月商务部上报的《中华人民共和国反垄断法（送审稿）》与2004年6月国家工商行政管理局发布的《在华跨国公司限制竞争行为表现及对策》两稿存在的差异性，我们就不会奇怪了。因为商务部比较强调贸易，国家工商行政管理局则比较注重公司的登记、注册，做出的草案自然也就不同。无法评判它们谁对谁错，因为部门的职能权限、评估角度、信息差异、知识结构决定了其行为，所起草的内容也必然跟随自己部门的利益、想法去做。

有人建议，在由单个政府部门起草的法案无法保证其全面性和公允性的情况下，可以让三个部门共同起草，这样信息更全面，也自然化解了目前这几个部门之间的矛盾。但这种想法在现实中很难操作，因为各个政府部门有各自的利益，这种利益是由部门职责、权限、角度的不同决定了的，很难协调。

我国的立法惯例是，涉及行政职能的立法，由全国人民代表大会委托某一政府主管部门来起草，这种做法其实是计划经济思维的延续，是政府行政行为导致执法、立法不分的表现。市场经济是法制经济，政府的行政行为应该让位于经济行为、法律行为；各部门都有自己的权限和职责，由于信息的不对称性，制定出的草案很难达到全国通用的法律高度。

对于立法的起草方式，比较理想的做法应该是设立一个专门的反垄断法机构，由全国人民代表大会直接领导，组织各方面的人才来做。但在目前的条件下，这点很难做到。因此比较可行的做法是：由全国人民代表大会委托国务院成立一个协调小组专门来起草反垄断法，在关系上它不隶属于任何政府部门，人员构成上既可以有三个部门的相关人员，也可以有政府官员、企业界人士、学者以及邀请国外的专家，这样既不脱离现实，又能兼顾科学性，可改变目前由部门起草的弊端。

（原载《经济观察报》，2005-01-31）

● 关于中国企业战略管理创新的几个问题

中国企业战略管理创新是一个相对复杂的议题。战略管理是指一个站高望远的主体对企业的未来发展方向提出一个基本的判断，并依次做出后续的一系列关键决策。关于中国企业战略管理创新的问题，必须结合中国的特殊情境、体制机制和发展时代来展开，即必须立足中国国情而不能超越这个国情去谈问题，这样才能取得较好的效果。关于中国企业战略管理创新，可通过以下几个问题来思考。

第一个问题：中国企业战略管理创新的重要性

现阶段的中国经济转型和结构调整，不仅要有政府的政策引导，更重要的是要发挥市场机制的决定性作用，使企业在市场竞争中能够独立开展经营管理活动。企业战略管理是确定战略目标与实现管理措施的统一过程，开展战略管理创新是经济转型和结构调整的现实要求，是适应经济全球化和技术信息化的必然趋势。中国企业战略管理创新是企业改革与发展新历程的重要组成部分，既包括确定企业发展的战略目标，又包括改革实现发展目标的管理措施。

优秀的企业之所以能够做得比较好，其中很重要的一点就是在实践经营中能够结合外部环境发展，做好战略管理创新，从而取得了良好的效果。以下几个企业的案例值得认真思考和总结，它们在战略管理创新方面都有一些比较好的做法，取得了一些经验。

第一个案例是江苏省泰州市泰兴县黄桥镇的黑松林粘合剂厂。该厂是一家生产化工产品的企业，历经30多年的发展，取得了很好的成绩，业界也比较认可。总结起来，有八条经验值得重视：

第一条，战略定位明确。黑松林粘合剂厂的总经理刘鹏凯在接手这个企业的时候就明确将企业战略定位在可持续发展，企业要做成生命型企业，而不是盲目扩张型企业，就是求寿命长，实现精准定位。在当前的中国，关于可持续发展的概念都是宏观的，但对于企业这种微观主体来说，可持续发展也是适用的。在中国有相当多的企业是短命的，尤其是生产化工产品的企业，来一阵风就可能被淘汰。但是，黑松林粘合剂厂一直稳步发展，其中的关键就是通过战略定位确定企业的定位、使命、方向。在刘鹏凯看来，企业搞化工产品必须坚持可持续，一定要做到“小、精、尖、专”，这样才能找到市场机会。这是不同于其他企业的思维和想法，现在好多人一讲到战略，就认为是扩张。但是，需要看到中国好多的化工企业都是在扩张中疯狂，在疯狂中死亡。

第二条，产品做到求专、求精。黑松林粘合剂厂只生产一种产品——胶黏剂。胶黏剂的用途非常广，不仅木材产品需要，飞机零部件、军工产品也需要，而且胶黏剂需要有国家标准，其中就涉及如何防止污染、如何防止爆炸。现在经常说四类企业，一类企业是做标准，二类企业是做品牌，三类企业是做产品，四类企业就是最普通的。黑松林粘合剂厂目前的关注点是围绕产品来参与制定标准，这样不仅能够做好产品，还能取得行业的话语权。

第三条，人员组织简单、高效。黑松林粘合剂厂创立于20世纪

80 年代，是改革开放的产物。经过 30 年的发展，它现在的员工不过 50 人，但是麻雀虽小，五脏俱全，其整个厂区内的人员管理真正做到了高效，使得单位工作时间的效益做到了最大，这是其他很多企业难以做到的。如果按照人均产值来算，黑松林粘合剂厂的员工人均产值超过了百万元，这在当前的中国属于一个相当不错的成绩，远远高于一些人员过万的企业。

第四条，财务稳健扎实。现在很多企业一旦条件允许，就开始“多上快上，大上猛上”，不顾一切地夸大规模，多上生产线。现在好多地方企业、乡镇企业，只要政府同意给地，银行答应贷款，就稳不住了，加大马力往上冲，希望扩充产品线，扩大市场份额，最后贷款还不起，只能破产倒闭。黑松林粘合剂厂就很重视财务问题，一直强调现金为王，不盲目地搞举债经营和扩张，谨慎地从银行借贷，将财务风险控制在可控范围内。

第五条，做好文化管理。刘鹏凯将自己对于管理的经验和体会总结为心力管理，并将其塑造成黑松林粘合剂厂的企业文化核心价值，把创造物质财富和精神财富相融合。从厂区环境建设到班组管理，黑松林厂一直在强调文化管理工作的重要性。多年来，黑松林粘合剂厂的薪酬水平一直在提升，以很好地激励员工，但是在这背后是每个人对于薪酬提升能提出自己的想法，最后再达成一致意见，这种文化在很多企业是见不到的。通过文化管理，黑松林粘合剂厂的人员流动率一直保持在年均 2% 以内。

第六条，企业家精神贯穿全过程。企业家精神是一个企业的灵魂，代表一个企业的精神面貌。刘鹏凯在创新、开拓、进取等方面都有很强的“精、气、神”，并且能够时刻影响全厂，这贯穿了黑松林粘合剂厂发展的全过程，真正起到了支撑作用。

第七条，产品适应时代的要求。刘鹏凯认为没有成功的企业，只有时代的企业，企业在任何时候都是处于时代背景下的，无论是企业自身的价值观，还是生产的产品，都必须符合时代要求。在传统的观念中，化工产品是有害危险的，但是刘鹏凯把化工产品变得无害、安全，符合环保要求和市场需求，为企业发展找到了突破口，这就是办企业的精神。

第八条，处理好企业内外八种人的利益关系。企业经营活动是复杂的，其中涉及方方面面，不仅包括上下游厂商，也涉及同业的竞争者、替代者等。总体来看，外部要处理好同客户、竞争者、政府、社会公众的关系，内部要处理好同股东、董事、经理、员工的关系。在这方面，黑松林粘合剂厂一直都处理得比较好，不仅有政府人员的关心和考察，一些行业协会也组织人员前去学习，这进一步提升了黑松林粘合剂厂的社会影响力和声誉。

生命型企业的概念有三条标准：外部适应力、内部凝聚力和财务稳健力。黑松林粘合剂厂在发展中的八条经验就是这“三力”的体现，符合国际公认的生命型企业的标准。只有这样的企业战略才经得起历史的检验。

第二个案例是一个由国有企业改制而来的企业——北京住总正华开发建设集团有限公司（以下简称“北京正华”）。北京正华原来是国有企业，其主要业务是施工，后改制为民营，当时创业者为八个股东。北京正华 2000 年后进入房地产行业。虽然多年来中国的房地产市场竞争很激烈，但是北京正华一直在稳健发展，现在的北京正华由纯施工企业变成房地产全价值链的企业，注册资本金 4 亿元，资信等级 AAA 级、国家“守信企业”，具有房地产二级开发资质、国家房屋建筑工程施工总承包一级资质、建筑装修装饰工程专业承包一级资质、物业管理资质。北京正华之所以能够取得今天的成绩，最根本的原因之一是企业战略定位非常精准，而且一直没有变化。

第三个案例是一家央企——中国电子科技集团。该集团原来隶属于电子部，电子部有两块业务：生产电子产品和从事科研。中国电子科技集团由 47 个电子部研究所改制而成，企业规模非常大。作为央企，战略到底是什么？对于中国电子科技集团来说，它现在最主要的战略是公司治理的规范化。我在给该公司做讲座时，也重点提出了完善公司治理来建立现代企业制度。核心内容就是，公司治理是组织变革，组织变革是赋予它的战略发展，母公司、子公司都有自己的战略发展方向，而且它们的方向是相互融合的，不会相互排斥。比如，公司的产品可以做电子干扰型的，也可以做抗干扰型的，用途可能是军工，也可能是民用。但是，用户买了这个子公司的电子干扰产品，在另一个子公司买抗干扰的电子产品，就是这个子公司挑战那个子公司。对于中国电子科技集团而言，研发就是战略，瞄准国际的电子高科技发展，促进内部共同发展。

总体来看，这三个案例的共同点是都符合市场经济竞争的战略要求。所以，企业发展战略的根本创新就要朝着市场经济的方向去进行，因为中国的企业过去是处于计划经济体制下，计划经济是由政府来制定企业战略的。对于企业而言，这就要求所有的战略方向和活动都转向市场经济体制，适应这个新时代的发展步伐和节奏，这样才能实现持续成长。

第二个问题：中国企业战略创新管理的方向

对于企业而言，可供选择的战略管理创新方向很多，且每个方向上需要的资源、能力等要素都不一样，这就给企业造成困惑，到底哪条路才合适？即到底中国战略创新管理应朝着哪个方向？对于这个问题，需要考虑外部环境和内部环境。

1. 企业外部环境

中国企业战略管理创新总的方向就是从计划经济体制转向市场经济体制，这里最主要的区别就是要处理好市场经济体制三个成分的关系。社会上存在一种疑惑："政府与市场的关系过去总讲市场起基础性作用，现在又讲市场起决定性作用。”实际上，中国的汉语是很深奥的，什么叫基础性作用，什么叫决定性作用，各有各的理解。

党的十八届三中全会提出基础性作用和决定性作用，那么基础性作用和决定性作用到底怎么理解？对于这个问题不能从文字表面来讨论，其中最重要的就是政府与市场的关系，但还是没有具体化。具体来看，政府与市场的关系最重要的就是市场经济体制三个成分的关系：第一，消费者也就是客户。我于 1988 年在清华大学出版社出版的《市场学基础》中提出：“消费者构成市场的核心。”关于什么是市场，在中国很抽象，例如，政府可以说自己代表市场。然而在现实中市场的核心就是消费者，客户在哪里、消费者在哪里、服务对象在哪里，市场就在哪里。找到了消费者，找到了客户，就找到了市场。由此来看，外部环境中的第一个成分是消费者。

外部环境中的第二个成分是企业。企业是外部环境中的基本成分，而消费者是第一位成分。企业要为消费者提供产品，其中消费者是广义的，企业是基本成分。为什么？这是因为市场经济归根到底是企业与消费者供求关系的经济，消费者是需求者，企业是供应者，两者是供求关系、交易关系、买卖关系。所以，必须要将市场定位成交易关系、买卖关系、金钱关系，这是非常清楚和明确的。如今的中国市场经常弄拧了，政府在那制造市场关系，这也导致中国好多东西都是走样的。所以，消费者是第一位成分，企业是基本成分。

外部环境中的第三个成分是政府。政府被定位成不可缺少的成分，市场经济体制是有政府的体制，不是无政府的体制。现在的问题是政府究竟干什么。现在的政府最大的问题是该干的事情没有干好，不该干的事又干的过多，这就是政府缺位。政府最大的工作是为企业提供条件，比如说食品安全，对中国的食品安全问题责任最大的是政府，不是企业。为什么？政府没有尽到自己的责任去监督产品，为什么要怪到企业头上？企业就是企业。政府机构定位没有做好，总是把问题推给企业，推给消费者，“你不是要买吗”，“你应该去检验”……总之，政府应该做的事要做好。然而在有些事情上又存在政府越位，超出了应该做的事的范围。比如审批，十八届三中全会很好，说要减少审批，一些审批就是越位。还有错位，企业要干，政府也要干；企业不干，政府也不干。所以现在企业定位要想做好，首先需要政府定位好。政府的定位应该是防止“三位”——缺位、越位、错位。综合来看，企业战略现在最重要的是要处理好与消费者的关系、与政府的关系。

2. 企业内部环境

企业内部也是一个小社会，也涉及方方面面的人、事、物等，要处理好企业战略制定与实施过程，也要认真处理好五种关系。

第一，规模和效益的关系。现在很多企业的战略要么是只讲效益，不讲规模；要么是只讲规模，不讲效益，甚至经常出现盲目扩张，牺牲效益的情况。真正的企业战略应当在效益基础上扩张规模，在规模确定下扩大效益，一定不能把两个方面盲目化、对立化。

第二，质量和成本的关系。战略不是虚无缥缈的，而是会表现在一些具体要素上，质量是战略，成本也是战略。现在的难点是一说提高质量，成本就上来了，就亏本；一说降低成本，质量又不行了。在一些企业的实际经营中经常遇到的战略难点是处理不好质量和成本的关系。

第三，主营和兼营的关系。任何企业都会有所侧重，都会存在核心业务和非核心业务，这时就要考虑主营和兼营之间的关系。主营和兼营是企业战略的选择，应该由企业自己来确定，而不是由政府来制定，要不然就是摊牌了。比如，前文提到的黑松林粘合剂厂只生产胶黏剂，不生产别的，在这个主业中做到了精致和专业，所以一直发展到现在，而且还发展得比较好，至少好过那些已经倒闭的企业。

第四，进入市场和退出市场的关系。现在存在一种不是很好的认识，一讲战略就是只进不退，退就是失败。实际上对于企业来说，战略应该有进有退，退是为了进，一个企业不能只进不退，那就只能硬着头皮死下去。有些时候进入市场是为了获得发展的机遇，退出市场则是为了寻求新的机遇，这一点必须明确，不能为了不倒闭而硬挺。现在很多企业已经成了空壳，却没有办法从法律上退出市场，因为存在很多阻力，这导致很多社会资源不能聚集到优势产业和企业中，降低了社会效率和效益。

第五，价格竞争和非价格竞争的关系。很多中国企业一提到战略就认为是提价或降价，而国外很多企业的战略最主要的方式是非价格竞争。比如，汽车行业中的通用、福特等企业从来不随便提价，而是一直在改进设计，改进服务，改进售后的态度，改进汽车的装饰、设计，这就是通过非价格竞争来执行战略。现在很多中国企业在战略上容易陷入盲目的价格竞争，导致中国企业在整个国际市场上没有定价权，这是一个非常错位的问题。

第三个问题：中国企业战略管理创新的依据

中国企业战略管理创新必须立足于中国情境，结合中国现实土壤，从企业实际出发。对于“企业战略管理”这六个字，一定要明确主体是企业，但是现在一讲到企业战略管理就是离开企业来讲战略，讲的是国家的战略，讲的是行业的战略，但不是企业战略。现在国内为企业战略管理说话的人太少，从国家、社会、产业全局等宏观角度看企业战略的人太多了，由于是从政府角度讲企业战略，所讲的结果都是高于企业战略，并不是针对企业自主制定的战略。然而现实要求我们必须立足于微观，从企业个体本身来看战略、聊战略、研究战略，在这一点上国外的很多研究都比我们做的好，就是因为其注重微观。

除此之外，当前着眼于通过现实问题来解决战略的人太少，更多的是着眼于预测。眼下的事情怎么办？现实存在的问题没人解决，但是一说未来却都振振有词。如果展现中国的未来是美好的，谁都可以讲，谁都能做“算命先生”来预测。谈及企业战略，首先要有问题意识、危机意识、风险意识。没有危机意识、风险意识，只讲未来预测、将来的打算，做规划，这不是战略的实质。企业战略管理一定要从企业实际出发，针对现实中的问题，站在企业的角度来思考。

企业是生产力的载体，中国要把企业搞好就要为企业说话。如果中国的企业家定位比官员的定位更高，这就是社会的希望。如果中国不能消除官本位，中国的企业如果没有地位，或者地位很低，社会中的大量问题就解决不了。黑松林粘合剂厂中有 50 个员工，也就解决了 50 个人的就业问题，有助于当地的财政收入稳定的增长，也稳定了 50 个家庭的基本收入，这就是对社会的重大贡献。当今美国多数的企业是小微企业，解决了美国大量的就业问题，实现了财政收入稳定增长。因此，战略不是口号，不是标语，不是跟风跑，不是一刀切，战略一定要从企业实际出发。

企业实际是什么？需要重点考虑五个方面：第一，企业类型。中国企业存在不同的类型，既有国有企业，也有民营企业，还有外资企业等，对于企业战略创新必须结合企业的类型，根据其性质属性来考虑。第二，企业所处的行业。行业是企业战略创新的一个依据，但不是唯一的。对于任何一个行业来说，都有其周期性，我们依然能够从中发现一些一直做得好的企业，其关键就是战略明晰精准，找准了市场，满足了消费者需求。第三，企业的规模。不同规模的企业战略是不同的，大企业、中企业、小微企业需要根据自身实力来制定不同的战略和执行战略，一定不要搞一刀切，不要盲目地做大。第四，企业技术状况。高新技术企业与劳动密集型企业，在转型升级过程中的企业战略管理创新途径是有差别的。通常情况下，高新技术企业瞄准的是增量，而劳动密集型企业瞄准的是存量。第五，企业人员状况。每个企业的人员水平不一样，股东状况、董事状况、经理状况、员工水平都不一样。企业战略管理创新的依据就是多元化的战略，不能搞一元化战略、口号式战略、标语式战略、一刀切战略。

（原载《企业家日报》，2014-01-18）

● 提升执行力

面对激烈的市场竞争，企业的执行力决定着企业的兴衰成败。

一个企业战略管理的成功与否关键在于实践，在于执行能力如何。许多的企业有一大堆战略规划、策划方案、经营理念，可就是难以付诸实践，缺乏执行文化与执行能力，当然不可能成功。当笔者读着三角的案例时，更深刻地感受到一点：质量、品牌，几乎没有哪家企业不在倡导、不在努力的，可为什么只有三角等少数企业能获得成功呢？其关键在于实战，在于执行，在于执行力。

从质量管理来说。三角执行力之所以能不断提升，原因是多方面的。首先，它重新定义质量管理，在商业实践上大大突破了传统概念，提出了两个崭新的标准，从而使其管理贯彻到了企业运作链的神经末梢。三角把质量概念延伸到生产工序的每个环节和员工工作的每一步骤，给出了两个执行性概念：一是“工序质量”，指轮胎每一生产工序能够稳定生产合格产品的能力；二是“工作质量”，指企业的管理、技术和组织等对达到质量标准和提高质量的保证程度。

其次，这种执行能力的提升特别体现在把握核心产品、紧抓主流市场上。时下，子午胎已发展成为轮胎市场主流，然而十几年前，当人们的反应尚很平淡时，三角便率先瞄准新兴市场，找准了切入点，把大力发展子午胎确立为公司立足市场创品牌的产品战略，将发展重心转向全钢子午胎，同时优化原有斜胶胎产品结构，实现与竞争对手的差异化。

最后，三角形成了一套完备的科学管理体系。这突出地表现在以下三个方面：质量追溯体系、质量保证体系、质量信息体系。公司的每个轮胎上都有一个胎号，如出现质量问题，可以通过胎号追查到从原材料采购到各个工序的每一个操作工，形成对产品的全过程质量管理。

这种执行力的提升，不仅表现在质量管理上，还表现在名优品牌的打造上。自 1999 年达沃斯世界经济论坛提出品牌在全球化战略中的地位之后，世界上各类企业无不把品牌的战略创新作为打造核心能力的主要标志来对待，然而问题的关键仍在执行力上。三角之所以成功，并不在于其简单地提出了一个“建国际先进企业，创世界知名品牌”的目标，而在于以实际行动，紧紧围绕这个中心坚定不移地实施一系列重大的战略创新。这表现在三角不仅加大科技投入比重，大力实施对各种科技成果的整合创新，还表现在为科技创新的拼搏精神上，尤其表现在自主创新的不断发展上。在实施子午胎战略的过程中，三角实施了艰难的“三级跳”工程：通过技术引进实行“技术蛙跳”，通过消化吸收实现“平衡着陆”，通过技术创新和开发软件的软件，实现技术的“落地生根”。此外，还通过“配钥匙”，解决了许多企业技术引进与自主开发的难题，这便走出了所谓的“引进—落后—再引进”的怪圈。

这种执行力的提升以及使整个企业战略管理不断走向成功，本身就表明，不管是质量管理还是品牌塑造，归根到底，是要得到市场的认同，这是我们所强调的执行力的根本方向问题。品牌管理的终极目标是让品牌得到市场的认同，三角以及其他许多成功企业的经验表明，要使一个新品牌得到用户的认同，不但需要高端的品质，而且需要大力创造市场，需要营销队伍的优化，持续推进产学研一体化与用户的无缝对接，形成一个高效健康的市场运营体系，有效地提高顾客的满意度和产品的美誉度；正如哈佛商学院教授保罗·托马斯和杜克大学商学院教授大卫·伯恩在合著的《执行力》一书中所指出的：执行力是“一整套行为和技术体系，它能够使公司形成自家独特的竞争优势”。由此可见，执行力是每一个企业当前面临的首要问题，那些长期的绩优公司和崭露头角的新型企业，无一不具有出类拔萃的执行能力。

（原载《经济日报》，2004-01-08）

● 微小企业发展的问题与解决路径

微小企业，从国际上来说，这个概念的提出是在1999年的APCE（亚太经合组织）会议上。微小企业能够促进经济的发展，促进生产力的提高，促进社会的和谐，解决社会方方面面的就业，具有举足轻重的地位。其中最为显著的一个方面就是微小企业解决的就业问题占80%以上，创造大量的税收和财富，能够满足消费者非常灵活的需要。但是，现在我们对微小企业的认识还是有差距的，要消除思维障碍，充分认识和发挥微小企业的作用，深化体制改革，为微小企业的发展创造良好的体制环境；要明确微小企业的产权关系；要重视微小企业的组织变革；要提升微小企业的管理水平；要实现微小企业制度创新与文化建设的有效结合；以人为本，就是人的素质要提高，要适应微小企业的这种特点、这种优点以及它的弱点，优点发挥出来，弱点加以克服，使它不断地适应中国社会的发展，适应时代的要求。我们国家微小企业发展存在的问题是什么？怎么来解决？这需要我们从多方面采取切实有效的措施。

一、消除思维障碍，充分认识和发挥微小企业的作用

企业的作用是创新财富，促进生产力的发展，且是市场经济的主

体。现在虽然改革开放30多年了，对于怎么看待企业，大企业、大公司、大集团跟微小企业的关系，社会上还是有很多误解和障碍。中国要发挥微小企业的作用，必须消除思维障碍，必须解放思想。本人在多部著作中已经对微小企业做了描述。《中小企业制度与市场经济》是全国中小企业工商管理培训的系列教材之一，主要是为全国中小企业培训服务；《论公司》中提到了公司可以依据规模进行划分，有大公司、大集团，也有小公司、小企业，还有微型企业；《企业论》专门写了小企业、中小企业和微型企业在发展中的一些实践问题。

微小企业最重要的作用在于解决了就业问题，解决了创业问题。根据市场经济发达国家的经验以及中国改革开放30多年来的经验，微小企业吸收了大量的劳动力。微小企业的一个很重要的优点是企业家产生的土壤，由于其创新能力，它是市场活力最强的，有利于企业家的成长。除此之外，微小企业比较灵活机动，能满足社会各个阶层的需要。

中国政府近年来越来越重视微小企业的发展。我们国家微小企业要发展，要解决一些问题。首先，需要在法律上明确微小企业的标准。我国微小企业的概念从法律来说，可以确认是在2011年的7月，由当时的工信部、国家统计局、国家工商行政管理总局及财政部等联合发了一个关于中小企业划分标准的规定，提出微小企业根据行业的不同来划分，比如说，农林牧副渔业，年营业收入一年在50万元以下就是微型企业；超过50万元就是小企业，然后是中型企业，最后是大型企业。对于微小企业各国在法律上都有规定，但是这个规定根据行业的不同有不同的标准。比如，工业上从业人员20人以下，营业收入300万元以下，就叫微型企业；建筑业规定营业收入一年300万元以下，或者资产总额在300万元以下，就是微型企业；批发业，从业人员5人以下，营业收入要在1 000万元以下；零售业，则是10人以下的从业人员，营业收入100万元以下属于微型企业。

微小企业包含微型企业和小型企业，都属于中小企业。微小企业的划分标准在各行业、各个国家、各个时期是有变化的。可以看出，微小企业比较灵活、比较机动。另外，微小企业的生命力和活力比较强，有利于创新创业，解决就业。

美国人口就业的90%以上是在小企业中，加拿大也是如此。但是，我们对微小企业的认识与其相比还是存在差距的：一方面，很多人需要就业，需要创新，这个需求得不到满足；另一方面，微小企业的作用发挥受到限制，需要消除对微小企业的认识障碍，要进行观念变革，要解放思想。因为人的行为是由思维来支配的，所以需要达成一致，这样有利于促进微小企业的发展。

二、深化体制改革，为微小企业发展创造良好的体制环境

从1978年党的十一届三中全会开始的体制改革一直到现在30多年的时间，我国取得了很好的成就，但是微小企业的发展还存在许多体制障碍，所以一方面要变革观念，解放思想，比如说党的十八大提出来要为这些企业发展创造良好的环境；另一方面也要深化体制改革，消除一些体制障碍，总的目标是要建立和完善社会主义市场经济体制，要消除计划经济体制遗留下来的障碍。

对于微小企业的发展来说，这个体制环境的创造最重要的是要处理好两方面的关系：第一，微小企业同消费者的关系。微小企业是最有市场活力的现代企业，不能认为微小企业就技术落后、管理落后、水平不高，只有大企业才能满足社会的消费者需求。其实微小企业是最直接的、最有活力的，能够直接满足消费者的需求。消费者的权益是第一位的。消费者的利益要维护，而现在微小企业的发展存在一些体制障碍。体制障碍就是说微小企业提供的产品、提供的服务不能满足消费者的需求。在这一点上如何解决、如何改进呢？无非从两方面来解决：一是从微小企业自身来说，要不断地进行创新，改造技术，

提高质量，改进服务，使消费者满意，如此微小企业才能进一步发展，所以消费者是检验微小企业产品质量和服务的首要标准。另一方面，深化体制改革要处理好微小企业同政府的关系，这个非常重要。中国要建立市场经济体制，最重要的是要处理好三个成分的关系：消费者、微小企业本身和政府。关于这三个成分的定位，我觉得现在要明确消费者是第一位成分、最重要的成分，满足消费者的需求是促进市场发展最重要的标志。这里的消费者是广义的，包括生活质量、生产质量，包括社会上方方面面的成员。微小企业是第二个成分，是基本成分，因为它创造财富，提供产品，提供服务。第三个成分是政府，是不可缺少的成分。在微小企业的发展过程中，政府起着很重要的作用。第一，维护消费者的权益，颁布各种法律、法规和政策，保证市场上产品的质量，最终是让消费者满意。第二，要为微小企业提供服务，促进微小企业的发展。多年来，我国颁布了很多与中小企业相关的法律，如《中小企业促进法》，为制定政策奠定了基础。

对于促进微小企业的发展来说，深化体制改革最主要的是处理好这三个成分的关系。在计划经济体制下，政府是第一位成分，企业围绕政府转，消费者围绕企业转，这就导致供不应求、短缺经济、经济困难、贫困等。市场经济体制要把计划经济体制颠倒了的三个成分关系还原过来，还原到符合生产力发展的要求。生产力的标准是什么？就是消费者的需求。所以微小企业围绕消费者转，政府围绕微小企业转，从而把过去企业围绕政府转、消费者围绕企业转倒过来。这 30 多年就是在做这一件事，即把这颠倒的三个成分的关系还原过来，还原到符合生产力发展的方向，还原到符合市场经济体制的要求。显然现在还是没有到位，一方面是微小企业为消费者服务，满足消费者权益还有差距，另一方面是政府为微小企业服务有差距。比如很多两会代表提出来，现在的微小企业负担太重，最主要是税费负担太重，还有就是融资，体现在中小企业的融资很难，贷款很难。

一个经济必须大中小微互补。大企业有大企业的优点，大企业也有大企业的弱点。同样微小企业的弱点和缺点也很突出，微小企业的实力毕竟比大企业要小，但是它的优点在于比较灵活机动。应把微小企业的优点发挥出来，利用政策来扶持它，做到扬长避短。可以说，推动微小企业的发展有利于中国的经济发展、社会的和谐，解决就业问题，增加财政收入。

三、明确微小企业的产权关系

前面提到的体制障碍消除等都是为微小企业的发展创造良好的外部环境。但微小企业依然会面临产权问题，这是财产问题、利益问题。三个成分本质上就是三大利益关系，消费者是利益群体，因为买产品就是要获得利益，质量得有保证，提供的服务要让其满意，所以消费者是个利益集团。同样，企业也是利益集团，因为它要创造收入，创造财富，要发工资，要发奖金。政府也是利益集团，这一点在中国要明确，以前老讲政府是为人民服务，其实政府本身也是利益集团。微小企业发展的外部环境实际是处理好这三个利益集团的关系，需要进行体制改革。

微小企业发展要解决的问题不能都指向外部，微小企业内部也非常重要。微小企业内部最重要的就是明确微小企业的产权关系，建立规范的微小企业的产权制度。以前，我们国家对于微小企业这个概念有时存在错觉，现在要把微小企业这个规模概念还原到产权关系上，放在企业制度基础上来看待。总体来看，微小企业大致有以下几类产权制度。第一类，个人独资企业，即一个人出资办了一个微小企业，资本都是他一个人出的，利润都归他，收益都归他，但是风险也全归他，所以也叫个人独资企业制度。第二，合伙企业制度，即几个合伙人来办一个微小企业，合伙人之间的产权关系就是合伙的关系。第三，公司制度，就是办小公司，其中又可以分为几种类型。我们国家现在有个人独资公司、有限责任公司和股份有限公司。在这种法律规定下，微小企业包括个人独资公司、小型的有限责任公司、小型的股份有限公司。

现在容易出现产权关系不明确的问题。比如，个人独资企业里面有好多家族企业，家族的产权关系容易产生矛盾。本来这个微小企业发展得很好，产品也有需求，服务也很好，收益也很高，但是企业内部闹产权纠纷，如夫妻之间、父子之间、兄弟之间、姐妹之间。在这一点上，国外相对好一点。外国人的做事逻辑就如中国人所说的“亲兄弟，明算账”，实行 AA 制。虽然都很清楚，但是很难做到，这也导致很多时候这个产权关系不清楚。尤其是中国社会几千年以来的文化都是讲人情，讲面子，不讲利益。实际上，办企业到了最后就是利益关系和财产关系。在企业发展初期，大家都是志同道合的，关系很好。一旦企业做大了，规模上去了，就开始出问题了，利益分配不确定了。现在很大的问题就是微型企业长不大，大概平均寿命周期不到五年，五年就散伙了。为什么？其内核就在于产权关系、产权制度没有确立，所以中国的微小企业要发展，必须提前解决产权问题。

在 30 多年改革开放过程中，国有中小企业进行了改制。但是，改制以后遗留了好多问题，比如说前几年搞了股东合作制，所有的员工都是股东。股份是资本的关系，合作是劳动的关系。现在问题来了，小企业里面所有的职工都是股东，如果开职工股东会时讨论产权关系，股东就发生矛盾。这就要求现在股东制度要进一步改制，尤其是很多的微小企业都是过去国有中小企业分解而来的，产权关系一定要明确。

四、重视微小企业的组织变革

微小企业虽然人少，但也是组织体。组织要解决两个问题：第一个是分工，现在很多微小企业内部分工不明确。分工的核心是责任明确，通过分工达到专业化提高效率。现在有些微小企业市场很好，消费者也很满意，但是内部分工混乱，职责不明确，所以微小企业必须进行组织变革。组织变革最重要的内容是建立责任权利相一致的组织制度。微小企业既要发挥企业家的作用，又要发挥管理者经理人员的作用，分工要明确是组织要解决的现实问题。第二个是协调，有分工还必须要有协调，现在很多微小企业形不成组织力量，分工很明确，结果各干各的，形不成合力。微小企业对市场来说是一个拳头，要打入市场、占领市场，提高市场占有率，不断提升市场竞争力，必须靠微小企业整体的凝聚力、整体协调力，所以在分工基础上的协调组织对企业来说，就是分工协调的统一过程。

现在很多微小企业内部组织混乱，那么要建立哪些组织制度？首先是在微小企业的内部确定职责的划分，单位设置要合理。因为每个企业不一样，微小企业也是千差万别的，结合自己的情况来进行才是最合适的，就如鞋合不合脚，自己穿了才知道。微小企业组织变革要解决的问题是组织设计要合理、科学，有利于责任的明确，有利于效率的提高；除了分工以外，还要协调，有协调机构，组织机构要合理，这就是“麻雀虽小，五脏俱全”。微小企业虽然不同于大企业，但是组织里面的方方面面也都需要。大企业的组织机构最主要的是股东、董事会和管理层。微小企业如果是个人独资企业，那么个人说了算；如果是家族企业，家长制似的还可以。组织里边非常重要的一点就是处理好各类人的利益关系。一些内部的关系还好处理，但是和外部的组织体的关系就比较复杂了。现在很多时候讲合作竞争，这是因为现在的竞争已经不完全是早期的你死我活、尔虞我诈，而是竞争中有合作，合作中有竞争，分工时有联盟，联盟中有分工。微小企业也可以加入大集团、大公司，做它的子公司，或者做它的分支机构。

五、提升微小企业的管理水平

微小企业还有一些弱点和不足，其中最重要的一个方面就是微小企业的管理水平有待提高。中国的微小企业要发展壮大，发挥作用，非常重要的工作就是提升其管理水平。现在面临的现实问题是微小企业管理水平怎么提升，解决的路径是什么。微小企业管理水平的提升要解决以下关键问题：

第一，微小企业的战略管理要明确。

现在很多微小企业，用通俗的话说就是无头参与，碰到什么是什么，所以很多微小企业就是在碰运气。对于这样的管理而言，就是随时分析市场，分析市场中存在的机遇。微小企业的优势就是可以不断抓住市场机遇，随时动态调整。这个机遇包括消费者的新需求、技术发展的新动向等。一些大集团、大企业办不了的事，可以由微小企业来办。所以，微小企业可以通过分析市场、社会发展、经济因素、技术进步等找到机遇，这是一个战略问题。对于微小企业的发展，管理要有长远的战略、定位，这就是发挥在市场中的优势。

微小企业的战略管理还要迎接挑战，要分析外部不利因素，机遇就是有利的因素，机不可失，失不再来。市场天天在变、时时在变，所以微小企业的灵活性比较好，但是能否抓住机遇，这就涉及管理水平。此外，还要发现不利的因素和挑战，所以微小企业的管理创新是存在于战略管理的整个过程。战略管理总的来说就是要抓住机遇，迎接挑战。对微小企业家来说其战略思维、战略管理是决定性的。

第二，必须注重业务管理能力。

有了战略管理还要加以落实和执行，这就是业务管理。业务管理要根据微小企业的行业特点来进行。微小企业的划分可以根据行业特点、人数规模、营业收入等。业务管理概括起来，假如是生产型微小企业，生产管理非常重要；同样，建筑业是施工管理、现场管理，属于作业管理；如果是商业性微小企业，就是流通、销售管理、市场营销等。这也要求微小企业的市场竞争力要规范化，要进一步科学化，实施科学管理。

现在社会上对微小企业的看法是消费者不敢买微小企业的产品。例如，在食品行业，大家都愿意买大企业的产品，这是因为其食品安全有保证。其实，一些微小企业的食品也很好，很新鲜。对微小企业而言，必须实行精细化管理，不仅要有战略上的大管理，还要精细化，细节决定成败。很多时候，微小企业的一个细节可能就决定了成败，所以微小企业的细节管理、业务管理需要做到非常细致，包括市场管理、消费者沟通、信息联络、售后服务等。然而现在微小企业的管理还比较粗泛，甚至有些做法跟法律的要求不相符合，所以中国微小企业的管理水平还有待提高。

第三，微小企业必须有人才队伍。

企业的管理涉及人、财、物、产、供、销，其中人就是人力资源管理。微小企业的人才问题非常重要。现在很多行业的技术创新机遇比较多，能不能实现技术创新就看企业有没有人才，有没有这方面的需求。微小企业人力资源管理最重要的是抓住四个环节：一是招聘。企业要不断地发展、不断地壮大，就要不断地吸收人、招聘人。招聘这一关非常重要。战略人才可以引进、可以培养。企业在招聘这一关把不好，在中国企业经常面临进来容易出去难的情况下，要想裁员就很困难，因为会影响到就业问题，影响到社会稳定。二是培训。因为企业要不断发展，刚招聘来时人员可能很有水平，但是企业发展了，他的水平也需要提高，就需要培训，以满足当前和今后一段时间的需求。微小企业要注意培训，通过对内部人才的培养来提高人才的水平。根据国际上大致的状况，一般来说微小企业内部成长的培训做得比较好。三是激励。就是激励和约束制度要相结合，奖励和惩罚制度要相结合，努力把人的积极性调动起来，把人的惰性方面通过制度来进行约束。四是流动。微小企业是人才的河流，不是人才的水库。人对微小企业来说非常重要，因为每个微小企业自己的特点、行业的状况、规模的大小、营业额、技术水平等等，还有各个地区的差异都不一样。当然，新招聘的和新吸收的也可以，但是这两方面都要满足企业发展的战略需求。人才不仅要有现在的才能，还要有未来的潜能。

第四，注重财务的稳健性。

财务管理要解决的是资金的筹集，以及保证在运行过程中合理的现金流。微小企业创业需要资金，仅有银行提供的信贷和融资还不够。现在政府在这方面的引导功能要进一步加强。美国有一个联邦的小型企业基金，用于支持微小企业创新、改进质量。有创新就提供资金，如果企业创新盈利了，要归还资金；不盈利，那根据情况来决定后续怎么处理。所有的工作在事先都有确定好的条件和程序。虽然中国也有中小企业发展基金，但还是不能满足中小企业的要求。不仅要从外部解决中小企业贷款难、融资难的问题，还要从中小企业自身来解决，这时就需要改进和提升财务管理。在改进的过程中，一方面要解决融资的平台、信用问题，另一方面，资产负债率、资金回报率、自有资金率都必须满足法律规定，满足社会的需求。微小企业的财务管理最主要的是解决资金的筹集、使用，提高资金利用的效率。这点非常重要，一方面微小企业要借债，另一方面要还债，要有信用。如何提高微小企业的信用水平？这就需要针对微小企业建立信用制度。只有这样，微小企业才能得到健康发展、科学发展，最终提升管理水平。

六、实现制度创新与文化建设的有效结合

微小企业的发展归根到底要靠两大支柱：制度创新和文化建设。中国微小企业发展的一个难题，就是要讲清楚制度和人的关系，也就是制度和文化的关系。

微小企业就像一栋建筑物一样，可以盖一栋小房子，也可以盖一栋大房子，但是不管小房子还是大房子都要有支柱，对于微小企业来说最重要的一个支柱就是制度创新。制度创新中最重要的三个方面是：第一是产权制度要创新，第二是组织制度要创新，第三是管理制度要创新。归纳起来就是微小企业要朝着现代企业制度的方向发展。微小企业发展的制度创新总的方向是建立现代企业制度。早在1993年党的十四届三中全会就提出要建立现代企业制度。不管是国营企业改制，还是民营企业建制，共同方向都是现代企业制度，其中最为关键的是明确产权是前提，组织是保证，管理是基础。微小企业文化是为实现经营目标而具有凝聚力的全体员工认同的价值观。微小企业要有价值观，这里面有个人价值、企业价值、社会价值的综合。例如，个人价值涉及每个员工，员工来企业就业就要解决利益问题；同样，企业要有社会价值，承担一些社会责任。微小企业文化就是为实现经营目标而具有凝聚力的全体员工认同的价值观。

微小企业的制度是外在的，文化是内在的，融在员工的内心当中。制度是有形的，文化是无形的，在发展时需要处理好人和制度的关系，做到有形和无形的结合。现在的情况是，文化建设比较有效。但离开制度、离开企业去开展文化建设，另搞一套是不行的，所以微小企业在发展中要将制度创新和文化建设两者结合起来。

七、结束语

今年的两会，去年党的十八大，还有去年的经济工作会议，都对微小企业的发展提出了要求。越来越多的人投入微小企业的创业创新过程当中。微小企业的新陈代谢过程本身就是社会发展的过程，所以作为微小企业自身来说，必须成为生命型企业。整个社会要科学发展，企业要科学发展，那么对微小企业来说要处理好制度创新和人本管理的关系，不断地适应中国社会的发展、适应时代的要求，甚至是在走出去的过程中，在国际上发挥更重要的作用。今天的微小企业过一段时期，如果发展好了那就会成为大公司、大企业、大集团，甚至跨国公司。当然上述提到的微小企业问题还是需要加以解决。党的十八大以后，政府各个部门都在努力为微小企业创造良好的发展环境，微小企业自身也在不断地变革，中国的微小企业在世界上的地位将越来越重要。

● 军工企业改革：制度创新与文化建设的结合

自1978年改革开放以来，我国军工企业同其他各行各业的国有企业一样，经历了扩大企业经营自主权、扩权让利、利改税、资产经营承包制以及其他多种形式的改革措施。1992年党的十四大明确提出，改革目标是建立社会主义市场经济体制。1993年党的十四届三中全会确定，国有企业改革方向是建立现代企业制度。现代企业制度是以公司制度为主体的市场经济体制的基本成分。在军工企业改革过程中，要依据社会主义市场经济的要求，处理好消费者、企业、政府三者之间的关系，实现从计划经济体制向市场经济体制的转轨过渡，实现经济体制与经济增长方式两个根本性转变，实现战略性调整和改组，形成比较合理的国有经济布局和结构，使军工经济在国民经济中更好地发挥作用。随着资本市场的培育和发展，军工企业和我国国企的体制转轨将发生质的进步，为我国社会主义市场经济体制框架的基本确立做出更大的贡献。

军工企业在建立与完善现代企业制度的过程中，联系各企业的实际状况，分别进行公司制、股份制改造，设立有限责任公司、股份有限公司和上市公司，并采用主辅分离、辅业改制的多种企业组织形式。有效地处理好现代企业制度三个组成部分的关系，通过产权制度创新、组织制度创新、管理制度创新，实现现代企业产权制度、现代企业组织制度、现代企业管理制度三个部分有机融合和整体统一。产权是前提，组织是保证，管理是基础。在管理制度创新中，要重视军工企业、军工高等院校、科研机构的彼此互补和相互结合，而国防科技与研发管理创新已获得突破性进展。我从参与军工企业的公司制改造和建立规范的公司法人治理结构的实践中，深感军工企业改革取得了显著效果，增强了军工企业的市场竞争力。

进入 21 世纪以来，军工企业为适应经济全球化和技术信息化的时代要求，开始从国内市场走向国际市场，从行政化管理走向信息化管理，形成信息决定思路、思路决定出路、出路决定财路的良性发展局面。我国军工企业通过“引进来”与“走出去”等多种形式，参与国内外的企业并购与重组，提升了自身的国际市场竞争力。改革是一场革命，必然充满观念冲突和利益博弈。这场改革还远未完成，前进道路上的艰难险阻将考验我们的决心和智慧。军工企业作为市场主体是否积极活跃，行为是否规范公平，是衡量市场是否发育、市场体系是否健全与有效的重要价值尺度。一个健康、完善的市场体系必定是公平有效、竞争充分、行为规范、责任明确的市场架构，而这一切实际上彰显的是一种文化的导向。

我国军工企业的改革要把制度创新与文化建设、制度管理与人本管理有效地结合起来。在参与海外并购重组过程中，重视解决跨国企业文化的融合问题为军工企业进入世界产业链打下了良好的文化基础。企业制度与企业文化是军工企业发展的两大支柱。管理问题的实质是人的问题。人本管理的关键是处理好军工企业管理过程中制度与人的关系。制度是延续的，人是暂时的，但制度是死的，人是活的。从军工企业文化来说，文化就是“人化”，文化就是“化人”，应使企业制度与企业文化成为促进企业发展的整体力量。制度是硬的，文化是软的；制度是外在的，文化是内在的；制度是有形的，文化是无形的；制度是抑制人性恶的一面，文化是引导人性善的一面。军工企业文化是全体员工认同的价值观。所谓“认同”，就是企业文化融入每个人的思想中，落实在每个人的行为中。唯有企业内部有凝聚力，才有企业外部竞争力。

（原载《军工文化》，2012（8））

● 事业部制与业务发展战略

——关于中国恒天集团发展的思考

2012年，中国恒天集团遇到的问题是“如何在3～4年内使纺织贸易业务规模从114亿元增长到300亿元，利润水平从1.4亿元增长到5亿元”。纺织贸易业务是中国恒天集团的重要板块，只有纺织贸易业务明确目标，加强协同，统一发展思路才能成为业务发展的新起点。对于中国恒天集团的纺织贸易业务来说，需要注意三个关键词：战略、行动和学习。纺织贸易事业部很重视战略，提出要有眼光，要有目标，要坚定信心，信息就是金钱，要落实到行动上，还要加强学习，打造学习型组织。从纺织贸易事业部的发展来看，其在业务发展上需要重视以下几个方面。

一、明确纺织贸易事业部定位

恒天集团的事业部下一步到底要怎么搞？基本的看法是恒天集团事业部应该定位为恒天集团子集团，要做实事业部，这一点要非常明确。事业部是利润中心。但现在为什么不能做到这种程度呢？这个问题很复杂，恒天集团是从纺织工业部各个局各个机构演变过来的。要向事业部的组织结构转型不是一朝一夕的事，不要着急，凡事需要时间，需要认识。但是，不能说需要时间就稀里糊涂，谁也不管，谁也不研究。重点在研究、在学习、在思考。恒天集团应该考虑事业部的定位问题。怎么成为子集团？怎么做实？怎么成为利润中心？怎么提升事业部整体核心竞争力？这需要从集团实际出发，吸收国内外有益的经验，然后逐步改制。事业部定位过程应该是观念变革过程和利益调整过程。从集团角度出发到底分几个事业部好？事业部当中业务利益应该怎么跨？都需要研究解决。

从现阶段的发展来看，能做的事就是把事业部业务搞好。比如现在恒天集团提出未来几年做到销售收入 300 亿元，利润 5 亿元，和现在比翻两番。这种目标和愿景属于跨越式发展。虽然现在事业部定位不太清楚，做法也不太规范，但事业部需要拧成一股绳，思路一致，一致对外。内部有凝聚力，对外才有竞争力。在实现 300 亿元销售收入、5 亿元利润目标的过程当中应求得共识，减少阻力，减少思维障碍，进行观念变革。另外，事业部一定要做实，不能有水分，数字应该真实客观。

事业部应该是凝聚若干子公司的核心力量，子公司也应该凝聚在事业部的周围，同心协力做出业绩。但是问题又出现了。子公司是独立法人，有财务、有资产、有核算，使得事业部倒成了空架子。那么这个问题怎么解决？没有事业部，子公司就搞不好，那么事业部和集团的关系到底是什么？中国的公司跟国外公司差距很大，国外公司是注册形成的，而中国的很多公司是国有企业乃至事业单位改制过来的，有些企业领导根本没有企业家作风，甚至还存在着官员作风。柳传志曾经说，“你改变不了社会，改变不了政府，你改变你的公司、改变你的部门，你改变不了你的公司、你的部门，你可以改变你自己”。这就要求企业的领导必须改变自己的思维方式，处理好和事业部的关系，而事业部要处理好和集团的关系；反过来，集团层面要给事业部定位。把销售收入、利润真正提上去，还要靠高层领导把它落实到行动上，把事业部的事业往前推进。

二、重视纺织贸易事业部的产权结构调整

产权是前提，企业的产权问题是一个很大的问题。办企业，归根到底是财产问题和产权问题。纺织贸易事业部的业务如何开展？靠核心子企业。业务怎么做？占领市场。已有市场要占领，新业务市场也要开拓。销售收入要上去，无非是将现有业务通过细分市场做大、做专、做精、做强。另外就是通过兼并、收购、重组等多种形式，利用社会资本使事业部成为利润中心。

恒天集团的六个子公司可以成为创造利润的源泉，但它们对好多市场不熟悉。有一些企业熟悉市场，却缺乏资金，恒天集团的子公司就可以利用财务杠杆，用很少的投资去收购兼并或参股，然后利用这些企业去开拓市场，这样销售收入就上去了，这实际上涉及产权关系问题。针对未来发展的基本思路应该开阔一点，不需要自己去开拓所有市场业务，可以通过产权的调整来扩展业务。企业产权是前提，财产关系是根本，有的企业有市场有渠道，但没资本，然而恒天有资本，可以投资，可以进行收购、兼并、重组、参股、控股，这都涉及产权关系，可以通过产权结构调整来扩大纺织贸易事业部的业务，增加销售收入、提升利润业绩。各子公司高层要去发现收购兼并机会，资产不够可以报告到事业部，报告到恒天集团。

现在中国存在两种情况，一种是有资本，找不到业务，另一种是有业务，缺少资本，这是一个战略问题。企业发展有三种方式：新建、扩建和并购。这三种方式对于纺织贸易事业部扩张而言可以交替使用，但是要权衡其中的利弊，做好比较。新建的好处在于完全按集团愿望和事业部设想扩展市场，但时间较长，投资额较大。也可能等你新建起来，就错过了市场机遇。扩建的好处是可以利用现有资源、现有资本、现有平台扩大贸易业务，但扩建也有局限性，会受到原有平台的限制。并购一个企业做贸易，最大的好处是利用它现有的销售

渠道，但并购有个缺点，就是存在文化融合问题，如何用贸易理念来改造文化，减少冲突值得深思。总之，要重视纺织贸易事业部的产权结构调整。产权是前提，财产关系是根本，很多贸易渠道可以通过多种形式来扩展。

三、加强纺织贸易事业部组织制度建设

组织是保证。产权问题解决了，明确了财产关系和利益关系，还需有组织保证。组织是什么？两件事，一是分工。分工指什么？就是纺织贸易事业部下各个子公司各自的贸易特点是什么，一致对外。二是协调。几个子公司虽然都注册了，都是法人，都是独立的经济实体，但之间的协调需要事业部发挥作用。所以组织制度建设的核心就是分工协调的统一过程。现在纺织贸易事业部的协调有问题，因为它的定位不明确。如果定位为子集团和利润中心，它就可以协调这些关系，然后下一步可能要考虑的问题就是怎么处理好分工协调。分工协调既要考虑经济关系，也要考虑法律关系，当然也要采取必要的行政手段。但是企业毕竟是实体，其组织制度建设就是如何从法律、经济、行政相结合的角度，处理好分工协调关系。具体来说，组织制度建设包括以下几个方面：一是组织结构。集团是组织体，公司也是组织体。组织体由哪些部分组成？事业部居于什么位置？子公司居于什么位置？组织结构的规范是一个大问题。规范只能在业务发展中实现，不能坐而论道，否则最后的结果就是大家争权夺利，一哄而散。既要发展，也要规范。

组织制度建设的第二个重要方面就是组织机构、包括股东机构、董事会机构、以总经理为代表的公司高管机构三类机构，其实就是公司法人治理结构。这些都是指公司高层分工协调，涉及的具体部门、具体科室属于公司组织结构。一个公司内部分工一定要明确，不要打乱仗，以免最后谁也不负责任。分工明确就是责任明确、权限明

确、利益明确，分工是责权利统一的过程。有了分工还要协调，分工不是分家，分离不是脱离，不是各干各的，老死不相往来。所以办好公司、事业部绝对不是容易的事。我认为我们中国公司跟外国公司的差距是制度的差距，不是人员素质的问题。人当然重要，但制度是根本的，是长远的，是延续的，坚决不能换一个领导就换一种做法。

除此之外，组织、制度这两大块是非常重要的。股东机构发挥作用的前提是股权多元化，纺织这种竞争性行业，还是要搞股权多元化，不能搞国有独资。贸易事业部板块国有全资企业多，对于全资公司，下一步的业务发展一定要和产权改革、组织变革结合起来。所以，组织制度最重要的是两大块。一块是公司组织结构，包括事业部制组织结构，也包括集团的组织结构；还有一块是公司组织机构，也就是股东机构、董事会、高管机构。股东机构的前提是股权多元化。股权不多元化，实行国有独资，那还是国有股一股说了算，就回到过去那一套了。

要在改革中发展，在发展中改革，如何处理好诸多关系是要思考和加以解决的。还有一点是要处理好集权与分权的关系。哪些权限要集中在总部高层？资产权、投资权、重大战略决策权、重大人事权、重大财务权、重大技术决策权、重大市场开发权等应该集权。但是该分权的还得分权，市场还要由很多人去开拓。再有母子公司关系问题。要明确母子公司关系，其中存在两层关系：一是法律关系，母子公司都是法人，都依法经营；二是经济关系，最重要的经济关系是投资关系（包括三类关系：参股关系、控股关系、全资关系）。现在是全资太多，将来应该向控股参股发展。控股包括绝对控股和相对控股。还有业务关系、技术关系和交易关系等等。最重要的是避免集团内部、事业部内部的关联交易、同业竞争、内耗，乃至相互削弱、相互拆台。在组织制度中现在还存在一个很严重的问题：按道理集团是企业，企业就要有业务，事业部也要有业务，然而现在集团是行政管理单位，事业部也是行政管理单位，都不是实体，业务都在下面，下面又解决不好出现的问题。那到底下一步怎么解决？毛主席曾讲过，一张白纸没有负担，好写最新最美的文字，好画最新最美的图画。如果已经画了，再来改再来动，难度较大，就有阻力。阻力来自哪里？一是来自思维障碍，看法不一样，知识不一样，思维水平不一样。看法不一样正常，但要求得共识。二是来自利益冲突。所以子公司到底怎么搞，一定要站住脚，一定要好好研究。

四、完善纺织贸易事业部管理制度建设

产权是前提，组织是保证，管理是基础。纺织贸易事业部管理制度建设怎么进行？最重要的是两方面的管理：一是战略管理。战略管理主要是处理好六大关系：第一是内部条件和外部环境的关系。纺织贸易事业部的战略是首先要分析内部条件，包括优势条件和劣势条件。分析的目的是什么？不是坐而论道，而是把现有的优势条件集合起来，把劣势减少到最低限度，同时也要分析竞争对手。然后要分析外部环境，包括有利因素和不利因素。应充分利用有利因素，克服不利因素。外部环境包括以下几个方面：一是自然物质环境；二是政策法律环境；三是人文社会环境；四是宏观经济环境；五是微观经济环境。当然，内外关系始终是办企业的难题，需要具体分析。第二是规模和效益的关系。我认为提高效益的基础是扩大规模，但现在有的公司盲目扩张，以致在扩张中死亡，因此两者的关系如何解决是战略问题。第三是成本和质量的关系。成本和质量应该统一起来。第四是微利与暴利的关系。对于纺织企业，可能多数是微利。第五是进入市场和退出市场的关系。要有进有退，要主动而不要被动。第六是主营与兼营的关系。对于这六大关系，中国企业还没有完全处理好。

管理制度创新中战略决策很重要，我认为董事会应该发挥作用，董事会如何发挥作用也是个难题。管理制度创新的另一个方面是业务管理创新。要建立综合、系统、科学的业务管理制度，业务不能片面，要具有延续性、长期性，不是换一个人就换一种做法。业务管理制度包括哪些呢？我们主要是贸易管理，那就涉及市场调研、市场细分、市场开拓、销售渠道、销售方式等。业务管理还包括财务管理、研发管理和人力资源管理。人力资源管理要重视以下四方面：重视吸收新人才，重视培训，重视激励，重视流动（企业是人才的河流，不是人才的水库）。企业老总要控制好人才流向和人才流速。

现在社会上有两个口号，一是战略决定成败，一是细节决定成败。但是不要片面，不要跟风，管理要从实际出发，避免形式主义，避免一刀切。要在战略规范情况下抓细节。战略重要还是细节重要？要具体分析。请大家记住三点：管理是一门科学，管理是一门艺术，管理是一门手艺。贸易管理在一定意义上比制造业管理还难。

五、倡导恒天集团“从我做起”的企业文化

要办好纺织贸易事业部，就要实行制度建设与人本管理相结合。人本管理怎么搞？人当然重要，关键是什么样的人。我认为，市场经济对人的素质要求比计划经济对人的素质要求要高。许多中国人现在对钱走两个极端，要么不要钱，要么就把钱看得太重。我们要保持头脑清醒，一定要有自己的主见。对公司、对企业、对事业部的管理难就难在怎么处理好制度建设与人本管理的关系。对此我要说两点。第一点：制度是根本的，制度是长远的，制度是延续的，人是暂时的。不能把人凌驾于制度之上。企业老总要把精力放在建立制度上。第二点：制度是死的，人是活的。人是很重要的。不要问制度和人哪个更

重要，各有其重要性。人的重要表现在三个方面：第一，先进的人把先进的制度制定出来；第二，有了好的制度人要执行，而且领导要以身作则；第三，制度过时了，人要修改完善制度。办好恒天集团，办好事业部，办好子公司的关键是制度和人要结合起来，要倡导恒天集团从我做起的企业文化。

（原载中国纺织恒天集团《恒天人》，2012（3））

● 企业发展中的制度创新和文化建设

——在济南嘉馨房地产开发有限公司大会上的报告

一、对嘉馨公司历程和现状的评价

今天的大会是在嘉馨公司（以下简称公司）第一个房地产项目即将全面完成而第二个项目正要展开的背景下召开的，既是对公司历程的总结会，也是对公司现状的分析会，更是一个展望未来的研讨会。因此，在公司发展史上具有标志性的意义。

我在来到济南之前对公司的创业者做了调查和访谈。到济南之后，走访了公司有关领导人员和员工代表；阅读了每位员工撰写的工作总结和对公司的评价；观看了项目现场的具体情况；参加了中层以上管理人员的公司每周一次的例会。在这些调研工作的基础上，我认为应当积极地、科学地评价公司的历程和现状，这是评价公司的指导思想。

公司三年来取得的成效是值得肯定的，是来之不易的。这些成效表现在：（1）创业意识和开拓精神奠定了公司在济南房地产市场的地位。公司创业者及其团队和企业员工从全国各地来到济南，他们吃苦耐劳、艰苦朴素、日夜奋斗，克服诸多困难，终于打开了局面，在济南房地产市场拥有一席之地。这种精神不仅应保持下来，延续下去，还要发扬光大，不能有丝毫松懈。（2）创业阶段的精神已转化为物质成果，而且项目成果已得到市场的肯定。这就是第一个楼盘项目的完成，包括已完工的四栋楼和即将完工的第五栋楼。共有480多套房子，现已出售360多套。这些房子受到客户的欢迎，得到市场的承认。公司在济南注册时并未引起人们的关注，但目前已在济南房地产领域取得了发言权，有了一定的地位。（3）员工在公司发展中得到了成长的机会。从大家写的个人总结材料中，我深感每个人从不同角度找到了自己的定位。无论是创业者，还是员工，无论是公司高管人员，还是普通职员，都感受到了自身在思想上、能力上的进步，获取了新知识、新业务、新本领。个人的成长为公司的未来发展奠定了新的基础，而公司的发展又为个人成长提供了新的更高的平台。（4）公司在房地产项目开发与管理方面积累了一定的经验。这种在市场竞争中摸索出来的成功的实践经验是宝贵的财富，是公司持续发展的新起点。公司全体员工正在总结这些经验，以便更好地立足于公司来看全省、全国的房地产市场。

虽然公司三年来取得了显著成就，但在全省、全国巨大的房地产市场上，只是处于起步阶段，所以我们不要被一个项目冲昏头脑。因此，分析公司历程与现状时，不要盲目乐观，更要有危机感、紧迫感、风险意识。一方面，客户的要求越来越高，另一方面，竞争对手的变化日趋复杂，因此，公司在充分肯定取得成效的同时，必须清醒地找到自身存在的差距。发现问题是解决问题的一半。当务之急是要克服两种情绪，一是在成绩面前停步不前，二是面对新问题滋长埋怨心理。所谓积极评价公司，就是不要消极；所谓科学评价公司，就是不要片面。对公司历程和现状的分析是公司未来发展的新起点。积极地科学地评价公司历程和现状，有利于公司稳健、持续地发展。

二、公司发展中的制度创新

嘉馨公司作为房地产企业，其制度决定着企业的命运。制度是延续性的、根本的、永恒的因素。公司创业初期的制度并不完善，到现在已完工的第一个项目还留着尾巴。因此，为使公司稳健、持续发展，必须不断地进行制度创新。制度创新的方向就是建立与完善现代企业制度，这是使公司由弱到强、由小到大的根本保证。

具体来说，公司制度创新要解决以下两个方面的问题：

第一，公司外部环境的制度创新。

房地产企业面临的外部环境是极其复杂多变的，而且是不规范的。由于中国现阶段处于计划经济体制向市场经济体制的转轨过渡时期，房地产企业经受着双轨制的压力，一方面是市场竞争的压力，另一方面是计划经济体制残余的干扰。现代企业制度是市场经济体制的基本成分。公司欲进行制度创新，建立现代企业制度，应处理好市场经济体制中三个成分的关系，即消费者、企业、政府三者之间的关系。从公司的外部环境来说，主要是处理好企业与市场、企业与政府之间的关系。

依据市场经济体制的要求，企业与市场的关系表现为企业与客户和企业与竞争者的关系。企业与政府的关系，就是既要坚定地执行有关的法律、法规和政策，做一个社会好公民，又要对不规范行为保持清醒的头脑。公司外部环境的制度创新，就是在市场与政府之间找到一个平衡点，使公司在双轨制的夹缝中生存和发展。公司的外部环境，还涉及公司外部的各种利益相关者之间的关系。房地产开发商作为甲方，同乙方、施工方、总包、分包、监理之间的关系，必须通过相关的制度予以规定。在第一个项目的实施过程中，因为合同规定不明确而导致的制度性漏洞给公司造成了一定的损失。实践表明，应通过知识更新、观念变革、转变思维，进而落实到制度创新，形成新型的责任制度、分工制度、协调制度，实行公开、公平、公正的市场经济制度，避免非制度性因素影响公司的生存与发展，这样才能保证公司的长期、持续、稳健发展。

第二，公司内部管理的制度创新。

房地产企业的生存与发展，一方面要抓项目开发，另一方面要抓内部管理，两者相成相辅，内外结合，缺一不可。公司内部管理制度创新的目标要求，是使嘉馨成为一个完整的利益共同体，同舟共济，齐心协力，不搞内耗，不搞离心力，更不搞人际关系。当公司面临复杂的外部环境时，不解决问题，反而制造内部纠纷，这是一种可怕的腐蚀剂。任何一个企业，只有内部有凝聚力，才能有外部竞争力。国内外企业成败的历史与现状表明，真正打垮企业的往往是企业自己。

从公司的实际状况出发，内部管理的制度创新应着重解决下面几个问题：

（1）公司内部的每个单位、每个岗位，分工要明确，责任要明确，建立岗位目标责任制。随着公司的发展，必须进行相应的组织调整，进行组织变革，这就是公司的组织制度创新。中层以上管理人员的工作例会所反映出来的问题表明，有些老问题总是得不到解决。究其原因，就是各部门之间责任不明确，相互扯皮，彼此推卸责任。

目标责任制是每个岗位、每个部门的制度基础，必须落实到每个人。为了有效及时地履行责任，一定要赋予与责任相当的权限。当然，赋予权限的目的是履行责任，体现权责相当，避免权责脱钩。既要纠正有权无责，又要防止有责无权。同时，在坚持岗位责任制的基础上，实行以岗位价值为基础的利益机制，真正做到责权利一致，不再重蹈“干与不干一个样、干多干少一个样、干好干坏一个样”的旧体制弊端。应实行“因事设职、因职设人、人事相符、责权相当、责利一致”的基本组织制度。

（2）公司总部集权与内部各单位分权之间的关系要明确。上面讲的各岗位之间和各单位之间的关系是公司内部的横向关系，而总部集权与内部各单位分权之间的关系，则是公司内部的纵向关系。创业初期，实行公司总部一竿子插到底甚至创业者个人直接指挥一切的制度，这在当时的历史条件下是有必要的。但是，随着房地产项目的增加，公司规模的扩大，业务种类的多样化，必须建立公司内部各单位适当分权的制度，发挥各单位的积极性、主动性、创造性，增强公司内部的活力，适应公司外部环境与内部条件的变化。当然，在解决公司总部过度集权的同时，必须防止出现过度分权甚至分解公司乃至瓦解公司的现象。因此，在处理公司总部集权与内部各单位分权的制度创新过程中，应坚持集权有道（服从公司整体利益的道理）、分权有序（按程序划分各单位的权限）、授权有章（对各单位的分权有章可循）、用权有度（任何权限均受到约束）的组织原则。

（3）建立与完善公司法人治理结构。在公司发展过程中，决策机构的作用越来越重要。谁来决策？应当有一个决策团队。决策之后，必须坚定地执行，不能议而不决、决而不行。在执行过程中，应当发挥监督机构的作用。对决策、执行、监督这三类职能的分工与协调关系要处理好，实行三类职能分开的组织制度。

（4）按照公司法人制度的要求处理好母公司与子公司的关系。随着发展，公司不仅在内部增设了分公司、单位、部门及岗位，还成立了相对独立的子公司，如万汉城子公司、物业管理公司、经营咨询公司等。当务之急是对分公司与子公司实行两种不同的制度，包括责任制度、权限制度、利益制度。分公司不是法人，是单一法人公司的内部单位，但有分权。子公司是独立法人，与母公司是法人与法人的关系，既有投资关系，又有业务关系，应建立规范的关联交易制度。

（5）建立战略管理与业务管理相结合的现代公司管理制度。国内外成功的房地产企业的战略管理基本思路是：交工第一个项目，进行第二个项目，思考第三个项目，储备第四个项目的用地。在公司战略管理创新过程中，应处理好几个关系：1）规模与效益的关系，即在提高效益的基础上扩大规模，并通过扩大规模来获取更大的经济利益；2）成本与质量的关系，即在保证质量的前提下降低成本，或在提高质量的过程中避免成本上升，当然，最佳状态是既降低成本又提高质量，但难度较大；3）价格竞争与非价格竞争的关系，即房地产企业应改变单纯价格竞争的方式，更多采用非价格竞争的方式，包括改进设计、改善服务、品牌意识、企业形象以及对其他各种无形资产的运用。

在提升公司战略管理的同时，必须提升公司的执行力，使战略管理落实到各项业务管理工作中，做到战略管理与业务管理相结合。缺乏战略或战略失误会导致公司失败，体现“战略决定成败”的原理；当战略确定之后，若是因执行不力或执行偏差而导致公司死亡，则体现“细节决定成败”的原理。因此，公司对战略与执行的关系，必须两者结合，彼此衔接，切忌片面、极端、刮风。

（6）项目管理、工程管理、施工管理要制度化、规范化。从公司完成的第一个项目来看，其反映出来的很多问题涉及缺乏明确的制度，如工程部的职能与责任及其与其他部门的关系不明晰，导致施工过程中的一些问题未能及时解决，它们是在今后制度创新过程中应重视解决的问题。

（7）营销管理是房地产企业管理创新的重要内容。即使有好的住宅项目，但若不重视营销管理也可能卖不出去。第一个楼盘存在的一些问题就涉及公司营销管理不到位。未来的万汉城项目必须解决这些问题，不断建立和改进营销管理制度。

（8）科技开发管理制度的建立。房地产项目的技术含量要求公司必须切实做好研究开发管理工作。而且随着公司规模的扩大和房地产项目质量的提高，科技开发管理制度凸显出日趋重要的作用。

（9）人力资源管理制度的建立。我建议着重抓好以下四个环节：

1）吸收，即人员的招聘。创业初期是靠家族、靠关系、靠朋友，今后可能无法完全避免这种现象，但招聘人员的基本思路和发展方向应当是市场化、公开化、制度化。公司进人如同人体吸收食物一样，俗语云“病从口入”，把住进人这一关是公司稳健发展的前提保证。2）成长，即人员的培养。把公司定位为学习型组织，采取多种培训方法，包括请进来、走出去、自学等。为员工创造良好的学习环境和成长条件，是增强公司凝聚力和构建长寿型公司的有效途径。3）激励，即通过建立物质激励系统、信息激励系统、精神激励系统来激发人员的积极性、主动性、创造性。对管理者来说，物质激励系统的措施是建立基本薪金制度、年度奖金制度、长期奖励制度。其中长期奖励制度可实施现股奖励、期股奖励、期权奖励，具体操作应从公司实际出发，逐步实行；有利于公司的长期行为和长远发展，避免急功近利和短期行为。4）流动，即人员的进出或变动。随着公司的发展和组织的变革，人员不是死水一潭，应有进有出、能上能下、优胜劣汰。因此，人员流动是公司的正常现象。公司是人才的河流，不是人才的水库。关键在于控制人才的流向和流速，应当有利于公司的生存和发展并提升公司的竞争力，避免出现要进的人进不来，要留的人留不住，要出的人出不去，或能上不能下等状况。

（10）财务管理制度的建立。我建议改变以往算死账、算旧账、算历史账的小财务理念，从算活账、算新账、算未来账的大财务理念出发，确立财务管理的新型职能：1）为公司项目决策提供财务数据；2）为公司已决策的项目筹集资金；3）对已筹集资金进行有效控制并提高资金效益。

三、公司发展中的文化建设

公司文化建设的实质，是人的问题。提倡“以人为本”“以人为核心”的企业管理是对的，但要把其落到实处，关键在于科学地理解

“以人为本”“以人为核心”的企业管理内涵，不能停留在表面或形式，更不能片面、极端。我认为要做到以下三点：

第一，提高个人素质是提高管理水平的关键。对公司管理来说，不在于人多人少，而在于每个人的素质。这里讲人的素质，是指市场经济条件下人的素质。最主要的素质是责任感、成就感、上进心、风险意识、诚信、自我控制能力、创新意识、开拓能力。做到自立、自强、自尊、自重、自律。

第二，讲究团队精神、协调能力、凝聚力、企业文化。什么是企业文化？企业文化是为实现经营目标而具有凝聚力的全体员工认同的价值观。具有凝聚力的全体员工认同的价值观，就要融在思想里，化在血液中，做在行为中。企业文化是个人价值与公司价值的统一，体现出全体员工对公司的忠诚度。企业文化是在长期的公司经营活动过程中逐步提炼出来的，是公司活力的表现，是公司生命之所在。

第三，处理好制度创新与人本管理的关系。这种关系可统一为两句话。第一句话：制度是根本的、长远的、延续的。制度决定企业的未来。企业延续的是制度，人是暂时的。如企业岗位责任制是延续的，在这个岗位上工作的人则是变动的。每个人都在延续这个岗位的制度，人会变动、变老、死亡、换代，但企业制度却是永远的。第二句话：制度是死的，人是活的。有人问我：是制度重要还是人重要？我的回答是：制度重要，人也重要，切忌片面、极端、刮风、炒作。当今的公司，既面临制度创新，也面临文化建设，需要提高人的素质和增强公司凝聚力。不能只讲死的制度而忽略人的作用，也不能把人凌驾于制度之上。不能抛开制度去讲人的作用，人的重要性恰好必须体现在制度上。人对制度的作用体现在三个方面：（1）先进的人要把先进的制度制定出来；（2）有了制度，人要执行制度，尤其是管理者要以身作则，领导者要带头执行制度；（3）制度过时了，人要修改制度。制度不是万能的，但没有制度是万万不能的。

总体来说，在公司发展过程中，既要重视制度创新，也要重视文化建设，这就是我今天讲的主题。制度与文化是相互促进、相互补充、缺一不可、统一整体的关系。制度与文化都是解决公司发展中人的问题，分别解决人的不同方面的问题。制度是扼制人性恶的一面，文化是引导人性善的一面；制度是硬的，文化是软的；制度是有形的，文化是无形的；制度是物质的，文化是精神的；制度是外在的，文化是内在的；制度是他律，文化是自律。制度与文化相结合，就是解决企业管理中的实质问题即人的问题，也是公司长期稳健发展的必由之路。

（2006–10–23）

文化建设

On
Management

● 企业文化的由来及其内涵

企业文化是市场竞争与管理实践的产物。企业在日趋激烈的市场竞争中，不断变革管理以取得更好的效益，实现企业由弱变强、由小到大的目标。在企业管理演变过程中，从20世纪初泰勒提出科学管理理论到20年代以后以梅奥、马斯洛、赫茨伯格为代表的行为科学学派提出“经济人”到“社会人”的转变，解决个人价值与企业价值的关系问题，这是企业文化的萌芽阶段。40年代末到50年代初，企业管理强调由经济型企业到生命型企业的转变，追求长寿型企业的经营战略目标。作为一个开放系统的企业组织，面对极其复杂的外部环境，其内部全体员工必须具有高度凝聚力与认同感，才能共同应对市场供求关系及政府政策法规的变化。这是企业文化的形成阶段。70年代末，日本企业实力的强大给美国企业及欧洲企业带来巨大挑战，证明过于僵化的企业管理模式不利于发挥人们的创造性及确立企业共存的信念，而真正决定企业生存与发展的潜在力量，是塑造一种有利于人们创新并将价值与心理因素整合的企业文化。80年代，威廉·大内的《Z理论》、特伦斯·迪尔和艾伦·肯尼迪的《企业文化》和彼得斯与沃特曼的《寻求优势》三部专著出版，引发了企业文化研究的热潮。这是企业文化的发展阶段。90年代以后，世界范围的企业文化研究更深入、更广泛，这被称作企业管理发展史上的企业文化时代。

1978年改革开放前的中国国有企业，受计划经济体制的束缚，不具备形成企业文化的条件，因为企业文化的主体是“企业”。什么是企业？可用两句话来概括：企业是利益合约；企业是心理契约。计划经济体制下的国有企业既不是独立利益体，又不拥有独立自主权，不可能形成企业文化概念。随着改革开放的推进，市场竞争机制和国外先进管理理念与经验的逐步引入，国有企业改革的深化，多种企业形式的出现和发展，我国企业在80年代中期引进企业文化概念，并结合实际状况，加以消化、吸收、发展，形成社会主义市场经济条件下的中国企业文化。进入21世纪，在中国加入世界贸易组织（WTO）之后，适应经济全球化和技术信息化的新时代要求，企业文化日益成为企业生存与发展的决定性因素，对企业文化的研究成为社会各界关注的重要课题和热点话题。

从国内外企业文化产生与发展的历程来看，企业文化与市场经济和企业管理有着密不可分的内在联系。以日本松下电器公司的企业文化为例。1994年笔者在日本参加企业管理国际学术交流会期间，考察了松下公司，深感松下幸之助于1918年创建的灯泡制作社之所以能发展为今天世界500强中的松下电器公司，企业文化至关重要。松下公司虽然经历了创业、成长、裂变、曲折、并购、壮大一系列内外变革过程，但作为企业文化的核心理念和松下精神始终表现为“顾客第一”，公司目标是把“顾客第一”理念传递给世界上每一位顾客和商业合作伙伴，将其贯穿于公司管理全过程。再以我国海尔集团公司为例。1984年张瑞敏接手的是一个不仅亏损还有负债的电冰箱小厂。面对竞争激烈的家电市场，张瑞敏对无序无效的质量管理进行变革，并把“日事日清、日清日高”的管理目标落实到每个人、每天、每个环节。20多年来，企业把创新理念贯穿在技术、业务、产品、组织、产业各个领域，使海尔成为拥有 5 万多员工、营业额超过 1 000 亿元、在海外建立 20 多家工厂的世界知名企业。其成功秘诀是在市场竞争中求变革，在企业管理中求创新，把“变革与创新”的海尔核心价值理念贯穿在企业经营全过程中。张瑞敏的管理格言是：“企业一旦站到创新的浪尖上，维持的办法只有一个，就是要持续创新。”海尔文化是延续的、长远的、根本的企业价值观。

本文从两个视角来研究企业文化：一是从纵向的历史进程来考察企业文化概念的来龙去脉；二是从横向的具体企业来考察企业文化的形成及其在市场竞争与企业管理中的地位和作用。两方面的深入研究，具有重要的理论价值与实践意义。在理论上，有利于把企业文化概念与市场经济规律和企业管理原理有机地联系起来，避免对企业文化概念的抽象化、空洞化理解；在实践上，有助于企业从实际出发形成有特色的本企业文化，防止出现企业文化的雷同化、表面化现象。

什么是企业文化？企业文化是为实现企业经营目标而具有凝聚力的全体员工认同的价值观。这个定义表明企业文化包含两个层次的基本含义。

第一，企业文化的目的是实现企业经营目标。

企业文化概念中的“企业”与“文化”两者的关系必须摆正，不能本末倒置，主次颠倒。其中，“企业”是主体、是目的，“文化”是手段、是过程。不管人们对文化这个概念的范畴有何种界定，文化都是人类创造物质财富的精神化的结晶。任何文化内容都必须通过物质产品才能表现出来。企业在生产物质产品的过程中，也生产出精神产品。物质产品与精神产品两者之间既有联系又有区别，但不是平行关系，而是“器”与“道”的关系。所有的道都要通过器才能显现出来，没有离开器的道。器与道的关系类似于皮与毛的关系。我国古语云：皮之不存，毛将焉附？不围绕企业的生存与发展去建设企业文化，企业文化就不能实现企业经营目标。

企业要有文化，没有文化的企业，是没有理念、没有精神、没有灵魂的企业，是不能持久的短命企业。但是，也不能脱离企业去空谈文化。文化若不能实现企业经营目标，就不是企业真正需要的文化。

企业制定经营目标，是要找准本企业在市场中的定位，明确企业发展方向，做出有效的企业战略决策。企业文化建设必须紧紧围绕企业经营目标开展各项活动。企业经营目标既包括企业总体目标，又包括分层次、分部门的具体目标。应当实行目标管理，层层分解目标，有效地处理总体目标与具体目标的关系。与此相适应的企业文化建设，也应当落实到各层次、各部门、各岗位乃至每个人，形成强有力的企业文化力量，推动企业经营目标的实现。企业文化是企业发展的灯塔，给企业一个指引，一个方向，一种信心，照亮企业的未来。

第二，企业文化是具有凝聚力的全体员工认同的价值观。

企业文化是企业价值观的体现。企业价值观是企业理念和企业精神的综合与概括。从企业文化形成的具体过程来看，早期创业者的个人理念和精神状态对企业文化的形成有很大的作用。这种状况导致社会上有人把企业文化叫作“企业家文化”。当然，不可否认的是，创业者个人理念及其精神对企业文化的形成具有重要影响，但不能把企业文化与企业家文化等同起来。企业价值观的形成与选择，既受到创业者个人的影响，又受到企业外部的客户导向及社会环境等各种因素的影响，而且是在长期的市场竞争与管理实践中总结出来的。应提倡后人对前人的创新，不应只是前人为后人的安排。企业文化是创业者、管理者、作业者及各类人员达成的共识。企业价值观反映的是支配企业生存与发展的核心理念和基本精神，是企业在长期实践中总结、学习、提炼出来的，要经历从感性到理性、从自发到自觉、从必然到自由的过程，能够适应时代变迁和环境变化的要求。企业价值观的选择，是企业生存与发展过程中的基本选择。一旦选定了，就不能摇摆不定，就应当坚持、完善、发扬。对企业价值观的判断，在不触犯法律和违背基本道德规范的前提下，一般没有对错可言，应由企业在市场竞争与管理实践中的效果来检验。实践是检验企业价值观的标准。

企业文化所体现的企业价值观，必须是具有凝聚力的全体员工认同的价值观。所谓“认同”，是指融在员工思想中，化在员工血液中，做在员工行为中。作为深层次文化的企业价值观是隐藏在员工思想深处，支配员工行为的理念、精神、信仰和思维方式，是言行一致、自觉自愿和难以改变的稳定力量。从这个意义上，企业文化具有深刻性、持续性、稳定性的特征。当企业内部条件与外部环境变化时，企业文化能持久地贯穿企业员工行为的全过程。所谓“凝聚力”，是指以个体行为为起点、群体行为为基点、组织行为为目标的共同价值观，是个人价值与企业价值的有机统一，是企业所有人员齐心协力的无形力量。企业文化是全体员工约定俗成的精神价值和工作方式。企业有了内部凝聚力，才能有外部竞争力。应避免企业内耗、盲目攀比，提倡维护企业价值，追求企业整体发展。

企业产品业务可以变，公司股东员工可以变，但作为企业价值观的核心经营理念却必须是延续的，这正是薪火相传的企业文化对企业生存与发展所表现出的支配与稳定作用。例如，1802 年创建的美国杜邦公司，以生产炸药产品起家，其间生产过尼龙、化纤、化工产品，今天则是一家生物科学公司。从早期家族制发展到后来的股份制，再到现在的社会化的全球大型跨国公司，公司股东换了 10 代，董事换了 12 代，经理换了 15 代，但作为杜邦公司文化的核心价值理念即“科技创造奇迹”，不仅延续了 200 余年，而且随着时代的变迁，特别是到 21 世纪面临经济全球化、技术信息化的挑战后，变得日益重要，成为公司生存与发展的无价之宝。再如，1865 年创立的芬兰诺基亚公司，当初是一家生产纸浆的小企业，后来以生产橡胶和木材产品为主，至今一些芬兰老人仍会把诺基亚的名字与儿时穿的胶皮靴子联系在一起。进入 20 世纪 90 年代，诺基亚公司以“世界名牌移动电话制造商”的头衔为世人所瞩目，靠的是什么？靠的是诺基亚公司文化即“科技以人为本”的核心价值理念，适应瞬息万变的电信科技发展的时代要求。诺基亚的产品变了，技术变了，但作为诺基亚公司文化的价值观一直是支配公司变革的无形力量。

企业价值观是企业在长期实践中形成与遵循的基本信念和行为准则。企业价值观决定着企业及其全体员工的行为取向和判断标准。企业价值观既是一个理性概念，又是一个具体概念，随时随地都在影响企业的各项经营管理活动。企业价值观是由诸多要素构成的一种价值体系。社会主义市场经济条件下的中国企业在生存与发展过程中，面对的内外基本要素包括企业内部的四种人（股东、董事、经理、作业者）和企业外部的四种人（客户、债权人、政府、社会公众）。企业价值观就是建立在对各种人利益判断的基础上并加以协调与综合的结果。企业价值观的实质是一种利益观。企业价值观的具体表现形式是多种多样的，包括市场观、发展观、质量观、人才观、效率观、公平观以及这些观念之间的相互关系。企业价值观的本质是共同的，但每个企业的价值观又有各自特色。由于企业所处的行业、地区、外部环境不同，历史演变、现有规模和内部条件有差异，每个企业在价值观的选择方式和具体形成途径上各不相同，既包括对本企业实践经验的总结与升华，又包括对中华民族文化与社会文化精髓的汲取，还包括对国内其他企业及海外企业的有益理念的学习和借鉴，因此，没有千篇一律的企业价值观。

企业价值观不仅是支配全体员工的内在理念，更外化在全体员工的具体行为之中。检验企业价值观是否有效的科学方法，是通过观察对照行为物与企业价值观两者之间是否一致。这里讲的“对照行为物”主要是指企业制定的各项制度及其落实。成功的企业文化往往体现在员工手册的规则及其细节落实保持高度一致。因此，企业制度与企业文化是相辅相成的，共同促进企业发展。企业制度与企业文化是企业发展的两大支柱。制度与文化是并存的两个概念。既不能用企业制度替代企业文化，也不能用企业文化替代企业制度。企业制度是有形力量，抑制人性恶的一面，企业文化是无形力量，引导人性善的一面。企业制度是硬的，企业文化是软的，办企业必须软硬兼施，双管齐下。企业制度是外在约束，企业文化是内在力量，两者发挥各自作用并相互配合是国内外成功企业的秘诀。企业制度涉及的范围很广，包括产权制度、组织制度、管理制度诸多方面；管理制度又可分为生产管理制度、营销管理制度、科技开发管理制度、人力资源管理制度、财务会计管理制度以及更具体的各项规章制度。企业制度的制定及实施过程，是一个复杂的工作系统。因企业内外情况变化和信息采集与加工的误判而导致制度失误的现象往往难以避免。问题不在于企业是否失误，而在于企业价值观中应当具备防范错误与矫正错误的基本理念和思维方式。因此，纠错机制是企业文化的重要内容。企业制度与企业文化在相互交融的演进过程中不断优化，臻于完善。

企业文化与企业制度相互交融的结合点在于企业中各类人的素质。坚持“以人为本”的企业文化建设和企业制度创新，关键在于：第一，提高每个人的素质；第二，提倡团队精神和协调与合作意识；第三，处理好制度与人的关系。其中，个人素质包括每个人的自立、自重、自尊、自强、自律品质，积极向上的心态和正常稳健的心理习惯，工作中的责任感、上进心、成就感、认真、诚实、守信、风险意识、创新精神。形成通过了解人、尊重人、关心人、团结人、发挥人的长处来做好各项工作的良好人际氛围，是企业文化与企业制度的起始点和落脚点。

（原载《改革开放三十年中国企业文化成果大典》，2008）

● 企业文化研究将呈现深化、扩展的趋势

我从事企业管理专业的教学、研究、咨询及学术工作近半个世纪，深感企业文化对企业管理的重要。我是从企业管理专业的视角深入企业文化领域的，与在座的各位专家、学者、教授一起，从各自的专业、不同的视角共同研究企业文化这个课题。

1978 年改革开放之前的国有企业，只有思想政治工作概念，不存在企业文化概念。1978 年国有企业改革和民营企业兴起，中国企业在国内外市场竞争中逐步引入了企业文化概念。1988 年成立的中国企业文化研究会，正是适应了企业文化理论与实践的要求。

中国改革开放 30 周年与中国企业文化研究会成立 20 周年的关系，反映了市场经济发展过程中企业与文化的关系。今年，中国企业文化研究会的工作将呈现深化、扩展的特点。在理论上应深化研究企业文化的相关内容，在实践上应扩展企业文化的应用范围，以利于我国企业在国内外市场竞争中长期健康地发展。我建议对以下三个问题应予关注：第一，企业文化的内涵。应科学地界定企业文化概念及其内涵，避免形式主义、表面化。第二，企业与文化的关系。既要发挥企业文化对企业发展的作用，又要处理好企业文化与企业管理及其各项工作的关系，防止顾此失彼的极端现象。第三，形成本企业文化。

企业文化既是本企业长期实践的结晶，又要吸收企业外部文化（包括中华传统文化和海外优秀文化）的有益之处，还要反映创业者、企业家、管理者、作业者对本企业文化的共识。形成企业文化的过程，就是使企业内部所有人员形成合力的过程。只有企业内部具有凝聚力，企业外部才有竞争力。企业文化是社会文化的亚文化，形成企业文化的过程，就是协调企业发展与社会（含经济、政治、文化）进步的过程。企业取之于社会，用之于社会。形成企业文化的关键在于处理好企业文化与企业制度的关系。企业制度和企业文化是企业发展的两大支柱。中国企业文化的形成及发挥其对企业发展的作用，仍需我们共同努力，任重道远。

（原载《中国企业文化研究》，2008（4））

● 转型期的文化焦虑与企业文化创新

——在“中国企业文化建设山东峰会”上的发言

一、转型期的文化焦虑表现及其原因分析

转型期的文化焦虑表现在诸多方面，从企业角度来讲，文化焦虑有如下表现：第一个是产业重组。企业在产业重组与企业并购过程中，被重组的企业、被兼并的企业以及兼并企业，它们在文化上都有差异。也就是说，无论是兼并方还是被兼并方，都不适应双方原来的文化，这样就会产生冲突。在产业重组中，没有解决企业兼并重组的文化问题，这就产生了文化焦虑。第二个是产能过剩。所谓转型，突出的问题就是要解决产能过剩。过去，产能过剩依靠政府的行政手段来调整，但是，现在通过市场的方式来进行。在解决产能过剩的过程中，有些手段就要退出历史舞台。一些原来所谓高速度的产业，就出现下降，这就是“新常态”。现在产能过剩了，要调整，要转移，原来适应高速度的文化就不适应了。适应高速度的文化，不适应产能过剩，导致了环境污染等生态问题。这就发生了文化冲突。第三个是创业、就业和职业生涯当中的困难和焦虑。现在国家层面高度重视创业，但在创业过程中也要解决很多文化问题，例如，就业、职业生涯的设计都存在文化冲突、文化焦虑。之所以产生这种焦虑，本质上还是观念问题。

企业转型的压力之一表现在文化焦虑上。那么企业转型时期为什么产生文化焦虑？从企业文化建设角度分析，有两方面的原因：第一，企业内部的原因。反映出我们的企业文化建设到了新阶段。过去，企业文化建设处在高速度下、政府扶持和优惠政策下，现在碰到了转型、调整、产能过剩，创业、就业等现实问题，企业内部就产生了压力，原来的那一套企业文化实践、企业文化理念就不适应了。第二，社会原因。转型期的文化焦虑，不仅有企业内部原因，还有企业外部原因，这就是社会原因。不能都埋怨企业，既有内因，又有外因。市场竞争越来越激烈，导致社会上的一些不规范行为。比方说，认真研发新产品，按规则来做的，不赚钱；违背市场竞争、不讲诚信、假冒伪劣的，倒赚了钱。就是说，现在诚信出问题了，实际的结果，按经济学来讲，叫作“劣币驱逐良币”。这就是说，好的企业赚不到钱，真正去研发好产品需要花时间和精力，结果却赚不到钱。歪门邪道、坑蒙拐骗却赚到钱了。原因是，对不良行为的打击不够。

除了市场本身，企业文化焦虑，实际上是全民社会焦虑的一种反映和延伸。社会焦虑、全民焦虑、集体焦虑，会影响到企业。所谓焦虑，就是说，现在企业在国内市场竞争中，精神不定，心神不安，心态紧张。它想好好干，又担心赚不到钱，这是一种矛盾的心态、焦虑的心态。这个心态给企业、社会带来文化冲突。社会转型、体制转型，各种矛盾交织在一起，新的规则体系没有建立起来，旧的体制没有完全退出历史舞台，各种风险共生，这些加重了人们不切实际的高期望值的心态。我把它叫作“透支未来”。在这种情况下，人们对社会不满的情绪就会慢慢增加，并可能到企业里去发泄。所以，今天企业转型期的文化焦虑是社会焦虑的一种延伸和表现。解决这一问题需双管齐下，既要从企业内部解决，又要从社会解决。

关于转型期的文化冲突，不仅中国存在，外国也存在。但不同的是，中国现在是一个世界性的加工厂，在国际上没有自己的主导产业。其他国家在发展过程中，也出现过产业的调整、变化。比如，20世纪80年代，美国制造业被认为是夕阳产业，于是美国制造业向外扩张，包括将工厂转移到中国，美国国内则发展金融业、房地产业、第三产业。但是，实践证明，到80年代末90年代初，美国制造业的国际竞争力严重弱化，其汽车、钢铁业在国际上的竞争力大幅度下降，导致美国2008年爆发金融危机。但是，在2008年金融危机后，美国重新认识到制造业的重要作用。所以，2010年美国提出再工业化。再工业化，就是说拥有高端的IT产业及其制造行业，包括新能源装备、大飞机等。德国实际上也有过这样的调整。德国其实在制造业方面超过了美国，因为德国现在提出4.0。它1.0是机械化，2.0是电气化，3.0是自动化，4.0是智能化。德国有一套文化基础。我们对于与德国、美国的差距还认识不足。国外也有过转型期的文化焦虑，但是他们很快地解决了这个问题，我们现在正处于解决此问题的过程中。

二、危机文化是企业文化创新的方向

现在转型期碰到的文化焦虑，有企业文化的原因，也有社会文化的原因。企业文化是社会文化的亚文化。我们研究企业文化，要与社会文化连在一起。中国现在的企业文化建设出现了拐点，怎么才能解决企业文化中的焦虑问题？答案是企业文化创新。企业文化创新的方向是确立危机文化的创新理念。但是，在中国讲危机远比国外难。优越性谁都讲，但一讲到危机，大家就回避了。那么，现在转型期的文化焦虑，恰恰逼我们提出危机文化的概念，确立和实践危机文化。我们经常讲，企业文化是价值观的表现。那么，企业价值观有什么特点？总体来看，企业价值观主要有这么几个特点：

第一个特点是有用性。我们要立足企业来研究企业文化。企业有自主权、有独立性、有价值来确立它的危机文化。这个有用性就是企业未来的生存与发展。今天，企业转型期面临生存与发展的风险，为此它们要确立新型的价值观、新型的企业文化，这就是企业文化创新。过去，我们有创新文化，今天我们讲的是文化创新。此外，整个企业文化的价值观要创新，要发生变化，这个创新要围绕着有用性。

第二个特点是可衡量。要可衡量，既有定性的，又有定量的。这个衡量，最主要的是性价比，意指企业要占领这个行业价值链的高端。可衡量，不是抽象的口号、标语，要为企业带来更多的价值，使价值最大化。

第三个特点是持续性。有的企业文化是短命的，甚至换一个老总，就换一种企业文化，没有持续性。企业文化要通过时间来检验，像杜邦存在200多年，还坚持它的企业文化。所以，企业文化是具有可持续性的。我们有的企业各领导之间有不同的看法，无法形成一个完整的企业文化。从时间上来说，企业文化理念、价值观应该有可持续性。所谓持续性，就是成为长期偏好的行为方式。企业文化是一种行为、一种习惯，体现在员工发自内心的行为。

第四个特点是组织性。企业文化是全体员工认同的凝聚力。企业是一个组织，企业文化是组织的文化。从空间来说，它是全体员工认同的。

可以用这四个标准来检验现在转型期的企业文化创新。不管什么情况下，企业的理念、规则、机制、习惯，必须能长期站住脚。危机是最好的企业检验器，企业在顺利的时候可以过关，碰到困难就倒下去了，这样的企业文化不是真正的企业文化。企业文化主要看能不能适应企业生存与发展，最终还是要在市场中来检验。在顺利地将产品卖出去的时候，谁都能成功。产品卖不出去，产能过剩，成本太高，这时企业文化就受到了检验。危机是检验企业文化的最好方式。

针对转型期企业文化的讨论非常好。过去的企业文化面对新常态出现了危机。危机对企业文化的凝聚力、牢固性、生命力是最直接、最实际的检验。如果你的企业文化经历了危机、经历了转型期而不衰，就证明企业文化有凝聚力、牢固性、生命力。危机是对企业生命力的最好检验，是对企业文化能不能延续的最好检验。所以，企业文化创新的方向是危机文化。

危机是什么？危机就是对企业的产品、生意、市场造成潜在的破坏。许多企业认为危机是突发的风险，危机来了就措手不及，就出现前面所讲的文化焦虑。有些企业回避、躲避危机，甚至欺骗市场，企图减少危机导致的损失，实际上既没有解决危机，也没有克服危机。危机的存在不可怕，可怕的是我们在危机面前，没有看到它的实质。危机的实质，既有危险、有危害，也有利。危机文化最主要的是能看到危机中的机遇，有效地把握转型中风险的化解。危机两个字实际上是指代危中有机。危机，不能简单地说是坏事还是好事。可以说，既是坏事，又是好事。坏事是打乱了你原来的秩序，好事是让你建立新的秩序。所以，危机并不可怕。其实，企业随时都会面临亏损、倒闭，这本身就是危机。市场客观存在着危机。危机对企业是客观存在的，关键是企业能否认识到。

现在的问题是，如何消除文化焦虑。要以危机为契机，把危机和企业文化连在一起，要有危机这种文化意识。转型期企业考虑的问题，不能简单停留在原来那个产业状态下，而应考虑新的危机，如何解决它。所以，危机文化，要化压力为动力，化风险为机遇，积极进取，勇敢前行。危机文化迫使企业不断地整合资源、创造价值，摆脱危机中不利的局面，创造未来生存的主动权。

面对危机，企业要永远积极地、主动地应对。在转型的时候，企业要保持信心，把危机作为学习的机会，从中汲取教训，把坏事变成好事。危机给企业带来很大的压力和风险，也带来了难得的发展机遇。所以，我觉得我们要把各方面转型的压力转化为危机文化，进一步提升企业。总体来看，现在是中国企业文化建设的最佳时期，希望全国的企业面对现在的转型期，面对未来任何的风险，树立危机文化意识，以使中国企业生存与发展下去。确立危机文化，是企业文化建设的一个新起点、一个转折点。

中国的企业文化建设处于一个新转折期。企业文化有明显的路径依赖，有惯性，习惯于旧常态的企业文化不适应新常态。新常态企业文化就是危机文化，旧常态文化也有各种各样的文化，但不适应现在转型的需要，不能应对未来的发展。现在，企业面临着产业大洗牌、世界大洗牌，要有紧迫感、危机感。转型期的文化创新，最主要的是确立危机文化，这是一个转折点。企业文化没有终点，只有起点。企业文化建设是一个循序渐进的过程。企业文化需要不断的总结、提炼。现在需要研究转型期企业危机文化是怎么产生的，以使我们中国的企业能在世界上站稳脚跟。企业文化核心理念的形成是一个过程，从客观到主观，从感性到理性，不断地提炼、提升。核心理念，核代表规律，心代表感悟，理代表思维，念代表执行。总的来说，危机文化是现阶段企业文化的最高境界。什么时候确立了危机文化，企业文化才有生命力。到达不了危机文化，就很难应付转型期的文化焦虑。要确立危机文化，就要认识到自己与世界是有差距的。危机文化是企业文化在市场经济关系上的体现。企业文化的产生和发展来源于市场经济，来源于新生事物的发展。危机意识是对新生事物的基本理念、基本的价值观。

三、企业文化创新与业务创新、制度创新的结合

研究企业文化，不能就文化研究文化，而是需要注意“企业文化”这四个字，企业是主体，要落实到企业。什么是企业？企业是利益合约，是心理契约，是文化的载体。因此，企业文化建设、企业文

化创新，不能离开企业的业务创新和制度创新。如果不能实现企业经营的目标，就没有真正的企业文化。在这里提危机文化，就意味着要使企业生存与发展下去。企业文化创新、危机文化的确立，一定要落实到企业的业务创新和制度创新中，不能离开企业的业务创新和制度创新抽象地去讲企业文化。

企业的业务创新，就当前来说，应从以下几个方面来进行；第一，市场创新。最主要的是企业要找到自己的市场。当前中国的制造业大多处于中低端，高端的寥寥无几。危机文化有助于使中国的制造企业在国际市场竞争中占领价值链高端。市场创新也是要占领创造高附加值的高端价值链，所以不能离开市场创新来讲企业的危机文化。第二，科技创新。科技创新是个大概念，其中最主要的内容之一是企业的研发创新。当前中国的研发比率很低，有的企业几乎没什么研发。第三，人才创新。“人才”是一个很重要的概念，这个词出现在汉语当中。在英文里面人与才是两个词，“人”是“human being”，“才”是“talent”。“人才”这个词在中国有多种理解。实际上，现在强调的“人才”是人中之才，不是人与才的并列。“人才”这两个字，从危机文化来说，更强调“人”。人才，是人中之才，才中之人。企业文化的实质，就是“化人”，就是“人化”。现在根本的问题是人的素质不适应市场的需要。所以，企业文化的目标是塑造市场竞争中高素质的人。这个人要有才能：一是过去的能力，二是现在的能力，三是未来的潜能。现在的危机文化更强调发挥人的潜能，所以招聘人就要看人的潜能。现在招聘人看的是过去的业绩。危机着重讲未来，讲能不能把企业的潜能挖掘出来。

如何看企业文化创新与制度创新？它们的功能性不一样。企业文化是软的，企业制度是硬的。企业创新要软硬结合，双管齐下，切忌片面、刮风、孤立。文化引导人性善的一面，制度抑制人性恶的一面。文化是内在的，制度是外在的。人是在文化中生存的，在制度中成长的。企业制度创新的方向，就是建立现代企业制度。现代企业制度包括三个方面，产权制度要改革，组织制度要完善，管理制度要创新。企业文化创新要与业务创新、制度创新相结合。

（原载《日照企业文化》，2014（11））

● 企业文化与企业制度是企业发展的两大支柱

国内外成功企业的发展实践表明，企业稳健成长和长寿的关键在于企业制度的延续与完善。在市场经济条件下，企业作为社会生态环境中的有机体，从诞生之日起就经受着“适者生存，优胜劣汰，市场选择”的检验。一般说来，在创业初期，凭着创业者的胆识和能力，企业较容易渡过难关。当企业发展到一定阶段，单纯依赖个人魅力已无法满足企业发展的要求，容易出现无法长大的现象。此时企业制度创新便成为企业发展的基本动力和持续发展的战略保证。对中国国有企业发展来说，企业制度创新就是建立现代企业制度，包括现代企业产权制度、现代企业组织制度、现代企业管理制度。

企业制度的建立与实施是通过人来实现的，而人的品质、意识、观念及诸多要素会从各个层面影响到企业制度的形成与完善。这就体现出企业文化对企业发展的影响和作用。企业文化是为实现企业发展目标而具有凝聚力的全体员工认同的共同价值观。企业价值观是市场经济条件下衡量企业发展程度的基本标志。企业文化和企业制度是决定企业发展的两大支柱。

在企业发展过程中，企业文化引导人性善的一面，企业制度约束人不利于企业整体发展的一面，两者相辅相成，共同促进企业的健康发展。企业通过各类制度来约束人的行为，使其沿着企业制度规定的轨道来运行，达到规范化、标准化、制度化的要求。所谓“大道无形”，是指真正约束员工的不是看得见的制度和程序，而是企业文化所产生的无形力量。企业文化建立在共同信任和道德规范基础上，是企业发展的永恒力量。只有建立起一种强大的企业文化，才能使各项企业制度真正成为全体员工的自觉意识和共同行为。企业文化与企业制度保持同一基调，才能保证企业发展的稳定性与持续性。

企业管理是企业发展中的基础性工作，必须使企业文化与企业制度在企业管理全过程发挥作用，其核心问题是使人的素质符合企业发展的要求，以提升企业的市场竞争力。市场经济条件下人的素质是什么？主要有以下几点：第一，诚信。人要有诚信，包括诚实、不欺骗，但在法制不健全的社会往往是老实人吃亏，守规矩的人吃亏，搞歪门邪道的人却占了便宜。抱怨没有用，应从自身做起。第二，尊重。主要是尊重别人，容忍差异，用比较温和的方法来解决管理中的争议，不要动不动就上纲上线。在管理问题上要宽以待人，严于律己，取人之长，补己之短。什么叫管理？管理就是通过别人来做好工作的过程，不是把自己看作高人一等。第三，责任。管理要强调每个人做好本职工作，特别是领导者要以身作则。要强调自控自律，要谨慎可靠。企业管理不能离开责任。什么叫管理者？管理者就是对别人工作负责的人。推脱责任的人不是好管理者。管理者不应把功劳归自己，把利益归自己，把责任归别人。第四，公正。管理要按规章办事，不存偏见，不推诿过失，要倾听别人的意见。第五，关怀，包括善良、热情、宽容、助人。第六，公德。公德强调参与、和睦，尊重年长的人，要遵纪守法，保护环境。管理实际上涉及十分具体的每个人的行为举止问题，不是讲大道理，不是讲抽象的原则。管理就是行动，管理就是实干，管理就是具体，管理就是细节。

总的来说，企业管理应该讲究对每个人的素质培养，使其自立、自重、自尊、自强、自律。自立，就是要有自主意识，自己动手。自重，就是要有自信心，有明确目标的能力，有承担风险的能力。自尊，就是要有责任心。自强，就是要有创新意识，开拓精神，表现能力。自律，就是要讲信誉、信用，具有自我控制的能力。以人为本的管理就是强调个人，要尊重人性，尊重个性。

对企业发展来说，不仅应重视个人的素质培养，更需要提倡团队精神，形成企业凝聚力，这既是企业文化的内涵，也是企业制度的要求。企业所有员工的最高目标应该是企业的利益，不是个人利益。这里讲的团队与传统的集体概念不完全一样，传统的集体概念，是牺牲个人利益，为了集体利益，又加上“主义”两个字，这里讲的团队建立在尊重个人利益的基础上，承认个人利益的基础上，但是，个人利益要服从企业利益、团队利益。那么团队精神靠什么？靠企业文化。现在企业文化有扭曲的地方，主要有两个偏向：一是把社会上的口号拿来变成企业文化，内容雷同，讲拼搏、讲奋斗、讲奉献等一大堆。这样企业文化就走了样。二是把企业文化简单化了，认为搞点文艺活动、表演、比赛就叫企业文化。这些虽然也是企业文化，但只是形式，不是实质。企业文化最实质的内容是什么？是为了实现企业发展目标而具有凝聚力的全体员工认同的共同价值观。企业必须要有企业文化，管理没有企业文化是不行的。

为使企业文化与企业制度在企业发展过程中切实起到支柱作用，应当处理好企业管理工作中的人与制度的关系。人与制度的关系是：制度要由人来制定，制度是死的，人是活的。有了好制度，还要靠人来遵守，所以人是很重要的。但这个人是具备以下两个要素的人：第一，个人素质要好；第二，有团队精神。我们不能离开这两个前提来讲人，否则，这个人是扭曲的。

制度与人的关系还体现在：人是暂时的，制度是永恒的，制度寓于企业管理的每一项工作之中。比如说质量，它不单纯是质量管理方法，关键是质量制度。海尔的质量管理，是制度性的管理，是维护一种质量管理制度。员工心中有客户，这是海尔企业文化的具体表现；科技创造奇迹，这是杜邦公司文化的具体表现。人不是机器，他是带着头脑上班的，要有一种制度来规范其言行。人是暂时的，制度是永恒的、延续的。中国的一些企业，老总在位时赫赫有名，一旦这个老总离开了，这个企业的管理就急剧滑坡，说明这个老总没有留下制度。这种老总不值得表扬，应该表扬的老总是那些离开企业以后，企业的管理还能延续下去的，为什么？因为他延续了制度，他不把个人凌驾于制度之上。任何有才能的人，都要把他的精力、他的才能放在研究建设一个好的制度并将其延续下去上。企业管理要靠几代人来解决，靠制度来延续。制度安排是一个决定性的安排，制度设计非常重要。企业管理如果制度不完善，不规范，很混乱，我们就不能相信这个企业管理是好的。管理工作好是暂时的，管理制度好是永恒的：制度好，坏人难以得逞，歪门邪道遭难以得逞；制度差，坏人会钻空子，好人可能会变成坏人。因此，制度和人的关系寓于每项管理工作当中。所以每项企业管理都应该既有制度，又要发挥人的作用，这是中国企业管理必须解决的一个难题，也是不能回避的现实问题。

（原载《中国企业文化》，2003（11））

● 企业文化建设中的制度创新与人本管理

一、制度创新与人本管理是企业文化建设的内核

企业文化是为实现经营目标而具有凝聚力的全体员工认同的价值观。所谓认同，就是融入员工思维中，内化于员工心中，践行于员工行为中。企业文化与企业制度是企业发展的两大支柱，相辅相成，彼此补充，融为一体。企业文化建设与企业制度创新的共同点，是坚持实现以人为本的企业管理。因此，制度创新与人本管理是企业文化建设过程中必须解决的问题。

现阶段的中国企业制度创新目标是建立与完善现代企业制度。现代企业制度是国有企业改制和民营企业建制的共同方向。国有企业的改制和民营企业的建制，虽然有着各自的途径和方式，但殊途同归，其共同点是建立规范的现代公司制度。现代公司制度是现代企业制度的具体表现形式。现代企业制度是由现代企业产权制度、现代企业组织制度、现代企业管理制度三个部分构成的。因此，必须从产权制度、组织制度、管理制度三个方面入手，形成各类企业（主要是各类公司）的制度保障体系。这三个部分的企业制度创新内容，是相互联系、相互补充、缺一不可、统一整体的关系，其中产权是前提，组织

是保证，管理是基础。产权涉及企业的财产及利益问题，组织涉及利益前提下的职责与权限划分问题，管理涉及企业的战略制定及其实施过程中的各项基础性工作和精细化操作问题。

企业管理制度是为了使企业内部各项管理工作制度化。中国企业的科学管理主要体现在：第一，制度管理；第二，有序管理。要改变企业管理工作中做法的随意性，管理制度化就是摆在我们面前的首要任务。所谓科学，就是针对各类企业的制度化管理。精细化管理的成败在于制度化管理。管理的精髓就是系统思考和化繁为简。

以质量管理为例。我国从 20 世纪 80 年代起就讲质量，强调全面质量管理，但产品质量、工程质量、服务质量都不能令人满意，与市场竞争的要求相比，差距还很大。各项管理工作、管理方法要改进，尤其是各项管理工作要从无序状态转为有序状态。

二、中国企业管理制度的建设要解决的问题

（1）企业管理制度的建设要与企业形态结合起来。企业形态可以分成三大类：一是小微企业；二是大企业，以大公司为代表；三是大企业的变形体。大企业的第一个变形体在中国叫企业集团，在国外叫跨国公司。中国的企业集团应该瞄准跨国公司。跨国公司与小微企业不同，是差别很大的不同企业。大企业的第一个变形体是企业联盟，是在跨国公司基础上的联盟。它在竞争中有合作，合作中有竞争。小微企业发展到跨国公司之后，其管理就要讲究合作，否则就会受损失。因此，我们不要把双赢的原则，竞争、合作等都套到所有企业的管理之中，那就违背了企业形态的区分。

（2）中国企业管理制度的建设要与市场结合起来。中国企业管理制度的建设，最重要的是要解决面向市场的问题。我们要建立面向市场的企业管理制度，包括销售管理、生产管理、人力资源管理、财务管理、科技开发管理等等，一切都要面向市场。

（3）中国企业管理制度的建设要与产权制度建设联系起来。现在我们产权制度建设最大的问题就是国有股一股独大——国有独资公司。企业改成国有独资公司之后管理跟不上去，就改成上市公司，但管理还是跟不上，为什么？因为一股独大。所以产权要多元化或分散化。现在企业管理本身目标不明确，不知为谁而管理。产权制度与管理制度紧密联系，而且产权制度是前提。当然，管理是很重要的，管理是永恒的主题，管理是生产力，管理就是效益。但是，产权问题不解决，管理就缺少前提，就没有动力。

（4）中国企业管理制度的建设要与组织制度相联系。组织和管理这两个概念是相互联系的。过去，组织作为管理的一个职能，是管理四大职能（即计划、组织、指挥、控制）之一。而现代企业的组织越来越重要，因为有什么样的组织制度，就有什么样的管理制度。组织和管理的关系是：组织是保证。因为企业管理再好，如果没有组织来保证，这个管理是不能持续的。现在最大的问题是组织混乱，责任不明确。组织制度现在重点是解决两个问题：第一，企业组织结构合理化。这与企业形态有关。小微企业、大公司、企业集团中的母子公司、跨国公司、企业联盟都要解决组织结构合理化及其相关的管理问题，它们之间是有区别的。第二，公司法人治理结构规范化。公司法人治理结构，涉及内外各种人的利益关系。外部有客户、债权人、政府、社会公众；内部有股东、董事、经理、员工。公司是内外八种人的利益共同体。管理的实质就是协调这内外八种人的利益关系，保持利益的平衡，这样企业管理才能稳固发展下去。侵害任何一方的利益，企业管理都是不成功的。国内外成功企业在管理过程中都坚持以人为本的管理，都认真处理好人本管理与管理制度的关系。

以人为本的管理，以人为核心的管理，有个前提条件，即在解决了企业制度（包括产权制度、组织制度、管理制度）问题之后才来发挥人的作用。如果企业制度不规范，越讲发挥人的作用，管理工作就越混乱。有些企业的制度缺乏连续性，换一个厂长或经理，做法就全变了。所以，以人为本不能局限在强调人的重要性，忽略制度是不行的。另外，也不能认为人本管理就是调动人的积极性。人本管理要回归到它本来的含义，并不是不要以人为本。

三、需要认清人本管理的内在含义

（1）人本管理的核心是要提高人的素质。企业文化就是“人化”，就是“化人”。企业文化建设的关键在于提高人的素质。这里讲人的素质是指市场经济条件下人的素质。那么，市场经济条件下人的素质是什么？第一，是诚信。人要有诚信，包括诚实、不欺骗。但是往往是老实人吃亏，守规矩的人吃亏，搞歪门邪道的人占了便宜。我们要强化诚信意识，从自身做起。第二，是敬重。敬重最主要是尊重别人，容忍差异，用比较温和的方式来解决管理中的争议，不要动不动就上纲上线。在管理问题上要宽以待人，严于律己，取人之长，补己之短。什么叫管理？管理就是通过别人来做好工作的过程，不是把自己看作高人一等。第三，是责任。管理要强调每个人做好本职工作，包括领导者。领导者要带头，要强调自控自律，要谨慎可靠。管理不能离开责任。什么叫管理者？管理者就是对别人工作负责的人。推脱责任的人不是好领导者。管理者不能把功劳归自己，把利益归自己，把责任归别人。第四，是公平。管理要照章办事，不存偏见，不推诿过失，要倾听别人的意见。第五，是关怀。包括善良、热情、宽容、助人。第六，是公德。公德强调要尊重年长的人，要遵纪守法、保护环境。管理实际上涉及具体的每一个人的举止行为问题，不是讲大道理，不是讲抽象的原则。管理就是行动，管理就是实干，管理就是具体，管理就是细节。

总的来说，管理应讲究每个人的素质培养，使其自立、自重、自尊、自强、自律。自立，就是要有自主意识，自己动手。自重，就是要强调有自信心，要有确定目标的能力，要有承担风险的能力。自尊，就是要有责任心。自强，就是要有创新意识，开拓精神，表现能力。自律，就是要讲信誉、信用，具有自我控制的能力。以人为本的管理就是要强调个人、要尊重人性、要尊重个性。

（2）要强调团队精神。一个企业中所有人的最高目标应该是企业利益，不是个人利益。这里讲的团队建立在尊重个人利益的基础上，承认个人利益的基础上，但是个人利益要服从企业利益、团队利益。我们现在企业文化有扭曲的地方，主要有两个偏向：一是把社会上的一些口号拿来变成企业文化，内容雷同，缺乏个性。这样企业文化就走了样。二是把企业文化庸俗化，不能只重形式，不重实质。企业价值观要形成企业凝聚力，实现企业发展目标。

（3）人本管理要处理好人和制度的关系。人和制度的关系是：制度要由人来制定，制度是死的，人是活的。有了好制度，还是靠人来执行，所以人是很重要的。但是这个人应是具备以下两个要素的人：一是个人素质好；二是有团队精神。我们不能离开这两个前提来讲人的作用，否则，这个人是扭曲的。

制度与人的关系还体现在：人是暂时的，制度是延续的，制度寓于企业管理的每一项工作之中。比如说质量，它不单纯是质量管理方法问题，关键是质量制度。海尔的质量管理，是制度性的管理，是维护一种质量管理制度。人不是机器，要有一种制度来规范其言行。所以人是暂时的，制度是永恒的、延续的。有一些企业，老总在位时赫赫有名，一旦老总离开了，企业管理就急剧滑坡，说明他没有留下制度，这种老总不值得表扬。应该表扬的是其离开企业以后，这个企业的管理制度还能延续下去的老总，为什么？因为他延续了制度，他不把个人凌驾于制度之上。任何有才能的企业管理者，都要把他的精力和才能放在研究建设一个好的企业制度并使其延续下去。企业管理要靠几代人来解决，靠制度来延续。而且，制度安排是一个决定性的安排。制度设计非常重要。一个企业如果制度不完善、不规范、混乱，那么我们就不能相信这个企业的管理是好的。管理工作好是暂时的，管理制度好才是永恒的。制度好，企业的效益就能得到保证，歪门邪道难以得逞。制度差，坏人会钻空子，好人甚至会变成坏人，企业会因此丧失竞争力。制度和人的关系寓于每项管理工作中。所以企业管理工作应该既有制度，又要发挥人的作用，这是中国企业文化建设必须要解决的难题。这个问题不能回避。

（原载《中国企业文化年鉴》（2013—2014））

● 企业社会责任：制度创新与文化建设有效结合

企业社会责任是市场经济与企业实践的产物，其目标是有利于企业生存与发展。目前，中国企业在履行社会责任的实践活动中取得了明显成效，这是在对企业社会责任评价体系研究及其理论成果指导下获得的，体现了企业社会责任理论与实践相结合的指导思想。但是，必须清醒地看到，这只是处于起步阶段。今后中国企业社会责任评价工作需要重视并坚持发挥企业的主体作用。企业社会责任的前提条件是企业成为独立利益体，企业拥有经营自主权；企业社会责任的实质是处理好企业利益与社会利益的关系，具体表现为企业内外各种利益相关者的利益关系。

对现阶段的中国企业来说，有效地履行企业社会责任的关键是从两方面入手。

一是推进企业制度创新。企业制度创新包括产权制度、组织制度、管理制度三方面的制度创新，产权是前提、组织是保证、管理是基础。企业履行社会责任过程中的制度创新，有利于企业持续发展的长期行为，避免出现急功近利的短期行为。现代企业制度是国有企业改制和民营企业建制的共同方向，其建立与完善必须有利于中国企业更好地履行社会责任。

二是促进企业文化建设。企业文化建设是以人为本的经营管理理念在企业社会责任中的体现。企业文化建设包括提高每个员工的素质、发挥团队的组织精神、处理好人与制度的关系三个方面的基本内容。企业履行社会责任过程中的文化建设，就是要形成有利于履行社会责任的具有凝聚力的全体员工认同的价值观，实现个人价值、企业价值、社会价值的有机结合和完整统一。

企业履行社会责任过程中的制度创新和文化建设，两者是相互补充、相互促进的关系。制度是硬实力，文化是软实力；制度是外在的，文化是内在的；制度是他律，文化是自律。企业文化解决人的无形道德问题，企业制度解决人的有形行为问题；企业制度抑制人性恶的一面，企业文化引导人性善的一面；企业制度解决他律问题，企业文化解决自律问题。企业制度与企业文化两者要相互配套，缺一不可。企业唯有把企业制度创新与企业文化建设有效地结合起来，才能切实做到主动地、持续地履行社会责任。

（原载人民日报社《人民论坛》，2010（3））

● 从企业战略角度看企业文化

企业文化不能就文化讲文化，文化本身不是目的，充其量只能是一个过程、一种手段，它是要为企业服务的，企业战略才是根本性的问题。今天我就这个题目来讲一讲。对企业管理的研究，涉及生产管理、营销管理、财务管理、人力资源管理、科技开发管理以及成本管理、质量管理和方方面面的可粗可细的业务管理，我认为从企业战略角度看企业文化，这个题目很切合中国的企业管理现实。因为我们这个班是 CCO（企业首席文化官）的培训与研讨，所以我们的知识面要广，思路要开阔，不能局限在企业文化，不能就文化论文化，那是论不清楚的，甚至会迷失方向。所以，今天这个题目本身包含了企业文化的目的是什么，即企业文化要解决企业什么问题，也就是说要从企业战略的角度来思考企业文化。这个题目很有现实性、理论性、战略性。这个题目把企业战略同企业文化联系起来。

美国一个管理学家问微软总裁比尔·盖茨，微软在短短的 20 年间怎么就成了世界著名的企业，秘诀何在？你这么年轻就成了美国首富，个人财富 400 多亿美元，捐给慈善事业 200 多亿美元，秘诀又何在？微软的领域是高新技术，是软件，是知识经济、网络经济，而现在美国网络经济存在泡沫，经济也不景气，微软为什么还能够存在？比尔·盖茨回答他两句话。第一句话，办企业要勤奋。勤奋两个字看起来很简单，但是，我认为它属于一个文化的范畴。说句不好听的话，现在社会上存在某种倾向，即能偷懒就偷懒，既想挣大钱又不想付出。成功的企业首先看你能做多少事。应该是干多少活给多少钱，而不应该给多少钱干多少活，这就是企业文化问题。从根本上来说也是人的品质要勤奋。给大家举一个很简单的例子，在我住的那个居民区，有一个中年妇女送报纸，她每天八点之前就将报纸送到，非常勤奋。后来因为这个人勤奋就把她调到另外一个地方，换了一个小伙子来送报纸，结果刚送了两天就不见他人了，因为这个年轻人嫌苦、嫌累、嫌钱少，但他又干不了别的。这种懒惰的风气很不好。比尔·盖茨说勤奋是办企业的一个秘诀，也是做事的一个前提，是一种文化。有些企业对这种先讲报酬而不讲怎样做好工作的人，拒绝聘用。应该先讲你能干什么事，为公司、为企业带来多少价值，这才是企业文化的一个基点。现在社会存在浮躁、炒作、虚夸的风气。这三大社会风气不能被带到企业里面来，这就是中国企业文化要解决的问题。

第二句话，办企业要思考。现在有的国有企业领导很勤奋，从早干到晚，加班加点，任劳任怨，甚至身体都搞垮了，但企业并没有搞好。在市场经济条件下，只勤奋不思考也办不好企业。国外把企业叫作“学习型组织”。什么是学习？学习是提供一个场所进行思考。学习不是灌输什么杂七杂八的东西，也不是灌输什么绝对真理、永恒真理。学习就是要针对企业的内部状况与外部环境，发现问题，分析问题，解决问题。我参加了北京郊区一家公司的战略咨询活动，这家公司 1993 年创办，现在办得不错，针对新形势向专家咨询 21 世纪的公司发展战略问题。我在该公司总部大楼一层看到两句话，一是“思路决定出路”，二是“信息决定思路”，这就是一种思考。这个公司为什么会办好？就因为它在每个关键时刻都重视形成思路，找到出路。找出路的过程就是定战略的表现。战略就是给企业定位，即确定使命。今天我们在座的各位老总、经理聚集到这个地方，就是要思考怎么办好企业，公司的出路何在。北京郊区这家公司的“思路决定出路”，跟比尔·盖茨的“思考”一样，需要动脑，具有文化内涵。文化就要动脑，不动脑的文化只是标签、口号。不思考，无思路，那不是真正的学习。不能抱着陈旧观念来看待今天的企业文化。思路要变，思路决定出路。如果再深入思考一下：什么决定思路呢？这就是北京郊区那家公司的回答：信息决定思路。我们今天这种研讨会、研修班，包括讲课在内，无非是给大家提供一种信息。对每位学员来说，这种信息是否有用，关键在于自己是否动脑思考并形成思路、找到出路。有一位电力系统的老总，这几年先后听过我五次课。这位老总很爱学习，乐意参加全国各种类型的培训班。他的体会是每一次听课，只要有三五句话对自己有用，就是很大的收获，并不要求讲课者每句话都是真理。他很现实，也非常脚踏实地，目的就是解决企业的问题，包括发展战略问题。

从联想战略调整看企业文化，就要先从联想裁员讲起。企业裁员本来是件很正常的事，但在中国企业界及各方面引起了强烈的震动，有人甚至将其比作地震。裁了多少？裁了 1 000 多人，占联想全部员工的 10%。联想裁员以后，被裁的员工就在网上大骂联想，骂柳传志，说联想不是他的家。现在柳传志要面对这样的现实，深刻地思考联想是不是员工的家，企业应该提倡家文化还是应该提倡企业文化。最后柳传志回答，联想不是员工的家，联想只能提倡企业文化，不能提倡家文化，这就是企业文化对战略调整的重要性。企业不是养人的地方。企业是什么呢？企业要追求自身的生存和发展，离开企业的利益也就没有企业文化。联想为什么要裁员？这就要追溯到联想的战略调整。联想 2000 年大战 IT 产业和网络经济，战到 2003 年年底，结果亏损。为了挽救联想，联想从 2003 年年底开始到 2004 年进行战略调整，就是要裁掉这些IT业务，包括这些网络经济业务的部门、单位和员工，然后把它的资本、人力、研发集中在个人电脑PC机上。当然我今天不能断言联想这个战略调整对还是不对。国外现在对网络、信息技术、IT产业判断很不一样。有人说网络已经泡沫化了，已经走向衰退了，也有人说中国不能搞了，有一大堆问题。但也有人说IT产业并没有消亡，网络经济也没有退出，只不过现在还有一些问题。蒸汽机诞生以后，它有时候挣钱，有时候亏损，需要反复一段时间。任何发明、技术都是有一个发展过程的。咱们今天不讨论技术本身，只讨论联想，它这么做完全是为了生存和发展。所以，企业文化归根到底要服务于企业战略，服务于企业发展与战略调整。离开了战略就没有文化，文化也就没有目的。企业文化不是为文化而文化，文化本身不是目的，企业文化的目的是实现企业的生存与发展。文化的含义非常广，不能只文不化。企业文化一定要围绕企业生存与发展这个大前提。目前国内有些企业的文化是两个文化，一个是家文化，一个是国文化。国有企业是国文化，把国家利益看得高于一切，而一些企业是家文化，把个人利益看得高于一切。真正的企业文化应该是企业利益高于一切。当然，不是说国家利益不重要，需要明确国家利益的确切含义及其同企业利益的关系。国家利益对企业来说，就是要依法纳税。企业纳税是为了国家利益，不能偷税漏税。企业应该有国家利益观念，这个国家利益是遵守法律情况下的国家利益。如果企业还有国有资本，那就给国有资本分红，这也是国家利益的表现；如果没有国有资本，那就纳税。不能把社会上的一些口号都拿到企业里来，那是国家文化、社会文化，不是企业文化。企业文化是社会文化的亚文化。企业不是国，不提倡国文化；企业不是家，也不提倡家文化。企业文化要尊重个人利益，保证个人利益，但绝不是个人利益高于一切。企业搞不好，要裁员、淘汰、解聘，这是企业文化的正常现象。如果战略调整解决不了，该招人的时候裁人，该裁人的时候招人，这就不叫企业文化。柳传志说裁员必须坚定不移，这是为了联想的生存与发展，这是联想战略调整的必需。企业只有在关键时候才能领悟到企业文化的真谛。在联想生死存亡的关头，很多人告状、在网上骂联想和柳传志这就逼得柳传志不得不思考一下什么叫企业文化。教科书有许多有关企业文化的定义，但联想非常现实，它认为企业文化就是为了企业的生存和发展，没有别的目的。所以，它既不是家文化也不是国文化。为什么有些企业搞不大，搞不好？从企业文化角度来看，存在两个极端现象，即要么就是极端的国家主义，要么就是极端的个人主义。这把真正的企业文化架空了。当然，就某个具体问题来看，比如裁员问题，允许有个过程。美国 IBM 历史上曾以不裁员为荣，过去也曾经说过员工是一家人。但从 2002 年开始，IBM 不得不裁员 2 万人，占全部员工的 50%。过去日本的企业管理有“三制”，即终身雇佣制、员工序列制和工会谈判制。一直到 20 世纪 80 年代末 90 年代初，日本还在宣扬这种“三制”，而美国企业是能力工资制。90 年代的金融危机使日本的三大企业制度受到了挑战，企业开始觉醒并纷纷进行变革，它们该裁员的时候就裁员，并采用能力工资制。联想在 20 世纪 80 年代创业初期曾吸收日本企业“以公司为家”的价值观，但到 21 世纪初《公司不是家》这一出自联想员工的充满伤感的网上文章传遍社会之后，联想 20 年来着力塑造的“家”文化在战略性裁员中宣告破裂。实践表明，企业越发展越需要真正的企业文化。当然，对那些被裁的员工个人来说是不利的，是损失，这就是说企业文化要承认矛盾。企业文化是协调企业内部各方面利益的一种工具。企业文化是企业内部各种利益的调节器，不是一种抽象的信仰或主义。把企业内部各种利益冲突与矛盾调节好了，有利于促进企业稳健发展的就是成功的企业文化。企业利益是企业文化的最高利益。国有企业若不是独立的利益体，不可能做到自主经营、自负盈亏，也就不存在真正意义上的企业文化。企业文化建立在人性的基础上。人性与企业性是企业文化的两个基点。发挥个人的积极性，必须以企业制度为前提，比如招聘、报酬、考核、裁员这一套要有制度。企业文化不能脱离企业制度。企业制度是硬的，企业文化是软的；企业制度是有形的，企业文化是无形的；企业制度是物质的，企业文化是精神的；企业制度是外在的，企业文化是内在的；企业制度是他律，企业文化是自律；企业制度抑制人性恶的一面，企业文化引导人性善的一面，两者是相辅相成、相互补充、缺一不可、彼此促进的关系。企业文化是以企业制度为前提的。所谓信用关系的建立，是以对人的不信任为前提的，然后通过制度约束来达到信任。比如借贷关系中，甲把钱借给乙时，甲首先考虑到如果在乙不还钱的情况下该怎么办，然后他们就规定一个制度，来约束乙必须按时还贷。若不还贷就给予乙惩罚。所以，必须要有一套制度来保证企业文化的实施。企业文化绝不是什么空头号召、单纯说教、主观愿望。离开了企业制度，企业文化就一事无成、难以实行。从企业管理演变过程来看，20 世纪 30 年代出现了行为管理学，后来才有了组织行为学。实际上，组织行为学涉及的就是企业文化的组成部分。企业文化是在组织行为学实践基础上的升华，发展为更高级的对人的研究。

从企业战略要解决的问题来看，首先要明确企业战略的界定及其作用。

关于企业战略的界定，主要有四种。第一，战略是确定企业目标。战略与战术不同，战术是实现目标的措施。第二，战略属于企业的决策性职能，即决定做什么，而战术是执行性职能，即怎么做。第三，战略涉及企业全局的方向性问题，关系到企业生死存亡的命运问题和未来发展问题，而战术是企业局部的、具体的问题。联想为什么要进行战略调整？因为不裁员不行。究竟 IT 产业是硬着头皮搞下去，还是集中力量发展 PC 机？战略就是找到企业的定位问题。第四，战略不是口号、标语，应该具有可能性、可行性、可衡性。可能性就是能够实现的，可行性就是能够做到的，可衡性就是能够衡量的。战术是实现战略的方式、方法、步骤。

对企业战略，有人叫发展战略，有人叫经营战略，还有人叫管理战略，我认为前面这个词加不加无所谓，反正企业必须有战略。调整难道不是战略吗？企业更多的情况下是战略调整。实际上，调整也是一种发展。我考察过松下公司，它在20世纪60年代中期搞计算机，它有资本、技术、人力搞计算机。到了1975年，松下公司历经10年共投资了60亿日元，也开发了一代计算机，但最后宣布退出计算机行业。这难道不是战略调整吗？

关于企业战略的作用，可以从战略与战术关系的角度来分析。第一，战略起决定性作用，战术从属于战略。有的企业管理者提出："市场指向哪里，企业打向哪里！"表面上看这个口号挺响亮，但实际上这种企业是无头的苍蝇到处乱窜，没有自己的战略定位，往往陷入疲于应付的被动状态，无法持续地长期发展从而导致短视乃至失败的行为。企业战略是第一位的，不能本末倒置，头痛医头，脚痛医脚。企业不能没有战略，只应付日常工作，也不能空喊口号或搞个什么规划文件去应付上级部门的评比检查。第二，有了战略还必须要有战术，否则战略要落空。战略要落实而不是落空，所以战略作用的发挥离不开战术。企业战略与战术关系的实践反映出企业文化水平。第三，战略能否真正发挥作用，还要考虑到企业规模、企业技术层次和企业产权状况。企业战略不是盲人摸象，不是摸到哪个部位都叫企业战略。战略的实质是从企业实际出发来确定企业的使命。香港中华煤气有限公司要在内地推广它的经验，邀我写篇评论文章点评一下它的经验。我认为香港中华煤气有限公司最重要的是定位明确。美国的默克制药公司的战略定位是健康文化，即对人的健康负责，不光是盈利。该公司有一种专门治关节炎的药，后来发现如果患者连续服药18个月以上会增加患心脏病、中风的可能性。虽然该公司已注明服药的限期，如果超过限期是患者自己的事，但该公司还是决定从市场上收回这种药，并为此而损失 11.1 亿美元，占全年总收入的 21%，这导致其股价下跌了 26%，竞争对手的股价上升了 2.6%。即便这样，该公司认为它作为一家医药企业，必须立足于健康文化。企业文化是管企业的长远，管企业的根本。所以，企业文化和企业战略是紧密联系的，越重视企业战略就越需要企业文化。从企业战略角度来看待企业文化才是真正的企业文化，因为它是长远的文化，是战略的文化，是根本的文化，是涉及企业生死存亡的文化，不是那种眼前利益的文化或炒作的文化。

其次，要规定企业战略的制定及其执行。

关于企业战略的制定，最基本的内容有四个方面。第一，确定企业战略的时间范畴，如是长期战略、中期战略还是短期战略。管理学中的管理职能包括计划职能、组织职能、指挥职能、控制职能等，其中计划职能是战略要解决的问题。战略是在企业行动之前制定的，计划是在企业行动之前的一种设想。长期战略、中期战略、短期战略过去分别叫作长期规划、中期规划、短期规划。战略里面包括规划，可以是定性的，也可以是定量的。第二，企业战略制定过程中的因素分析。知己知彼最重要。战略分析可以利用 SWOT 分析，其中 S 为优势因素，W 为弱势因素，O 表示机会，T 表示挑战。外部环境就是分析机遇与挑战，机遇要把握，挑战要面对；内部条件就是分析优势与劣势，优势要发挥，劣势要克服。制定企业战略的过程就是分析这些因素的过程。分析外部环境就是知彼，分析内部条件是知己。从一定意义上来说，知己比知彼更重要。战略制定应从企业实际条件出发。把简单的事情做好，这是战略的制定要求。第三，制定企业战略的目标选择。可以是单个目标也可以是多个目标。第四，健全企业战略的组织机构，最重要的是董事会要健全并发挥作用。董事会决策包括市场决策、财务决策、投资战略、品牌战略、产品战略、业务战略。

企业战略的执行，关键在于组织系统与责任制度。企业要有组织系统来执行战略，要有明确的责任制度。责任制度是企业文化的基点，每个人都要有自己的责任。尽职尽责本身就是一种文化。

企业在战略制定和执行过程中，必须解决中国企业战略的特殊问题。中国企业战略既要吸收和借鉴国外企业战略与企业文化的有益内容，还要分析中国企业的实际。中国企业战略需要解决的特殊问题包括五个方面：第一，体制障碍的清除。最重要的是处理好政府与企业的关系、企业与社会的关系，企业不能代替政府，企业不能代替社会。第二，产权制度改革。第三，建立与完善公司法人治理结构，处理好董事、股东和经理的利益关系。第四，形成规范的母子公司关系。第五，实施以价值理念为核心的企业价值管理。

从企业战略角度来分析，中国企业发展过程中有六个战略关系要处理好。第一，规模与效益的关系。社会上有的时候强调以效益为中心，有的时候以做大做强为方向，这往往导致规模与效益的分割现象。实际上，应该通过扩大规模来提高效益，在提高效益的基础上扩大规模，这两者既是战略的关系也是文化的关系。第二，成本与质量的关系。以往的企业管理讲数量与质量的关系是必要的，但因数量是规模问题，所以从企业战略来看，企业更要重视分析成本与质量的关系。有的企业在强调降低成本时导致质量也下降，而在强调提高质量时又导致成本上升，难以处理好两者的关系。不能孤立地讲是成本战略重要还是质量战略重要，而应该提倡在降低成本的情况下提高质量，在提高质量的过程中降低成本。第三，微利与暴利的关系。沃尔玛的企业战略是薄利多销。正常情况下的企业战略是微利而不是暴利，但在不规则市场条件下滋长的扭曲的暴利心态使一些企业陷入短命的困境。第四，价格竞争与非价格竞争的关系。企业在运用价格竞争手段的同时，应当更加重视采用非价格竞争方式，比如服务、维修、性能这些方面的利用。第五，进入市场与退出市场的关系。企业进入市场是战略的表现，退出市场是战略的调整，不能简单地说进入就是发展，退出就是失败。当然企业退出要谨慎，进入也要谨慎，对战略的定位与调整都要抱着谨慎的态度。第六，主营与兼营的关系。这是一个复杂的战略问题，不能片面、极端，即要么企业业务太单一，要么企业就大搞多种经营，必须从本企业实际出发来处理好这个关系。企业文化应贯穿于有利于处理好这六大战略关系的过程中，保证企业战略制定和实施的科学性。中国企业战略中的这些特殊问题，也是中国企业文化中的特殊问题。企业必须解决这些问题，回答这些问题，才能有利于自身的长期、稳健发展。

为了保证企业战略制定和实施的科学性，应当形成企业战略中的企业文化理念。为此，探索成功企业战略中的企业文化理念，是一项极其重要的工作。凡是世界上成功的企业，都是既有明确的战略定位，又有独特的企业文化贯穿始终去凝聚并吸引员工和客户，而且还要应付竞争对手。成功企业的战略与文化是不可模仿的，它们表现为市场竞争优势的核心文化、核心价值。用推广经验的办法去推广企业文化是难以奏效的。到底是推广海尔文化，还是推广联想文化？它们各有特色，不是一种模式。成功企业战略的企业文化是一种理念，是一种核心的市场竞争力，是一种价值观，是一种凝聚力。美国通用电气（GE）的文化是坚持诚信、注重业绩、渴望变革。沃尔玛的文化是服务每位顾客，追求卓越，尊重员工。诺基亚的价值观是科技以人为本。英特尔的企业文化是只有偏执狂才能生存，它 18 个月就要变革自己的芯片。企业的业务有的是高科技含量，有的是高服务水平，有的是劳动密集型。企业行业不同，规模不同，所在地区不同，所处国情不同，但能生存下来并持续发展，时间越长其企业文化越能得到检验。企业文化是在长期实践中提炼出来的。先进和优秀的企业文化都要经过市场的检验、经过生产力的检验才能逐步形成并发扬光大。生产力标准是企业文化的最高标准，企业文化不是抽象的概念或口号。企业价值的市场检验是企业文化的基石。GE 就是一个典型的案例。人们常说 GE 的资本运作卓有成效，GE 的战略就是资本战略，其实坚持诚信、注重业绩、渴望变革才是 GE 企业文化的精髓。成功企业战略的企业文化的共同特点是重视分析人的因素。企业人的价值观是什么？美国的一位社会学家专门对成功企业里的人（包括创业者、管理者、作业者）做了一个调查，得出以下四点：第一，工作勤奋。勤奋意味着财富需要耐心和时间逐步积累。企业文化应以人的勤奋作为基点。第二，具备丰富的理财知识。第三，具有坚定的信念。第四，有进取心。企业文化是人文问题，对管理者的要求是善于跟人打交道，学会做好人的工作，即要做到：（1）了解人；（2）尊重人；（3）关心人，主要是设身处地为对方着想；（4）团结人；（5）发挥人的长处，做好管理工作。

企业文化要重视人性，要讲究理性，要具有超越性。企业文化是一种追求，是一种信仰。追求就要认真。“认真”的科学含义就是确认真理、追求真理、实现真理，具有超越性。对企业文化来说，确认真理就是确认企业的价值，认识人生的道理。企业 CCO 的职责是观察人、对待人、分析人。企业文化的核心问题是探究企业人的人性、理性、超越性，并将其结论凝聚到企业战略目标及其价值最大化的实现中去。

企业文化是企业战略的引导力量，我们不能停留在表面现象看问题，而是应当透过表层去挖掘深层次的企业文化力量。真正能够引导企业战略的深层次文化是不容易发现的，往往隐含在人们的思维深处、思想深处，需要思考才能形成思路。所以，企业文化首要的就是“思”，包括思维、思想、思考、思路。为此，在企业文化建设的全过程中，要坚持不动摇、不争论、不攀比、不张扬、不气馁的“五不”精神。企业文化本身就是一种精神。企业 CCO 用“五不”精神来建设企业文化，才能形成企业文化的真正力量。人抓企业文化，企业文化在人，其中的 CCO 起着关键作用。

由此可见，对企业文化的理解，应当包含下列几点：第一，文化是深刻的。企业文化不是表层现象，不是可随心所欲的，不是随意改变的。第二，文化是广泛的。企业文化能够引导企业所有的人员，引导企业战略制定和执行并贯穿在企业战略制定和执行的全过程。第三，文化是相对稳定的。企业战略可以调整，企业组织可以变革，企业文化则是引导战略调整和组织变革的无形力量。

发现深层次的企业文化不是一件容易的事情。首先要有一个价值观，然后要有一个行为物。价值观能不能落实到行为上，要有对照的行为物。所以企业文化不是抽象的，而是必须落实到人的行为上。企业文化不是简单采用问卷调查、开座谈会、搞民主评议即可形成的。企业文化的发现需要长期的对照与提炼，一个是对照行为物，一个是企业价值观，看这两者是否相吻合。如果企业价值观是科学的，但人的行为落实不了，或者是人的行为缺乏企业价值观的指导，都不能形成有效的企业文化。企业文化的重要性在于建立企业的纠错机制。企业文化的生命力就是能够发现企业的问题，纠正企业的问题。这正是企业文化的无穷无尽的力量。企业文化不是掩盖问题的装饰物。企业面对的市场变化是永恒的，经营风险是无限的，这是必须建立起能够发现错误并纠正错误的企业文化的根本原因。因此企业文化需要通过几代人，围绕企业的生存与发展，在一系列强有力的企业制度支撑下，建立起一种预警的纠错机制，才能真正起到引导企业战略并促进企业发展的作用。

（在北大首期 CCO（企业首席文化官）
高级研修班上的专题报告，2004-10-24）

● 凝聚企业文化和行业精神的时代力量

现阶段的中国石油企业，正处在转型升级的关键时期。30多年来的改革开放正在延伸和深化，国外技术信息化和经济全球化及其导致的诸多危机正在显现和蔓延，而石油企业的各项经营活动均涉及人类的资源、能源、环境乃至经济、社会、安全、政治的方方面面。因此，面对新形势与新挑战，凝聚企业文化建设和行业精神的时代力量成为关键。石油企业的转型，首要的是转变经营思维和经营行为。具体来说，就是倡导石油企业文化创新和行业精神建设。

一、夯实石油人共同价值基础

石油企业文化是为实现经营目标而具有凝聚力的全体员工认同的价值观。在转型过程中，能否以企业稳定和增长为目标，确立企业价值最大化的新思维，是关乎石油企业生死存亡的根本性问题。企业价值是企业未来现金流量的折现值。企业价值最大化是具有前瞻性、复合性、实在性的企业目标。前瞻性着眼于未来财富创造及可持续发展的要求，复合性是指科学地协调与权衡经营过程中的诸多挑战及风险因素，实在性是指实实在在的未来现金流量及其反映的可控财富的变化。为此，石油企业在经营管理活动中，应确立并深化企业价值综合管理、资本结构优化、事前预防管控、资金成本控制、远期风险防范和提升企业整体价值的经营理念。

石油企业文化的价值理念，不仅是企业高管人员确立经营目标的指导思想，更是企业全体员工认同的行为准则。所谓认同，就是融于每个员工的思维中，化于每个员工的血液中，做于每个员工的行为中，成为每个员工的行为习惯。企业是利益合约和心理契约的组织体。企业文化就是“人化”，就是“化人”。从企业价值来看，企业文化就是追求企业价值最大化的行为习惯。唯有企业的共同价值观才具有企业凝聚力。唯有企业有内部凝聚力，才有企业的外部竞争力。由此可见，石油企业文化及其价值理念，是其适应国内外市场竞争并提升我国石油企业竞争力的现实反映。

二、创新文化建设时代路径

石油企业文化创新是使企业经营理念符合新时期转型要求的具体表现，其实质是倡导创新的企业文化。创新是企业生存与发展的原动力。创新文化是企业经营之魂。石油企业文化创新，就是创造有价值的订单，寻找对企业发展具有最大化价值的客户和市场；就是创造性的破坏，破旧立新，破中有立，立中有破，破与立的统一过程；就是创造性的学习与借鉴，既要传承石油企业自身的优秀文化，承前启后，更要学习与借鉴国内外各行各业的先进企业文化，以发扬光大石油企业文化。

石油企业文化创新的具体路径，就是在经营理念创新的指导下，通过企业制度创新、经营管理创新、研发技术创新，使石油企业实现新时期的转型要求。石油企业制度创新的方向是建立与完善现代企业制度。现代企业制度是以公司制度为主体的市场经济体制的基本成分。对石油企业来说，处理好消费者、企业、政府三者之间的利益关系，是未来的制度创新必须解决的关键问题。同时，在石油企业制度创新过程中，还必须处理好制度与人的关系。制度是延续的，人是暂时的。但制度是死的，人是活的。制度要由人来制定，有了好制度要由人来执行，制度过时了也要由人来修改。所以，石油企业文化创新的核心是塑造市场经济条件下的高素质人员，使石油企业制度创新适应国内外市场经济发展的要求。

石油企业经营管理创新的目标是依据科学管理的要求，提升企业发展质量和价值水平。经营管理创新的内容涉及战略管理和业务管理的诸多方面。战略管理是解决石油企业发展的方向、使命、趋势问题。新时期石油企业战略管理创新的立足点是分析企业内部条件和企业外部环境的变化。分析内部条件包括分析生产要素、营销渠道、技术水平、资金状况和相关的人财物条件，目的是发挥内部的优势，克服劣势。分析外部环境包括分析自然地质环境、政策法规环境、社会文化环境、宏观经济环境和微观经济环境，目的是抓住外部的有利因素和发展机遇，消除不利因素并迎接挑战，化危为机。既要重视石油企业集团母公司的发展战略，又要关注子公司的发展战略，并处理好母子公司发展的战略关系。业务管理是石油企业的基础管理和细节管理、精细化管理，其创新方向是建立科学的、系统的、综合的业务管理体系。

石油企业研发技术创新是从传统资源型企业转变为现代技术型企业的关键因素。我国石油企业的发展偏重于依赖资源状况，近年来的海外收购项目也多注重资源因素。但目前发达国家的石油企业不仅拥有资源，而且更加重视拥有开发资源的先进技术。未来石油企业的市场竞争力既表现为拥有常规油气资源和非常规油气资源的能力，更反映在对油气资源尤其是非常规油气资源的开发技术水平上。在制约石油企业发展的诸多因素中，对油气资源的开发技术是关键因素。从这个意义上来说，获取技术比拥有资源更为重要。我国石油企业获取技术的途径，除了引进和借鉴国外公司的先进技术外，更要重视提升我国石油企业的研究与开发技术水平。石油企业研发技术创新的根本问题是人才问题。因此，石油企业各类人才的培养、成长、激励及其机制创新，是新时期石油企业文化创新的战略性举措。

三、让“软实力”转化成“硬实力”

依据石油行业精神建设的要求，我国石油企业文化创新应具有系统性与行业全局性的思维和行为，从行业格局的变化来提升石油企业的国内外市场竞争力。具体表现为从产业价值链的低端转向产业价值链的高端，从低利润、低回报的区间转向高利润、高回报的区间，使我国石油企业进入世界级企业的行列。这是新时期我国石油企业转型的行业标志，是石油企业文化创新的成果。因此，石油企业文化创新为企业转型与企业发展所提供的“文化力”，是“软实力”转化为“硬实力”并实现软硬结合的过程，是深化能源行业改革和促进能源行业发展的客观要求。

（原载《中国石油报》，2012-11-06）

● 集团化企业文化的传承和创新

一、企业文化的形成和发展

传承和创新要解决什么问题呢？其实就是企业文化是怎么形成和发展的。从临工的发展历程来看，该企业的企业文化就非常符合传承和创新之道。在《临工之道》的序言里就提到企业的根深叶茂源于文化的传承。临工文化在长期的风雨洗礼中积淀了深厚的文化基因，并成为企业的核心竞争力。

从临工的发展历程，可以了解优秀的企业文化是怎么形成和发展的。临工的发展历程有五个阶段，在 40 年间，逐渐由原来的工厂经过改制发展到现在的公司。第一阶段是“以厂为家”，因为那时候临工还是个机械厂。第二阶段是“遵章守制”，完成生产任务。第三阶段是“诚实做人”，提升到精神的范畴。第四阶段是“可靠承载重托”，提升到责任和理念。第五阶段是“临工之道”，形成了文化体系。临工企业文化建设的这五个阶段既与临工 40 年的发展历程结合在一起，也与我国由计划经济体制转向社会主义市场经济体制的转轨过程相对应。

企业文化的形成一般有五种途径。一是来自企业的实践。企业文化的主体是企业。“企业文化”四个字的重点是“企业”二字。文化是以企业为载体的，企业是主体。二是来自企业文化的实践，来自价值观的提炼。三是来自领导的以身作则。四是来自员工的自觉行为。五是吸收企业外部的有益文化，包括中国的传统文化和国外的有益经验。所以，传承与创新回答了企业文化的形成和发展。

二、集团化企业文化的特征和难点

集团化企业文化是企业文化的一种类型，也是特色企业文化建设的一种类型。当然，每个企业文化都有特色，企业文化特色也是建立在企业类型上。其中，集团化企业文化的特征也就是具体企业文化的特征。现在的难点是，有的企业是由工厂演变到现在的公司，有的是由家族企业转变到现在的公司，有的是由国有企业改制到现在的公司，这里就有企业文化的演变。企业集团里的难点是怎样处理子公司和母公司的关系。子公司有自己的文化，母公司又有集团文化，所以集团化企业文化中有子公司和母公司的文化矛盾，这里有难点、有利益冲突。什么叫企业？企业是利益合约，企业是心理契约。首先是利益合约，然后是心理契约。

三、集团化企业文化传承和创新的途径

途径是什么？最主要的一点，是母子公司文化的融合和统一问题，这是基本问题。比如说，临工和沃尔沃联合。沃尔沃是个集团，是个国际化公司，而临工现在面临与沃尔沃集团文化的融合和统一问题。这就叫跨文化。融合是允许包容、共同存在。同样，这里也要创新。

海尔董事长张瑞敏说过，没有成功的企业，只有时代的企业，我觉得说得非常好。那么，套用张瑞敏这句话可以说“只有创新的企业文化，没有僵化的企业文化”。什么是创新？现在大家的理解不一样。

关于创新，张瑞敏说过三句话。第一，创新就是创造有价值的订单。我们说文化价值观，就是要给客户创造价值，给员工创造价值，离开这点讲文化就只是抽象的、不具体的。文化既是抽象的也是具体的，既是虚的也是实的，既是软的也是硬的，这个必须搞清楚。否则，讲文化就是脱离企业的。所以，创新就是创造有价值的订单，客户是第一位的。第二，创新就是创造性的破坏。企业文化是破与立的统一过程。破中有立，立中有破，不破不立，不立不破。所以，创新文化是创造性的破坏，必须解决问题。矛盾不解决，风险不消除，企业就不能发展。第三，创新就是创造性的学习和借鉴。我们要学习和借鉴其他的企业文化，包括国内和国外。但是，要根据企业的实际情况，在企业的实践中提炼和发展企业自身的文化。

（原载山东省企业文化学会《企业文化》，2013（4））

● 公司文化建设与母子公司文化关系

一、“以人为本”是母子公司文化的核心

公司文化建设的实质是人的问题。提倡“以人为本”“以人为核心”的企业管理是对的，但要把这个口号落到实处，关键在于科学理解“以人为本”“以人为核心”的企业管理内涵，不能停留在表面或形式上，更不能片面、极端。为此要做到以下三点。

1. 提高个人素质是提高管理水平的关键

对公司管理来说，不在于人多人少，而在于每个人的素质。这里讲人的素质，是指市场经济条件下人的素质。最主要的素质是责任感、成就感、上进心、风险意识、诚信、自我控制能力、创新意识和开拓能力，做到自立、自强、自尊、自重、自律。

2. 讲究团队精神、协调能力、凝聚力的企业文化

什么是企业文化？企业文化是为实现经营目标而具有凝聚力的全体员工认同的价值观。具体来说，首先要明确公司的经营目标。具有凝聚力的全体员工认同的价值观，就是融在思想中，化在血液中，做在行为中。所以，企业文化是个人价值与公司价值的统一，体现出全体员工对公司的忠诚。企业文化是公司在长期的经营活动过程中逐步

提炼出来的，是公司活力的表现，是公司生命之所在。

3. 处理好制度创新与人本管理的关系

制度创新与人本管理的关系可以被统一到两句话中。第一句话：制度是根本的、长远的、延续的。制度决定企业的未来。企业延续的是制度，人是暂时的。如企业岗位责任制是延续的，而在这个岗位上工作的人是变动的，每个人都在延续这个岗位的制度。人会变动、变老、死亡、换代，企业制度却是永远存在的。第二句话：制度是死的，人是活的。有人问是制度重要还是人重要？我的回答是：制度重要，人也重要，切忌片面、极端、刮风、炒作。当今公司既面临制度创新也面临文化建设，应提高人的素质和增强公司凝聚力。不能只讲死的制度而忽略人的作用，但又不能把人凌驾于制度之上。不能离开制度去讲人的作用，恰好是人的重要性必须体现在制度上。人对制度的作用体现在三个方面：（1）先进的人要把先进的制度制定出来；（2）有了制度，人要执行制度，尤其是管理者要以身作则；（3）制度过时了，人要修改制度，所以制度不是万能的，但没有制度是万万不能的。

总体来说，公司在发展过程中，既要重视制度创新也要重视文化建设，这就是主题。制度与文化两者是相互促进、相互补充、缺一不可、统一整体的关系。制度与文化都是解决公司发展中人的问题，但解决的是人的不同方面的问题。制度是抑制人性恶的一面，文化是引导人性善的一面；制度是硬的，文化是软的；制度是有形的，文化是无形的；制度是物质的，文化是精神的；制度是外在的，文化是内在的；制度是他律，文化是自律。制度与文化相结合，就是解决企业管理中的实质问题即人的问题，是公司长期稳健发展的必由之路。

二、搞清两个问题，实现母子公司文化融合

要想搞清楚母子公司文化融合与统一问题，首先必须搞清两个

问题。

1. 公司文化的含义和目的究竟是什么

无论是母公司文化还是子公司文化都必须具备公司文化的特征。所谓公司文化，就是为实现公司经营目标而具有凝聚力的全体员工认同的价值观。公司文化的目的有四个：（1）为求得公司的生存和发展，从这层意义上讲，公司文化是公司的灵魂。（2）公司文化着眼于长远利益，是一种长期行为，它描述并引导公司的未来和方向。（3）它是公司在所从事的长期生产经营活动中积累积淀并提炼出来的，是被长期生产经营实践检验、证明过的，因此具有强大的生命力，对公司发展起到促进和推动作用。（4）公司文化不是孤立存在的，与公司制度并存，是与公司制度相互补充、相互配合、共同发展的。换句话说，文化引导人性善的一面，而制度抑制人性恶的一面，文化是软的、无形的、精神层面的、自律的，而制度是硬的、有形的、物质层面的、他律的。

搞清楚了这个问题就会得出一个结论：无论是母公司还是子公司，它们都会在各自相对独立的长期的生产经营活动中形成自己的文化，并且所形成的文化都具有公司文化的一般特征，同时已经过了长期实践的检验。

2. 母公司与子公司之间存在怎样的关系

母公司和子公司二者之间具有两方面关系，一是法律关系，二是经济关系。法律关系指的是，无论是母公司还是子公司，它们均具有独立法人资格，均依法从事经营活动，都有自己的市场目标。一句话，它们是各自独立的利益体。经济关系有两重含义，一是指二者之间的投资关系，二是指业务关系。投资关系就是母公司对子公司有投资行为，以控股或参股等形式表现出来；业务关系可以理解为母公司与子公司之间构成的上下游的供应链等因为业务往来而发生的关系。

在搞清楚这个问题之后，又会得出一个结论：母子公司因为相对既独立又相关联的关系，导致它们在经营活动中有可能形成相同或相近的文化。也是由于它们无法摆脱的某种联系，使母公司在文化的问题上必须考虑子公司的状态和要求。反过来，子公司也应在某种程度上积极迎合母公司的愿景和要求，以共同应对它们必须面对的市场。

三、联系企业实际，解决母子公司文化融合问题

1. 当前母子公司文化的困惑

明白上面两个问题后，我们再联系实际，分析处在困惑中的一些企业。针对母子公司文化的融合与统一问题，让企业最困惑的大致有四种情况：（1）子公司先于母公司成立，其文化形成和发展比母公司的历史要悠久；（2）子公司的发展势头比母公司迅猛，甚至其综合实力更强大；（3）母公司与子公司生产经营涉足的行业领域风马牛不相及；（4）母公司是外国公司，而子公司是中国本土公司等等。某个企业可能面临上述四种情况之一，也可能同时存在几种情况。我认为以下三个认识上的误区导致了这些企业的困惑，而走出这些误区，就会找到从根本上走出困惑、解决问题的办法。那就是只能用经济手段去解决文化问题，制度创新才能治“本”。

2. 实际工作中应该避免的误区

第一个误区，母子公司之间的关系是领导与被领导的关系，而文化管理是行政管理。目前还有相当一部分人的头脑中还没有清除计划经济体制观念残余，并不按经济规律思考问题，仍把经济关系等同于行政上的隶属关系，这样自然就把所有的管理都简单归为服从与不服从、领导与被领导了。因此，文化管理就被曲解为思想灌输。而统一思想的目的是务必要达到的，因此就会出现莫名其妙的行为导致莫名其妙的争论的现象，或者说是本末倒置的行为导致了本末倒置的文化。

第二个误区，虽然有公司认为公司的行为与活动属于经济范畴，但是它们仍然就文化论文化，而不是从经济视角论文化，使文化丧失了基础、方向与保障。只有通过经济看文化，才能揭示出文化的本质，只有用经济手段才能从根本上解决文化问题。所以归根结底还是要制度创新，从产权、组织和管理入手才能解决所困惑的母子公司文化问题。

第三个误区，有些公司在研究母子公司文化问题的时候经常倾向于形式主义和“一刀切”。文化的融合与统一，并不是口号、歌曲、服装、徽记等企业文化符号的简单统一，更不是母公司高高在上地挥舞着统一的指挥棒。如果这两种倾向在文化管理过程中不加以避免，那只能导致其文化永远停留在肤浅的形式主义层次，甚至会因千篇一律、丧失个性残酷扼杀了原本充满生机、先进优秀的文化。

脱离经济本质去看文化是没有根基的。而如果从文化的经济本质的视角去分析就会发现，关于母子公司文化融合与统一问题的所有争论根本就不成其为问题。说白了，就是常识问题没有共识，而如果要解决这个问题的话，最根本的办法还是要从经济制度入手。

（原载《中国企业文化建设贡献人物与经典案例专辑》，2008）

● 母子公司文化的融合与统一问题

要想科学地认识母子公司文化融合与统一问题，首先必须搞清两个问题。第一个问题，公司文化的含义和目的究竟是什么？无论是母公司文化还是子公司文化都必须具备公司文化的特征。所谓公司文化，就是为实现公司经营目标而具有凝聚力的全体员工认同的价值观。公司文化的目的有四个。一是为求得公司的生存和发展，从这一层意义上讲，公司文化是公司的灵魂；二是公司文化着眼于长远利益，是一种长期行为，它描述并引导公司的未来和方向；三是它是公司在所从事的长期的生产经营活动中积累积淀并提炼出来的，是被长期的生产经营实践检验、证明了的，因此具有强大的生命力，为公司的发展起到过促进和推动作用；四是公司文化不是孤立存在的，是与公司制度并存，与公司制度相互补充、相互配合、共同发展的。换句话说，文化负责引导人性善的一面，而制度负责遏制人性恶的一面，文化是软的、无形的、精神层面的、自律的，而制度是硬的、有形的、物质层面的、他律的。

搞清楚这个问题，我们就会得出一个结论：无论是母公司还是子公司，它们都会在各自相对独立的长期的生产经营活动中形成自己的文化，并且所形成的文化都具有公司文化的一般特征，同时经过了长期实践的检验。

必须要搞清楚的第二个问题是：母公司与子公司之间存在怎样的关系？我认为，二者之间具有两方面的关系，一是法律关系，二是经济关系。法律关系指的是，无论是母公司还是子公司，它们均具有独立法人资格，均依法从事经营活动，都有自己的市场目标。一句话，它们是各自独立的利益体。经济关系有两重含义，一是指二者之间的投资关系，一是指业务关系。投资关系就是母公司对子公司有投资行为，以控股或参股等形式表现出来；业务关系可以理解为母子公司之间构成的上下游的供应链等因为业务往来而发生的关系。

搞清楚第二个问题，我们又会得出一个结论：母子公司因为既相对独立又相互联系的关系，导致它们在经营活动中有可能形成相同或相近的文化。而也是由于它们无法摆脱的某种联系，使母公司在文化的问题上必须要考虑子公司的状态和要求。反过来，子公司也应在某种程度上积极迎合母公司的愿景和要求，以应对它们必须共同面对的市场。

明白上面两个问题后，我们再联系实际，分析处在困惑中的一些企业。针对母子公司文化的融合与统一问题，让企业最困惑的大致有四种情况。第一种，子公司先于母公司成立，其文化形成和发展比母公司的历史要悠久。第二种，子公司的发展势头比母公司要迅猛，甚至综合实力更强大。第三种，母公司与子公司生产经营涉足的行业领域风马牛不相及。第四种，母公司是外国公司，子公司是中国本土公司等。某个企业可能面临上述四种情况之一，也有可能同时存在几种情况。我认为以下三个认识上的误区导致了这些企业的困惑，而走出这些误区，就会找到从根本上消除困惑、解决问题的办法，那就是只能用经济手段去解决文化问题，制度创新才能治“本”。

第一个误区，母子公司之间的关系并不是领导与被领导的关系，而文化管理更不是行政管理。目前还有相当一部分人，其头脑中还没有清除计划经济体制观念残余，并不是按经济规律思考问题，仍把经济关系等同于行政上的隶属关系，这样自然就把所有的管理都简单归为服从与不服从、领导与被领导了。因此，文化管理就被曲解为思想灌输。而统一思想的目的是务必要达到的，因此就会出现莫名其妙的行为导致莫名其妙的争论的现象，或者说是本末倒置的行为导致了本末倒置的文化。

第二个误区，公司是经济组织，公司的行为与活动都属于经济范畴，所以不能就文化论文化，而必须从经济视角论文化，这样文化才会有基础、有方向、有保障。只有通过经济看文化，才能揭示出文化的本质，只有使用经济手段才能从根本上解决文化问题。所以归根结底还是要制度创新，从产权、组织和管理入手才能解决所困惑的母子公司文化问题。

第三个误区，我们在研究母子公司文化问题的时候，一定要避免形式主义和“一刀切”两种倾向。文化的融合与统一，并不是口号、歌曲、服装、徽记等企业文化符号的简单统一，更不是母公司高高在上地挥舞着统一的指挥棒。如果这两种倾向在文化管理的过程中不加以避免，那只能导致其文化永远停留在肤浅的形式主义层次，甚至会因千篇一律、丧失个性残酷地扼杀原本充满生机、先进的、优秀的文化。

脱离经济本质去看文化是没有根基的。而如果从文化的经济本质的视角去分析就会发现，关于母子公司文化融合与统一问题的所有争论根本就不成其为问题。说白了，就是常识问题没有共识，而如果要解决这个问题的话，最根本的办法还是要从经济制度入手。

（原载中国企业文化促进会《首席文化官》，2006（8））

企业调研

On Management

●《正华宪章》起草动员会上的讲话

张总：邓教授几十年来研究的就是企业，是我国企业管理、现代企业制度和企业改革方面的资深专家。邓教授不仅带博士生，还给许多企业讲课，很忙。通过读邓教授著的《论公司》一书，了解了邓教授，知道他愿为企业做点事情。我们公司准备起草企业纲领、企业基本法，所以请邓教授来讲课、提供咨询，来推动我们的各项工作。大家要认真听课、认真记录。起草企业纲领是一项长期的工作，可能需要用一年、两年，甚至三年的时间。

邓荣霖：首先介绍一下起草正华企业纲领的起因和意义。

正华公司经过六年发展到现在的规模，这在建筑业企业中是成绩辉煌的，在座的各位为正华的发展做出了突出贡献，也是决定正华未来命运的人。

张总对正华公司下一步究竟怎么发展非常关注。他很有战略眼光，这不仅反映了正华发展到今天的原因，也符合企业发展的规律。企业创业难，发展更难。一个人开小饭馆不难，但要开大饭店，甚至走向世界就不是容易的事。正华要起草企业纲领是正华的要求，同时也是国家和企业的共同要求。张总对正华的考虑很深远，为此做了很多准备工作，看了很多有关企业的材料，也看了很多书。张总看过《论公司》一书后找到我，我感到这件事很有意义，是决定正华未来命运的一件事情。我愿和企业同舟共济。我认为中国的希望在企业，因为一个国家的企业搞好了，大家就能就业，大家在企业里的待遇提高了，生活水平就可以提高。人之根本就是为了养家糊口、为了谋生，没什么大道理可讲！正华不仅对我们这些人重要，对国家也很重要。因为一个国家的兴旺与否，关键在企业。任何国家，经济要发展，首先必须办好企业。企业如何办好，是个复杂的问题，人类历史上最难办好的就是企业。

张总的想法和我多年的考虑不谋而合，我决定支持这件事。张总派路书记等六人到我家里来谈合作的事，后来张总又亲自在公司和我谈了一次，达成了一致。这表明张总对这件事很细致、很认真、很重视。

今天为什么把大家请来？大家很忙，有很重要的事要做。但大家都提前到齐了，这证明我们的企业精神好，这也是正华的希望所在，企业要搞好就不能像一些企业那样马马虎虎。这项工作是作为重大的战略性工作来抓的。这只是起点，我们要起草一部正华的带有宪法性质的文件。有人可能想问，找几个文字工作者起草一下不就行了吗？我们之所以这样做是想借助这件事推动整个正华工作的开展。

这件事如何进行呢？张总和路书记的观点是以企业为基点，借助外脑，包括学习、培训、咨询，也包括文字工作来完成。我感到这种做法比较切合企业实际。我们不是搞一个材料，念一念，让大家知道，然后就将其锁在抽屉里。而是借该项工作推动正华的发展，以起草正华纲领为契机、为动力，推动正华下一步健康发展。

要起到这种作用就要求正华的核心领导、骨干人员、决定正华命运的人要全过程参与，认真思考，为正华的发展献计献策。只是少数几个参加文字工作的人起草一下，起不到作用。请大家来，是想让大家抱一种主动、积极的态度投入这项工作，要用心学习、用心记录。

现在的企业是学习型组织。中国从孔夫子开始把人生分为两大阶段：第一阶段是学习阶段，指在校学习的期间；第二阶段是工作阶段，来企业就是工作。这个观念已经落后，因为企业是学习型组织，这个观念是从国外引进的。国外企业为何有竞争力？因为国外强调企业是学习型组织，企业要不断发展、不断学习。学习带动科技、带动业务、带动竞争力，而企业的竞争力就是产品。中国企业中搞得好的也都是学习型组织，把学习摆在第一位。学习不仅是为企业，也是为个人。我们要从要我学习，转变为我要学习。大家要从今天的会上汲取知识，改进自己，为正华做贡献。

不仅是张总，在座的各位领导、骨干、核心人员都要考虑未来正华应往何处走。企业要有远见，不能等没有项目了、发不出工资了再着急，那时就晚了，只能等死。企业只能自己救自己，没有任何人能救企业。

不要天天忙于具体事务。思考本身就是提高，应该把它作为学习的过程、提高的过程、推动工作的过程。起草工作本身就是学习型组织的表现，为企业自下而上的发展而学习。

我们的具体目标是起草一部指导我们正华未来发展的纲领性文件，它是统一正华理念的东西。同时还要把它变成全体员工共同的思路、共同的行为，贯彻到正华的每一个员工。

正华未来怎么发展，不是设定具体的工作目标，不是搞简单的发展战略，也不是制定规则、条例，而是靠纲领性的文件指导。这个纲领性的文件要体现正华几年来的发展历程，回顾正华这几年走过的路，要把规律性的经验提炼出来，使正华人能共同分享正华的经验。要总结出规律性的经验，不是偶然的经验。也不能局限于经验，还要反映企业发展的规律，要吸收国内外先进企业成长的共同的、规律性的内容。制定这个文件本身就具有战略意义，能够增强正华的凝聚力。这个文件不是工作报告，是决定整个正华未来命运的纲领性文件。

归纳一下，正华的企业纲领：

（1）反映正华领导层的思路；

（2）借助外脑，推动公司的各项工作；

（3）反映正华发展过程中规律性的经验；

（4）吸取国内外先进企业成长的共同的、规律性的内容；

（5）应当是正华领导及全体员工智慧的结晶；

（6）反映出正华每个员工的水平，也反映出正华的水平。

我问张总正华这几年的发展靠的是什么，张总说靠的是机遇。张总很谦虚，将正华几年的发展归因于国家发展经济适用房的机遇。那么将来一旦没有了经济适用房怎么办？由于2008年开奥运会，目前北京的建筑市场还很旺盛，但到2008年后会急剧下降，2006年、2007年就不能到处是工地了，这样会污染环境。一旦建筑市场萎缩了怎么办？没有机遇我们怎么办？要有长远的考虑。企业的危机和每个人的命运是息息相关的。

杜邦原来是生产炸药的企业，19世纪末炸药过剩，杜邦开始做尼龙、塑料，后来又搞精细化工、纺织面料。企业的业务是可以变化的，但杜邦的精神一直是延续的，即“科技创造奇迹”。杜邦的企业纲领是抓住科技要害，杜邦专门有一批人研究化工。“现在生产这代产品，同时要研制下一代产品，要想到第三代产品，再设想第四代产品。”这样企业才能生存下去，短视的企业只能死亡。杜邦已有200年的历史。机遇是变化的，只要企业精神在，企业总能生存下去。我们要探讨的是这个问题，不是现在有多少活干的问题。

我的人生体验和治学格言是：

人生体验：宽以待人，严于律己；
取人之长，补己之短；
教研结合，教学相长；
光阴似箭，耕耘一生。

治学格言：专中有博，博中求专；
学术思维，创新为魂；
实践常青，理论不止；
科学知识，代代相传。

企业只能自己防范风险。企业也要以创新为魂，正华宪章也要创新。

做企业首先是做人。

企业宪法是企业保持长寿的基点，决定正华的命运，不是正华个别领导的事，而是全体员工的事。国内企业的人事变动、改朝换代，往往是换一代人就换一种做法。有好多国企是好端端被折腾死的，这是因为没有制度的延续性。企业发展取决于什么？取决于个别人的水平，还是取决于其他方面？企业的自下而上的发展，取决于是否具有一部宪法性质的长远纲领，使股东、董事、经理、员工共同为之努力。

企业要有危机意识，要进行危机管理。居国内第三位的羊绒衫生产厂家珍贝的老总曾请我给企业的高层领导及北京的200名导购员讲课，内容就是企业危机管理。

在丰田公司的车间里贴着这样的标语："丰田即将灭亡"。其实丰田现在还很好，为什么贴出这一标语？是提醒员工要有危机感。因为中国汽车发展起来就会占领日本汽车市场。丰田这样做能使危机感触及每一个员工，使大家时时有危机感和风险意识。

海尔张瑞敏提出"球体爬坡论"。意思是说，海尔如球体，市场竞争如逆水行舟，不进则退，如同爬坡，稍不注意就会掉下来。正华也一样，所有人都要有危机意识、风险意识。

起草正华企业纲领，就是要在整个企业发展成长过程中消除危机、避免危机。企业发展面临的危机很多，其中之一就是人才的危机。

万科是建筑业的旗帜，但万科同样面临人才危机。让万科头痛的是人员流动的问题，人才不培训水平就难以提高，但把人员送出去培训，培训完了，人却走了。万科最终提出，“企业不是人才的水库，而是人才的河流”。人才要流动，企业有人员进进出出是正常现象，但是要保证万科的制度和精神。国企面临的问题是，要留的人留不住，要出的人出不去。这不是人的问题，是制度的问题。企业不是单纯储存人才的地方。

张总：大家要认真思考，解决困惑，解决正华公司将来怎么办的问题。一个行业、一个产品跟人生一样，不会永远保持年轻，是有生命周期的。我们建筑行业也有生命周期，这是不容回避的问题，每个人或多或少都在思考这一问题。思考这一问题的过程中，肯定涉及个人利益的问题。个人和企业是一种什么关系？个人和企业如何结合？企业应该怎么办？个人应该怎么办？这些都是非常实际的问题。

邓教授围绕的是我们为什么要制定企业纲领，我们将来该怎么办，给大家理出一个思路来，大家共同想办法。

企业和个人是不能割裂开的，正华公司的好坏与员工个人是息息相关的，除非你在建筑行业有全能的功夫、高深的技能、很高的学术造诣，是专家型的人才，无论到建筑行业的哪个部门都能委以重任。大多数人在这个行业中，都未能达到全能的水平。在这种情况下，只要在正华公司工作，就与企业息息相关。

邓教授的开场白很好，步步深入，结合企业实际，结合外部形势，结合我们要做的事，讲得很透彻。

杜邦有200年的历史，经历了几十代的产品更新。在中国，百年老店已很少，中国企业的普遍现状是短命，无论是民营企业还是国有企业都是如此。除国家垄断行业（如水、煤、电、气、热及关系国计民生的军工、电信、民航、铁路等）的垄断企业比较长寿，竞争型的企业中短命的比长寿的多。

邓教授的讲话生动、具体，总结规律，很有层次，一步一步往前推进。大家通过听课要共同研究、思考，提高每个人的基本能力和基本素质，这项工作先是骨干参与，再到每个员工，全员都要加以贯彻。

邓荣霖： 这种讲课形式好。张总讲得很好，企业领导能够思考到这个深度很不容易。光是埋头苦干不行，还要善于表达，把意思表达出来，这样才能将意图贯彻下去。在座的各位也要讲一讲，这也是提高自己的过程。大家要拧成一股绳，齐心协力、同舟共济，这非常重要。关于企业和个人的关系，我们在企业纲领中要明确下来。企业和个人的关系，不能只停留在口号上、标语上。

再回到讲课内容上来，万科之所以在建筑业名列前茅，是因为它特别重视建筑风格。万科曾多次组织人员到国外参观，考察了德国等欧洲国家的建筑风格。万科在建筑风格上同时也结合了中国的建筑风格，因此万科小区都很有特色，这和企业的精神基础是分不开的。

我们的企业纲领就是要控制人才流动的方向，要有利于企业的发展，同时也要控制人才的流速，不要给企业造成损失，还要避免大批骨干人员的流失。

个人有选择权，可以选择在企业干，也可以选择不在企业干。相对应地企业也有裁员的权力。国外在这一点上非常明确，人员进入公司后，公司有权裁，也有权用。中国企业的现状是历史原因造成的。我们要将个人和公司的关系写入企业纲领当中，使个人在正华得到发展。当个人不能满足正华要求时，个人怎么办？个人发生了变动，正华怎么办？虽然企业产品变了、人变了，但企业要延续下去。不能因为股东变化、企业高层人员变化和其他人员变化而影响企业的生存和发展。

这就是我们起草企业纲领的根本原因，即避免企业短命，避免因为人员变动影响企业的生存和发展。

还必须讲清楚一个问题，企业家、创业者个人对企业的影响是很大的。起草正华的企业纲领时要把企业家、创业者的看法反映出来，也要把正华几年的经验精髓反映出来，同时吸收国内外长寿企业规律性的东西，使正华的企业纲领成为正华所有人智慧的结晶。要求大家每个人提一条决定正华命运的建议，每个人讲一句有用的话。

做这件事本身在北京建筑业是有影响的，虽然在全国范围内已经有企业有了企业宪法，但在北京市建筑企业是先例。这对企业声誉、企业形象有所提升，是有好处的，会形成企业的无形资产。但现在不要张扬，不要炒作，否则就是企业死亡的开端。在中国要多做少说，低调处理，这是企业内部的事，不要张扬。张扬是衰败、死亡的开始。

对待此事我们要做到：

（1）不动摇。坚定不移往下做，不管是一年、两年还是三年，直至做好为止，时间服从质量。

（2）不争论。有不同看法可以讨论，但不要陷入无谓的争论当中。这项工作对个人是提高，对企业也是提高。

（3）不攀比。我们只管做自己的事，不要老和别人比。人比人，气死人。要保持心态平衡。正如一位企业老总说的，人生不如意十之八九，要“常想一、二，忘掉八、九”。

有一次一个中国代表团去美国考察，看到一个50多岁的员工在擦玻璃，擦得很好、很卖力，代表团中的一个人就问他：“您这么大年纪还在擦玻璃，不是很亏吗？”他回答说：“我现在的本领是只能擦玻璃，干不了别的。”他的心态很平衡。一些中国人干不了别的，就嫌不受重用。没有本领，不受重用，还不学习，只是埋怨企业不重用自己。

最近和美国合办了一个EMBA培训班，它是在职高层培训班，第一年在国内学习，第二年在美国学习，第三年回国撰写论文。从美国学习归来的老总总结的美国人的特点是：

第一，在社会上是个人奋斗、个人创业，显示自己的才能，社会鼓励创业。

第二，个人创业失败或没有本事创业或不想创业时，就应聘到公司工作。一旦到公司工作，个人利益就服从公司利益，强调团队精神和企业文化。

美国人的观念是无论干什么事，都要完成自己的任务。因此美国企业有战斗力，有凝聚力，这非常重要。

结合我国企业现状，怎样处理好个人与企业的关系，是企业发展面临的一大难题。一个人做好本职工作是生存的起码要求，要做什么像什么，不能三心二意。但有些人总觉得自己在企业里受亏待，才能得不到发挥，越想越烦，就拼命折腾、发牢骚。这样的人既不愿离开企业，又不想干好，只能处于两难境地。

这就是企业和个人的关系，个人进了企业，就应该把企业利益作为最高利益，正华企业纲领就是正华最高利益，每个人要凝聚在里面，为正华生存、发展思考。个人进入企业后，企业利益是最高利益，个人利益要服从企业利益，不能把个人利益凌驾于企业利益之上，也不能把个人利益和企业利益对立起来或割裂开来。

（4）不张扬，多做少说，干实事。企业就是实干，企业就是行动，企业就是具体，企业就是细节。不是讲空头大道理的场所，不是讲永恒真理的地方，不是要分出谁对谁错，企业不搞这些。

我们做的这件事在建筑业是走在前列的，但我们不要张扬。张扬既没必要，对企业也没有好处。

（5）不气馁。这项工作的难度很大，我们不要泄气，也不要指望一两次就能完成。我们这次做的是基础性的东西，以后还要不断修改，不断完善，这样想就能做到心态平衡了。任何事没有绝对，国家的宪法也要修改。

做这件事是正华从人治转向法治的过程，它把领导的权威和企业未来的规则、法则结合起来。规则是人制定的，体现了企业家的意志，但不能将企业家的意志强加于个人身上。这件事是正华从人治到法治的转折点，企业纲领制定出来以后，企业家也要遵守。这不是企业个别领导的事，是正华全体员工的事。因此，这是正华从人治向法治转变的关键时期。关键是企业纲领是否凝聚在企业文化当中，凝聚在每一个员工的心里。我们的企业纲领要转化成企业文化的延续、企业制度的延续。企业文化、企业制度不是企业家个人的制度、个人的文化。企业文化是企业纲领的延续。

我们要坚持不动摇、不争论、不攀比、不张扬、不气馁的“五不”原则，时间服从质量。我们不能走过场，不能流于形式，要借这件事推动正华的发展，推动企业文化和企业制度的建设，把我们的智慧凝聚到这件事情上来。

不要用异样的眼光看待企业，不要相互隔阂、对立、猜疑，这是企业涣散的表现，是企业的腐蚀剂。

这些是我几十年来研究、观察了大量现象做出的总结。

有了这个章程，任何人的变化都不会影响正华，正华也不会是短命的企业，从而解决好企业短命的问题，使正华第一代人开创的事业能够延续下去。

正华宪章应当包括企业文化和企业制度两大部分。

企业文化和企业制度是正华发展的两大支柱。建高楼，支柱很重要，地基要打牢。正华如同一棵树，树由三部分构成：第一部分，是开花结果的部分，相当于我们的产品、业务和项目。第二部分，是树干，相当于企业管理。企业管理包括项目施工管理、财务管理、业务管理、生产管理、人力资源管理等，要保证质量、保证工期、保证客户满意。第三部分，是树根，相当于我们要搞的宪章。树根要扎实，否则树就容易歪斜。宪章相当于树根，树要长青，树根就要扎实，要不断吸收养分，土壤需要肥沃。树的根系要延伸，延伸到我们每一个人的心里，这样树根才能扎实，否则流于浅表就完了。

企业文化、企业制度是宪章的两大支柱，也是正华发展的两大支柱。

企业制度是企业法制的表现，正华宪章本身就是企业的制度、企业的法律。一个企业的发展，关键在于企业制度的延续和完善。为什么？市场经济本身是法制经济，依法运行。正华要有法制意识、法制观念，遵守法律。企业制度是企业内部法制化的表现。

企业发展分为两个阶段，一个是创业阶段，在这个阶段凭借创业者的胆识和能力渡过难关。有个词叫艰苦创业。创业是很艰苦的，但创业者只要能吃苦，加上胆识和能力就能渡过难关。好多民营企业就是凭着吃苦精神成功的（如万向集团）。创业者开始阶段基本靠吃苦、胆识、胆量、冒险精神。企业发展到一定阶段，企业家个人的魅力、吃苦精神、能力就有局限性了，不能满足企业发展的要求，这就到了第二道关卡，也就是二次创业。二次创业能否成功取决于能否形成企业制度。最近我发表了一篇文章，题目是《非公有制经济发展需要跨越几道坎》。我研究过国内非公有制经济和国外企业，发现为了避免企业的夭折必须重视制度建设。正华也到了这个关卡，虽然还有机遇，还有经济适用房做，但今后如果没有了经济适用房该怎么办？制度创新成为企业发展的动力和战略保证。正华要发展必须制定制度。宪章是根本性的制度建设，体现了我们总的和根本性的制度。

企业制度的建立和实施是通过人的作用体现的，关键要处理好企业制度和人的关系，这是中国企业的一大难点。中国企业的发展不是单独的管理问题，其根本问题是制度建设和人的作用如何发挥。

管理是什么？管理就是通过别人来做好工作的过程。

（1）管理是过程，是手段，不是目的；

（2）管理是做好工作的过程；

（3）管理是通过别人做好工作的过程。

工作要通过大家来完成，是和人打交道，通过业务表现出来。中国企业办不好的最大原因是人的问题，对人没有分析透。企业的实质是跟人打交道，国外的组织行为学把人研究得很透彻。人的第一需求是生理需求，然后是安全需求、归属需求、尊重需求及自我价值实现需求。

管理者是谁？管理者就是对别人的工作负责的人。

别人工作出了问题他要负责。美国记者问某管理学家什么是最好的管理者，什么是最差的管理者。该管理学家的回答是：敢于负责的管理者就是最好的管理者，推脱责任的管理者就是最差的管理者。有一个老总对下属布置工作时讲："这件事你去做，做好了是你能力的表现，做不好责任在我，因为是我交给你做的。"这个老总当得好，令人佩服，使被管理者感到温暖。这就是情感管理，情感不能停留在口号上，而是体现在管理的每一个环节上。

刚才讲管理始终是在跟人打交道，物是死的，人是活的。建筑有质量问题，肯定是人的问题，要明确责任。中远的老总曾给我讲过一个故事：中国远洋船开到海上去时和外国远洋船不一样。外国船长穿西服、打领带，站在船头，指挥航向，保证按时到达目的地；中国船长穿着工作服，满身油渍，深入基层，帮着排忧解难，最后把船开歪了，应该两天到，结果四天才到。中国企业不清楚怎么走，船长、水手不知道各司其职，领导喜欢一竿子插到底，关心基层，结果搞得一片混乱，企业处于一种无序管理状态，大家并没有各自履行职责。

制度建立靠人，执行也靠人。人的品质、观念、素质影响企业制度的形成和完善。在座各位的现状和观念也会影响正华企业纲领起草的质量。人的作用就是企业文化对企业发展的影响和表现。

企业文化问题已经引起我国越来越多企业的关注和重视，这是好现象。但是对于企业文化有两种偏向：第一种是社会口号化，社会口号是社会文化而非企业文化，这导致企业文化雷同，缺乏企业的特色；第二种是把企业文化等同于文艺表演、体育活动、卡拉OK等，这是将企业文化简单化、庸俗化。

企业文化是什么？企业文化是为实现企业发展目标而具有凝聚力的全体员工认同的价值观。企业文化是市场经济条件下衡量企业发展程度的基本标志。

企业文化和企业制度的关系：企业文化是引导企业员工善的一面，企业制度是抑制企业员工不利于企业发展的一面，两者相辅相成，共同促进企业健康发展。

（在“北京住总正华建设集团高层、中层、骨干员工会”上的讲话，2003-11-06）

● 神华管理与公司发展的里程碑

——祝贺《管理视野》创刊

神华管理学院的成立和其内刊《管理视野》的创刊，既是神华集团一贯重视管理培训工作和管理理念创新的必然结果，更是未来人才建设和公司发展的重要里程碑。我对神华集团领导及其相关部门在各个时期的管理培训工作有着深切的感受。2004 年至 2005 年期间，神华集团结合改制重组上市工作的逐步开展，组织了专题系列讲座，我应邀先后主讲了“企业改制与上市”“上市公司的规范运作”“进一步规范公司法人治理结构”等课程，深感神华集团各级领导和管理人员对现代公司管理知识的渴望与提高公司管理水平的追求。在神华管理学院成立并取得成效的基础上，创办《管理视野》刊物，我深信这将是神华管理新阶段开始的标志。我热烈祝贺神华管理学院《管理视野》创刊！

现阶段的中国企业管理面临国内外经济转型和技术创新的机遇与挑战，这既是近百年来世界管理发展史上从未有过的现象，也是我国改革开放 30 多年来市场经济发展的要求。此时此刻神华创办的《管理视野》，应当具有“三于”的时代特色，即立足于神华的管理实践，着眼于信息化与全球化的管理视野，实现于管理理论与管理实践的有机融合。

管理是科学。管理学的学科理论价值在于系统地研究企业组织与管理过程中的个体和群体及其相互关系。管理是艺术。管理学的实践应用价值在于具体地运用管理知识和管理原理来解决管理过程中的实际问题，包括人与人之间和人与物之间的问题。管理是手艺。管理学在企业实践中的具体应用，同管理者本人对管理理论和管理信息的理解及其自身的个性特征密切相关，尤其是受到管理者个人在管理工作中的手感、质感、分寸感、操作感及其对人物与事件的判断、选择、微调能力的影响。神华《管理视野》的使命是实现科学、艺术、手艺三者的有效结合。管理的科学理论是抽象的，却是普遍的共同规律；管理的艺术技巧是具体的，却是长期的变化的行为；管理的个人手艺是差异化的，却是真实的多元的存在。《管理视野》作为神华管理者获得管理知识和管理信息的渠道，将使神华形成信息决定思路、思路决定出路、出路决定财路的良性循环发展局面并成为长寿型企业。

基于神华集团有限公司在国内外市场经济活动中的地位和作用，《管理视野》不仅将成为神华集团内部各类人员的良师益友，而且对社会各类企业的管理创新有着积极的启迪和借鉴作用。为此，我对《管理视野》的内容提出如下建议：

（1）在建立与完善现代企业制度过程中，如何处理好产权制度、组织制度与管理制度的关系，以保证神华集团持续、稳健、有效地发展。

（2）神华集团股权管理的特点和值得总结的经验有哪些，还有哪些应当分析与解决的问题。

（3）如何处理好神华集团作为母公司与包括中国神华能源股份有限公司在内的子公司之间的组织关系。

（4）神华集团怎样用上市公司的管理理念与管理行为来引导和促进集团内部各项管理工作的开展。

（5）神华集团中各类公司的组织变革，怎样才能适应神华整体的发展要求和提升神华在国内外的市场竞争力，包括公司内部的机构设置、人员配备、责权利的划分及协调工作是否合理、高效、富有组织活力。

（6）在规范神华集团的公司法人治理结构过程中，怎样发挥股东机构、董事会、经理及各类高管人员的作用并处理好相互之间的协调关系。

（7）在神华集团及其中各类公司管理过程中，怎样处理好内部条件与外部环境的关系，包括分析内部优势条件与劣势条件和外部有利因素与不利因素及应当采取的管理对策。

（8）神华集团及其中各类公司怎样定位战略管理的使命和明确具体业务管理的细节要求，处理好管理过程中的战略决策与精细化管理的关系。

（9）鉴于神华集团的经营活动涉及煤炭、电力、运输、煤化工及其相关的多种行业，神华在战略决策过程中怎样处理好各类公司的主营业务与兼营业务的关系，这是决定管理成败的关键问题。

（10）神华集团及其中各类公司在战略决策中，如何处理好内外部各类人员的利益关系，包括股东、董事、经理、员工以及客户、债权人、政府、社会公众之间的利益关系。

（11）在神华集团及其中各类公司战略决策过程中，怎样处理好规模与效益、成本与质量、微利与暴利、进入市场与退出市场的关系。

（12）神华集团及其中各类公司怎样建立综合的相互联系的业务管理系统，包括生产管理、营销管理、技术研发管理、人力资源管理、财务管理及相关的各项业务管理工作，使之既分工明确，又协调一致。

（13）神华集团及其中各类公司怎样建立与完善各项业务管理制度，使之既有利于规范管理工作的目标、流程和绩效要求，又有利于促进管理创新活动的开展。

（14）神华集团及其中各类公司怎样处理好制度管理与人本管理的关系，使之既发挥人在管理工作中的积极作用，又能做到用制度来规范人的行为。这是管理工作的难点，切忌片面、极端、孤立地对待。

（15）处理好神华集团及其中各类公司的企业制度建设与企业文化建设的关系，使企业制度与企业文化成为神华集团及各类公司发展的两大支柱。

以上15条是我对怎样立足于神华管理实践及《管理视野》刊物发展的建议。衷心祝愿神华管理学院《管理视野》刊物越办越好！

（原载神华集团《管理视野》，2011（12））

● 改革中发展与发展中改革

——福建省电子信息集团考察

福建省电子信息集团是国有企业改革的产物，明确了以改革为动力来促发展和发展是改革的目标，坚持在改革中发展、在发展中改革的思路，并采取了一些创新举措，使集团由成立之初的全省下游企业，提升到 2013 年中国电子信息百强企业第 45 位和全省百强企业第 57 位。其改革与发展的实践表明：国有企业改革的实质是国有企业改制。

原福建省电子工业厅所属的这些国有企业的改革从 1978 年就开始了，但由于政企不分，这些企业效率低下，亏损严重，处于破产境地。后来实行政企分开，这些国有企业进行改制。改制是改革的延续和发展。改制就是制度创新。改制的方向是建立现代企业制度，由工厂制改为公司制，集团顺势而生。市场化改革的关键是处理好市场经济体制中消费者、企业和政府三个成分的关系。这些国有企业在市场化改革中，坚持消费者是首位成分、企业是基本成分、政府是不可缺少成分的理念，努力提升集团的市场竞争力。如我们考察的星网锐捷公司始终坚持把消费者利益放在首位，面向用户需求开发新产品和服务项目。

公司制度创新是产权制度、组织制度、管理制度三个部分的相互融合。其中产权是前提，组织是保证，管理是基础。它们不断调整组织结构，重视激励机制、薪酬考核及各项基础性管理制度创新。如星海通信公司是由原国有福州无线电厂改制而成的股权多元化的企业，实行经营者及员工持股制度。企业制度创新与企业文化建设是企业发展的两大支柱。两者相互补充，共同促进企业发展。如星网锐捷公司的企业文化体系，确立了公司使命、愿景、理念及价值观，增强了公司内部凝聚力，是公司发展的软实力。企业改革提升了对外开放水平。它们发挥福州对外开放的地理条件和区位优势以及海峡西岸经济区的作用，建立并扩大与跨国企业的资本合作关系，与台湾企业的友好合作关系。改革、开放、发展是相互联系、彼此促进的统一过程。

企业发展新建、扩建和并购三种方式的有效利用，是适应技术信息化和经济全球化的必然趋势。它们从实际出发，合理利用新建、扩建、并购这三种发展方式，促进了企业的可持续发展。上述成功经验，与党的十八大和十八届三中全会有关精神高度契合，对全国的国企改革与发展有着借鉴价值。

（原载人民日报社《人民论坛》，2014（6））

● 黑松林企业文化的十四点示范作用

黑松林是一家在塑造企业文化方面十分优秀的企业。这些年来，我一直在跟踪和调研黑松林为什么会取得如今的成绩。结合这些年的体会，我认为黑松林之所以能够在企业文化建设方面取得显著成效，主要有以下十四个方面的原因，它们值得我们认真地思考、学习和借鉴。

第一点，企业定位明确。企业文化四个字，主体是企业，不能离开企业讲文化。对企业文化的实践和检验是什么？是企业的可持续发展。企业文化必须赋予企业生命，企业必须要长寿不能短命。黑松林企业文化的主体是企业，黑松林是生命型企业，这一点非常明确，就是要做长寿型企业。黑松林已经有 32 年了，根据我的研究，中国小型企业的平均寿命不到 10 年，所以黑松林是很棒的。如果企业不能可持续发展，就不能讲企业文化，因为企业已经不在了，就不存在企业文化。黑松林存在并发展 32 年，很显然，生命型、发展型是其企业文化的特色定位。

第二点，黑松林的企业文化要求产品精益求精。小企业实现大作为，一定要有高质量的产品。黑松林这样一个 50 人的小企业能够参与 13 项国家标准的制订工作，这是对其企业文化的一个证明。产品是企业文化的物质表现，文化是精神，但是最终还要表现在物质上。黑松林的产品精益求精，最主要的是黑松林具备了工匠精神。现在中国缺少的是科学精神和工匠精神，科学精神是去开拓创新研究，黑松林能够参与制订国家标准，就说明企业有工匠精神，能精益求精，产品质量过关，且其产品销往全国各地及世界各地。不能离开物质来讲文化，也不能离开物质来讲精神。否则就抽象了，总是需要拿出产品实物来。

第三点，黑松林的领导组织效率高。50 人的小企业做出了 500 人大企业的成绩，这就是文化的力量，软实力造就了实实在在的成果。不仅是因为个人效率高，也是因为组织效率高。组织这个概念是分工与协调统一的过程。黑松林的企业文化促进了组织效率的提高，提升了竞争力。

第四点，黑松林的财务稳健扎实。黑松林提倡现金为王。当前中国工业经济出现的最大问题，就是缺乏现金，到处是债务，企业打着融资的旗号进行股权融资和借贷融资。经济危机是潜伏在水面下的，很多国企领导的做法是，这一任的债务由下一任来还，但是民营企业不能这样做。黑松林的财务稳健扎实，现金为王的做法是解决当前财务危机的根本思路。

第五点，黑松林的心力管理成为企业的核心价值。黑松林企业的物质财富与精神财富是相互融合的，最终形成了黑松林独特的管理模式和实践价值。

第六点，黑松林的企业文化是将企业家精神贯穿整个过程。有人说企业文化就是企业家文化，这一点不完全正确，但毋庸置疑的是，企业家精神非常重要。黑松林的企业文化与黑松林的企业家精神是联系在一起的，没有刘鹏凯的企业家精神就没有黑松林的企业文化。

第七点，黑松林的化工产品适应了新时代的要求。没有成功企业，只有时代企业。成功是暂时的，时代是永恒的。化工产品的确随着时代的变化而变化，而黑松林的化工产品适应了化工产品的时代要求，符合新时代化工企业的新发展趋势。

第八点，黑松林的企业文化处理好了内外八种人的利益关系。内部有四种人：股东、董事、经理、员工。外部四种人：客户、政府、社会公众、周围的团体。黑松林把这八种人的利益关系处理得很好，取得了当前的成绩。

第九点，黑松林的企业文化是从本企业的实际出发，创建以心力管理为核心的企业文化。思路决定出路，出路决定财路，企业文化本身就是一种思路。从本企业的实际出发来创建心力管理很重要，即一定要立足本企业的实际来建设企业文化。这跟传统的灌输企业文化不同，那个有统一的要求。企业文化没有统一的要求，因为企业是不一样的，立足企业建设的文化必然也是不一样的。

第十点，心力管理的创始者是刘鹏凯。我觉得企业文化一定要有一个创始者，而且他一定要发自内心地做企业文化。不是谁让他做，也不是为了贯彻上面的某种意图。黑松林的带头人刘鹏凯是企业文化的践行者、理论者、表达者、参与者。

第十一点，黑松林的心力管理文化是在市场竞争中形成的。心力管理理论不是刘鹏凯在房间里想一想就有了的，而是他参与了国内市场和国际市场的竞争，在竞争中获得的。黑松林虽然是小企业，但是参与制定了同行业中的国家标准，就体现了小企业大文化大市场。

第十二点，黑松林的企业文化是实现企业经营目标、得到员工认同的企业价值观。黑松林的企业文化已经根植于员工的思维中、血液中、行为中，员工的每一个行为都是发自内心的。团队具有凝聚力和外部竞争力。华为老总任正非曾说，即使能干的人都走了，但是留下来的人只要有凝聚力就可以超过能干的人。黑松林的企业文化就是内部有凝聚力进而外部有竞争力的统一表现。

第十三点，黑松林的企业文化建设和制度创新是相融合的。企业制度与企业文化是企业发展的两大支柱，企业制度是硬的，企业文化是软的，企业制度是遏制人性恶的一面，企业文化是引导人性善的一面。黑松林的企业文化就是制度创新与文化创新的融合。管理是一个过程、一个流程、一个程序，只有工作做好，企业发展好，才能够谈到企业文化。

第十四点，黑松林的企业文化是中国传统文化与现代文化的结合。传统文化到底是什么？什么是精华？什么是糟粕？刘鹏凯的心力管理取自传统文化，他不去争论什么是精华什么是糟粕，而是认为实实在在地有利于企业发展的文化就是好的。黑松林的企业文化就是创新，就是把中国传统文化中的精华传承下来，把国外有益的新时代文化吸取进来，并将两者有机结合。黑松林的企业文化值得全国其他企业学习和借鉴。

（原载《黑松林人》，2018（9））

● 重视民营企业的制度创新

——来自沙钢集团的经验

沙钢集团党建工作的成功经验是：有明确的党建工作思路，即紧紧围绕企业发展开展党建工作。党建工作的思路决定党建工作的效果，表现在沙钢集团从无到有、从小到大、从弱到强的全过程，即经历创业、创新、创优、改制、上市的各个阶段。思路决定出路，出路决定财路。以沈文荣为代表的创业者自 1975 年从沙洲轧花剥绒厂一个车间自筹资金 45 万元创办沙洲钢铁厂起，就开始发挥党员作用。在 36 年的发展过程中，党建工作取得成果，沈文荣成为中国共产党第十六次和第十七次全国代表大会的代表。实践表明，企业党建与企业发展是相互促进的互动关系，不存在“两张皮”现象。

沙钢集团的党建工作强调“企业要在激烈的市场竞争中立于不败之地，不断壮大竞争优势和实力”。沙钢集团的企业发展思路具有时代气息和创新意识，包括全球化、信息化、人与自然和谐、人与人和谐的发展思路，使沙钢在国内外钢铁企业洗牌重组的激烈市场竞争中，主动应对进口铁矿石及大宗原材料大幅涨价、国内外钢材市场变化多端的严峻挑战，加速结构调整，加快转型升级，既扩大规模又保持效益增长，实现企业持续高效稳健发展。

沙钢党建工作的目标是把实现“打造精品基地，建设绿色钢城”

的战略目标贯穿工作全过程。党委把实实在在的企业绩效目标作为工作的出发点和落脚点。对各级党组织明确要求，“党建工作到位不到位，关键要看生产指标攻关、安全管理、降本增效、职工培训工作开展得到位不到位，要看党员在这些活动中的作用发挥得到位不到位”。党建工作的这些要求有利于提高企业的经营绩效。

沙钢集团党建工作的组织保证切实有力，坚持“以人为本”的理念，发挥基层党组织和党员的作用，实现企业党建工作与企业文化建设的结合。通过实行交叉任职来保证党建工作与企业管理工作的互动并进。为基层党员和员工搭建工作平台，开展群众性的小改革和自主创新活动。发挥工会和共青团的作用，推进职工培训工程，不断提高职工素质和技能水平。把加强教育、严格管理与关心职工结合起来，解决住房、体检及关乎职工切身利益的其他民生问题，增强企业凝聚力。沙钢党建工作与企业文化的结合，对内增强了组织力，对外提升了竞争力。

未来的沙钢集团党建工作要重视民营企业的制度创新。沙钢成为“百年老厂”的根本保证是建立与完善现代企业制度，包括现代企业产权制度、现代企业组织制度和现代企业管理制度。理顺党组织与公司治理的制度关系。处理好沙钢集团母公司与包括沙钢股份上市公司在内的子公司的组织关系。沙钢集团是改革开放成果的表现，也将在深化改革和扩大开放中更好发展。

（原载人民日报社《人民论坛》，2011（8））

● 文化铸就品牌　人本凝聚力量

——对广西十一冶集团公司企业文化的评价

一、十一冶的企业文化功能明确

一是导向功能，引导企业健康发展；二是凝聚功能，凝聚全体员工；三是激励功能，通过企业文化，激励大家把十一冶干得更好；四是摸索功能，保证企业在市场行为中自律、遵守法律；五是辐射功能，通过企业文化建设推动各项工作。

二、十一冶的企业文化建设效果明显

（1）企业文化建设提升了企业软实力，即提升了员工的综合素质和能力，提升了十一冶的管理能力。（2）十一冶的企业文化建设创造了软管理。把文化和管理、文化与制度紧密融合在一起，所以企业不仅有外部制度的约束，还有内部员工的内在激励，企业上下同心同德发展十一冶。（3）企业文化建设塑造了品牌形象，打响了十一冶品牌。（4）培育了和谐的气氛。通过企业文化，上下沟通，培养团队达到和谐的状态。（5）形成了系统工程，统一了思想，统一了各个部门的工作，上下一心，效果明显。

三、识别系统清晰，值得很好地提升和总结

（1）理念识别系统的理念、宗旨明确，愿景清楚，精神和战略积极，并通过理念形成制度文化、创新文化、执行力文化和团队文化，达到了效果；（2）员工行为识别系统使员工养成良好习惯，使无形的力量和有形的力量结合在一起，软实力和硬实力结合在一起，物质和精神双管齐下，软硬兼施，从而发挥了很大作用。

四、十一冶的企业文化内涵科学

通过企业文化的吸收和借鉴，十一冶始终把企业文化和企业发展紧密联系在一起，使企业文化具有凝聚力而且是全体员工认同的价值观；将企业文化融入全体员工的思维当中并落实在行为之中。

五、十一冶的企业文化来源扎实

十一冶的企业文化是长期形成的，是自下而上的。十一冶的企业文化，外部来源于客户，来源于市场；内部则来源于领导的以身作则。杜总亲自抓企业文化工作。他作为企业文化建设的领导者、组织者、倡导者和第一责任人，保证了十一冶企业文化的来源和形成扎实、科学。这一特点和经验对全国各地的企业文化建设具有借鉴价值。

（原载《十一冶集团》，2014（7））

● 晋路文化建设的成功经验和发展趋势

通过对山西高速公路文化（简称晋路文化）建设的调研，我得出晋路文化建设的成功经验是：

（1）目标明确。晋路文化是从历史的、战略的、发展的视角来认识文化建设，通过更人性化、更持久、更广泛的文化建设来促进高速公路的发展，体现文化建设的增强吸收力、形成凝聚力、提高竞争力、创造生产力的功能，把晋路文化建设与高速公路发展有机地融为一体，避免文化建设与业务工作的“两张皮”现象。

（2）来自基层员工。在调研太原高速公路和忻州高速公路公司的文化建设的过程中，我们考察了小店收费站和顿村收费站的精细化管理的文化建设，了解到员工的理念和精神构成了晋路文化的价值观体系。它们通过基层组织建设工作，实现班组建设标准化和员工行为标准化的要求。在考察现场我写下了“精细化管理是晋路文化之魂”的题词。

（3）领导者以身作则。山西省高速公路管理局局长董新品和局党委书记蒋世欣带领山西高速公路系统的员工坚持不懈地把文化建设作为引领高速公路发展的软实力，并以身作则地践行晋路文化建设的各项要求，受到称赞和好评，成为学习的榜样。

（4）提炼精辟。在多年实践中形成并提炼出“畅享三晋”作为晋路文化的核心价值观，是由感性到理性、自发到自觉的集中体现，成为山西高速公路发展的形象引领和行动指南。

（5）内涵丰富。在晋路文化建设过程中，把文化建设与党建工作和精神文明建设有效地结合起来，使晋路文化成为实现经营目标和具有凝聚力的全体员工认同的价值观，推动山西高速公路的创新与和谐发展。

（6）效果显著。晋路文化建设取得物质财富和精神财富的双丰收。从 1996 年 6 月山西第一条高速公路通车到 2012 年 6 月，全省高速公路里程快速发展到 4 005 公里，建成了全省“三纵十一横十一环”的高速公路网。创办了《山西高速》内部刊物，反映晋路文化建设的成果，形成了《精细化管理岗位工作标准应用手册》等理念识别系统、行为识别系统、视觉形象识别系统的各类文化手册及企业文化故事集。

山西高速公路文化建设在已有成效的基础上，正在呈现纵深发展的趋势，为此，我有四点建议：

第一，冠名建议。用“晋路文化”简称来指代山西高速公路文化或山西高速公路系统的各类文化，以利于化繁为简，使“晋路文化”享有山西晋商文化、根祖文化、黄河文化、佛教文化等品牌优势资源。

第二，坚持制度创新和文化建设的融合。如精细化管理，既要确立精细化管理的理念，又要严格精细化管理的制度。制度抑制人性恶的一面，文化引导人性善的一面。对文化管理来说，文化就是“人化”和“化人”，管理就是通过别人来做好工作的过程。

第三，处理好政府的行政指导与企业的市场运营的关系。未来的山西省高速公司管理局与山西省高速公路集团公司将分别行使政府职能与企业职能，建立符合社会主义市场经济要求的新型政企关系。

第四，处理好母公司与子公司及其所属各类组织的企业文化的关系。既要符合“晋路文化”建设的总体要求，又要具有母子公司文化建设的自身特色。

● 企业党建与企业发展的有机融合

——来自东方路桥集团的体会和感受

东方路桥集团党建工作的成功经验和显著特点是实现企业党建与企业发展的协调与统一。其代表人物是东方控股集团董事长、党委书记丁新民。他是辞官下海的创业者，具有民营企业家的创新意识和开拓精神，而且曾任党委书记的他懂得党建工作的重要性，更为可贵的是他把党建工作与企业发展有机地结合在一起，使企业不存在“两张皮”现象。

东方路桥集团党建工作的目标，是把改革开放以来党在新时期的任务作为企业党建工作的指导方针，有利于实现社会主义市场经济体制和建立现代企业制度。东方路桥集团的党建工作是对传统的延续和发扬，既继承了党的优良传统，又在新形势下发扬和丰富了党建工作的内容，有效地促进了企业的发展，提升了企业的市场竞争力。企业是社会生产力发展的载体，是创造财富和积累财富的基本组织。东方路桥集团的党建工作遵循“劳动创造财富”的理念，提出了“以人为本，共同富裕”的企业发展宗旨，把创造企业财富的员工摆在分享企业财富的主体地位。

东方路桥集团的党建工作立足于企业基层员工，重视发挥企业基层党员的作用。尤其是企业着重解决包括改善民工的生活条件在内的民生问题，增强了企业的亲和力与凝聚力。由于东方路桥集团的施工地点一般在远离城市的偏僻乡村和荒野戈壁，从事路桥建设的民工的生活与居住条件不太好。在工地考察过程中，我亲身感受到东方路桥集团党建工作的开展。为了从根本上改变路桥施工的状况，东方路桥集团党委重视发挥民工联队党组织的作用，把改善民工的工作环境和生活条件作为党建工作的重要内容，并采取了一系列切实有效的措施。集团党委把改善民工的住宿条件作为民工联队党组织工作考核的硬性条件。对于积极购置活动板房的民工联队，集团公司予以经费上的资助。集团党委通过民工联队党员责任区和联系点制度对民工进行具体帮扶。集团党委重视开阔民工视野和提高民工素质，几年来多次组织民工联队的基层党员和骨干民工赴海南、华东五市、北京乃至东南亚等旅游、参观和度假，使基层党员和联队民工受到极大鼓舞，这有利于企业和谐发展。

东方路桥集团的党建工作与企业文化建设融为一体，有力地促进了企业的稳健发展。企业文化是为实现经营目标而具有凝聚力的全体员工认同的价值观。集团公司提出的经营目标是以一流工程回报社会、一流效益回报股东、一流服务回报客户、一流事业凝聚员工，实现既创造物质财富又创造精神财富的企业价值观。丁新民在东杨公路通车时说："我们修了两条路，一条高质量的东杨公路，一条高品位的精神之路。"这是集团党建工作与企业文化建设相结合的真实写照。

东方路桥集团党建工作持续发展的根本出路在于建立与完善现代企业制度。我建议从公司产权制度、公司组织制度、公司管理制度三个方面来规范东方路桥集团的现代企业制度，实现股权明晰、股权结构合理，理顺党组织与公司治理的关系，发挥党员与民工在管理制度创新中的作用，处理好公司制度建设与人本管理的关系以及东方控股集团与四个集团子公司的组织关系。

● 九牧发展的成功之路

通过对九牧集团的考察与调研，我深感它是改革开放的产物，也是社会主义市场经济发展的丰硕成果。依据市场需求，九牧在 1990 年创造性地研发出适合煤矿使用的喷淋系统。28 年来，九牧不断搜集市场信息，开拓市场新领域。信息决定思路，思路决定出路，出路决定财路。九牧发展的成功经验突出地表现在以下几个方面：

第一，把消费者需求放在第一位。

九牧创立时，生产的是能消除煤矿高温导致的安全隐患的产品，并可降低粉尘浓度，减少粉尘对人体的伤害。随后，九牧不断开发家用厨具和洗浴系列产品，满足消费者的需求。2007 年，九牧开始研发智能马桶，以满足“小厕所大民生”的需求。尤其是在中国农村经济发展取得巨大成就的同时，农村改厕成为全面建成小康社会的重要举措之一。“小康不小康，厕所第一桩”。农村厕所革命，是农村城镇化、缩小城乡差别的必由之路。九牧生产的各类厕改产品，正是满足新时代社会发展的需求、满足居民对美好生活更高需求的集中表现。九牧有条件成为“中国厕所革命”的引领者，为补齐“厕所革命”这一民生短板做出新的贡献。

第二，发挥企业在市场竞争中的优势条件。

九牧在市场竞争中求生存求发展的显著特点，是善于分析企业的内部条件和外部环境，尤其是发挥企业的优势条件，制定符合实际并切实可行的经营战略。九牧的陶瓷生产线、科牧智能车间、店效研究中心的生产自动化水平和客户服务业绩表明，从原料到制造过程再到销售的各个环节，九牧具备推动“厕所革命”的有利条件，适应新时代、新农村、新生活的乡村振兴战略要求。九牧凭借领先行业的优势条件，拥有近 3 000 项产品专利，摘得 27 项国际设计大奖，并斩获行业唯一的红点至尊大奖。九牧集团的董事长林孝发还入选了“国家级科技创新创业人才”。

第三，处理好企业与政府的关系。

2004 年 11 月 17 日，第四届世界厕所峰会在北京举行，这是中国首次举办该峰会。世界厕所组织发起人提出，“厕所是人类文明的尺度”。汉语中“厕所”含义深刻：“厕，清也。”“吃喝拉撒睡”是对人类生活的生动描绘。进食、排泄、睡眠是正常生活的必要过程。厕所革命涉及排泄的行为、观念和环境的全面改观，有利于提升普通民众的生活品质，获得清洁、舒适、安全、便捷的排泄环境。中国现阶段的厕所革命，必将引起对厕所的多层次多类型的产品需求，包括对农村厕所与城市厕所、旅游景点与聚会场地的厕所、公共厕所与家庭厕所的不同需求。九牧在“厕所革命”中有效地处理好企业与政府的关系，在采取“政府推动、以商建厕、以商养厕、以商管厕”的市场运作方式过程中，承担企业的社会责任，倾心推动社会公益事业，适应了新时代发展的要求。

第四，树立全球品牌意识。

九牧自 1990 年创立以来，在技术创新、转型升级、智能制造、品牌建设诸方面取得显著成效。以卫浴、橱柜、衣柜、阳台、陶瓷、石材、全屋水系统、整合设计、物流诸项为跨界产业资源，引进了世界顶尖品牌。在全球拥有五星级定制店 4 000 多家，销售网点

50 000 多个。九牧还重视创新九牧品牌领先的原动力，拥有 2 000 多名研发设计人员、16 个实验室、8 个研究院以及欧洲运营中心和北美运营中心。

第五，以工匠精神保证产品质量。

九牧视产品质量为企业生命。面对我国东部沿海易腐、南部潮湿、北部干燥、西北缺水的不同地区以及公共场所对厕所的不同需求，九牧从产品设计、原材料采购、制造工艺过程直到售后服务，均采取有效措施以保证产品的结实、耐用和精美。九牧尤其坚持严谨细致、一丝不苟和精益求精的工匠精神，对使用者将心比心，使匠心融入每个员工。

第六，公司制度与公司文化是九牧发展的两大支柱。

九牧的公司制度（包括产权制度、组织制度、管理制度和各项业务制度）建设有力地保证了公司的健康发展。尤其是公司员工的招聘、培训、考核和激励制度，使九牧适应时代发展的要求。九牧公司的文化建设明确提出了企业的使命、愿景、精神、价值观和风格，包括“让地球环境更加美好”“以用户价值创造者为本”“微笑九牧、温馨家园”的理念。九牧发展的成功经验，是把公司制度与公司文化这两大支柱有机结合起来，体现以人为核心的公司管理制度。公司制度是有形的，公司文化是无形的。公司制度是硬的，抑制人性恶的一面；公司文化是软的，引导人性善的一面。九牧软硬兼施，双管齐下，促进全体员工长期努力奋斗，以实现百年九牧的发展战略目标。

● 天津海测精神与海测人

通过调研与考察，可以深刻感到天津海事测绘中心的革命化、正规化、现代化（“三化”）建设取得了丰硕成果。其成功经验不仅有着鲜明的行业特征，而且对全国各类组织均具有积极的启迪作用和借鉴价值。

（1）从实际出发，立足于行业特点，以天津海测精神为内核，形成了丰富而又独特的天津海测“三化”建设理念。

作为从事沿海港口和航道测绘的专业队伍，天津海事测绘中心承担着海道测量、海图编绘发行、海事应急抢险、通航水域扫测等职责。它上能验海流、算潮流，下能量海深、探底质，对促进“海洋强国”战略的实施、推动交通运输和海事事业的科学发展起着支撑作用。海测工作具有不同于陆地测量的特点，即动态性、实时性、综合性，更能体现“三化”建设和天津海测精神在作业一线的践行。这些鲜明的实践特点决定了天津海测“三化”建设以海测精神为核心内容。

天津海事测绘中心是“建设海洋强国”战略的先行者。天津海测精神的突出表现，是天津海测人适应海上动态测量工作环境变化的开拓精神，是依据海底地形地貌的不可视性而采用现代探测理念和正规操作系统的科学精神，是同时完成多种测量项目的现代化与信息化的时代精神。“精测海疆，使命必达”的天津海测精神包括开拓精神、科学精神、时代精神，是实现海事系统革命化、正规化、现代化的具体表现。

（2）坚持社会主义市场经济方向，以天津海测人为主体，塑造市场经济条件下的高素质人员，体现了天津海测“三化”建设的实质。

天津海事测绘中心的“三化”建设，是“自上而下”与“自下而上”相结合的过程，把天津海测精神渗透到每个人的日常行为和业务工作之中。确立所有人员的责任意识和团队意识，体现“三化”的实质就是“人化”，就是“化人”，提高组织竞争力的软实力。分期分批举办职工作风、礼仪、领导艺术及各类人员综合素质等培训班，实施准军事化的工作要求，使天津海测建成特别能战斗的专业化队伍，做到“召之即来，来之能战，战之能胜”，符合市场经济条件下天津海测人“作风过硬，技术合格，体能达标”的要求，实现天津海测的组织目标。尤其是领导班子成员带头身体力行进行锻炼，营造了全中心的体育健身氛围，为处置海上突发事件和测绘应急抢险夯实了身体素质基础。

天津海测人，面对组织，是团队的人；面对工作，是负责的人；面对学习，是不倦的人；面对生活，是快乐的人。长山水道测量项目部总指挥张永合、项目主管刘洋、技术主管秦义波和部分 80 后、90 后测量员，就是天津海测人的典型代表。天津海测人的行为，是天津海测“三化”建设目标的具体表现。一条测量船就是一个团队，配备多种测量仪器设备。在每个人分工负责的基础上，协调一致地操作设备和处理数据。紧急作业情况下，天津海测人把计算机放在床边，处理完数据躺下休息会儿，再接着处理新数据，通宵达旦。遇到海上大风或大雾，及时采取措施，转危为安。海上作业的环境相对封闭，而且一次作业少则几天多则几十天，有时还需数月辗转于多个项目，但他们的工作有条不紊，生活井然有序。

（3）制度创新与文化建设是促进天津海测事业发展的两大支柱。两者结合，双管齐下，确保天津海测“三化”建设取得实效。

天津海事测绘中心系统化、规范化、精细化的管理制度，以目标责任制为出发点和落脚点。他们依据海测业务各个环节的实际状况，建立并完善质量管理体系、技术装备管理体系、人力资源管理体系、测绘保障服务体系、绩效评价考核体系及其相关的各项管理制度。天津海事测绘中心管理制度的优势是高标准和严要求，瞄准国家测绘行业管理和国际海事组织管理的要求。比如，作为牵头单位，天津海测组织开展了《测绘资质分级标准》（海洋测绘专业）的修订工作，体现了其在全国海洋测绘领域的领军地位；采用高精度的先进工艺技术管理制度，于 2013 年有效完成了山东成山角以东定线制水域扫测任务，为 2014 年国际海事组织修订成山角船舶定线制奠定了坚实基础。

天津海事测绘中心管理制度的制定与实施，同组织制度的变革是紧密相连的。管理制度创新是基础，组织制度创新是保证。天津海测中心为适应管理制度创新的要求，于 2013 年进行了组织机构的调整，规范组织结构设置，编制岗位说明书。尤其是增强了组织的创新能力，提高了业务工程质量，降低了成本费用，带来更好的经济效益和社会效益。难能可贵的是，他们始终坚持一手抓制度创新，一手抓文化建设。尤其是在海测业务的安全管理上，既倡导安全文化，确立安全意识，更规定安全制度，确保安全行为。文化是软的，引导人性善的一面；制度是硬的，抑制人性恶的一面。软硬结合，双管齐下，共同促进海测事业安全、健康、有效发展，确保天津海测“三化”建设稳定实施、取得实效。

（原载人民日报社《人民论坛》，2014（11））

● 巴山文化的功效

西安铁路局安康工务段的巴山工务车间位于川陕交界的襄渝南线中段，地处山险涧深、环境艰苦的大巴山腹地，担负着襄渝铁路81公里线路、78座桥梁、58座隧道的养护维修任务。这里桥隧相连，荒凉闭塞，集中了襄渝线上桥梁最高、隧道最长、曲线半径最小、海拔最高、坡度最大、生活条件最差的路段。自1978年成立以来，巴山工务车间继承并发扬巴山精神，形成了具有特色的巴山文化，而且成为全国企业文化建设的示范基地，对各行各业的企业文化建设起到启迪和借鉴作用。通过2014年4月16日至18日对巴山文化的考察调研，我对巴山文化的功能与效果有了切身的感受。

巴山文化的核心内容可以概括为七个字，即"巴山精神巴山人"。巴山精神的突出表现是四个方面，即艰苦创业的开拓精神、坚守岗位的敬业精神、齐心协力的奉献精神和与时俱进的时代精神。巴山精神是巴山文化的集中体现，既具有铁路企业文化的特性，又反映各类企业文化的共性。正是这种可贵的巴山精神，使落后的秦巴山区赶上了铁路发展的快车，连续36年实现安全运营零事故，这是企业安全文化的最佳写照。巴山文化与铁路养护之间的因果关系，表明巴山文化是因，铁路养护是果。巴山文化的基因是与时俱进的时代精神。巴山的理念、制度、管理、技术等诸项创新文化均是巴山精神的表现。巴山文化的功效，是把襄渝铁路这段地质条件最复杂、基础最薄弱、病害最严重的“担心线”养护成了“放心线”。

巴山文化的目标是塑造社会主义市场经济条件下的高素质人员。市场经济比计划经济对人的素质要求更高。巴山人是巴山精神的载体，巴山精神是巴山人的价值追求。巴山精神塑造的巴山人，适应了社会主义市场经济体制的要求。巴山文化是为实现养护目标而具有凝聚力的全体员工认同的价值观。所谓认同，就是巴山文化融入员工思维中，内化在员工心中，体现在员工行为中。在外部，把铁路养护运营的生命财产安全放在首位；在内部，把员工放在首位。巴山文化，就是“人化”，就是“化人”。巴山文化以人为本，把人作为出发点和落脚点，实现外部客户与内部员工的有效统一。巴山人的自立、自信、自尊、自强、自律，使他们具有独立性、责任心、成就感和自控力。巴山人齐心协力，团结一致，甘愿把毕生精力奉献给铁路养护事业。一位当年参加过襄渝铁路建设的年过八旬的老工人在回到巴山路段参观后感言道：“筑路人伟大，养护人更伟大！”

巴山人，不仅是伟大的人，更是快乐的人。巴山的快乐文化体现在巴山人快乐工作、快乐生活、快乐学习。培育亲和力，增强凝聚力，使巴山文化变得温馨动人，有利于员工身心的健康发展，也有利于家庭和谐与社会和谐。巴山人在黑水河畔的乱石滩上建起了运动场以及种菜、栽花、养鱼的生态园，还有荣誉室、陈列室、书画室、文化广场等。自 1981 年以来已连续举办 33 届巴山站区职工运动会，它被巴山人称为“巴山奥运会”“巴山人的狂欢节”。它从最初仅有站区员工参加的五六个比赛项目，发展到现在路地群众200多人共同参加的有20多个比赛项目的体育盛会，巴山路地群众运动会已成为全国持续时间最长的企业综合性运动会，搭建了路地共建传播巴山文化的桥梁。

（原载《中国企业文化》，2014（6））

地方调研

On
Management

● 中国正在透支未来

改革开放以后，中国经济确实发展了，目前中国经济总量居世界第三位，这的确很振奋人心。但是，中国经济发展仍然面临着很多问题，透支未来的现象仍然客观存在。我感觉“透支未来”最根本的问题就是寅吃卯粮、急功近利、短期行为，就是只着眼于现在。目前中国经济发展至少在以下几个方面存在着透支未来的现象：

其一，人口红利转变为人口负债。中国从 1964 年开始，人口大量增加，劳动力的比例开始上升，直到 2008 年，劳动力的比例仍然在上升。1964 年，劳动力的比例为 56%，2008 年为 73%。但是现在，中国劳动力的比例开始下降，开始步入老龄化社会，也就是说，未来的年轻人要担负起养活更多老年人的重任。人口红利开始转向人口负债，这是透支未来的典型表现。

其二，国家经济实力越来越强，老百姓的实惠并没有相应地增加。与国外相比，中国劳动者工资水平还是比较低的，劳动者收入的增长速度远远跟不上经济总量的增长速度。劳动者创造的财富更多地转移到了企业的利润、政府的财政收入中，而劳动者的养老、医疗、社会保障、住房、教育等问题，并没有得到有效的改善。但是养老、医疗、社会保障、住房、教育等方面的支出，恰恰都是关乎未来发展的长远支出，这些方面发展的落后，势必是对未来发展的一种透支，就是一种寅吃卯粮的短期行为。

其三，民间资本发展缓慢，企业科技投入不足。目前，中国的科技创新仍然大量地由政府来负担，企业对科技创新的重视程度不够，科技创新行为比较少。国家推广科技成果，可往往是推而不广，为什么呢？其原因主要是中国劳动力成本低，企业利用廉价的劳动力就可以实现短期扩张；相比之下，科技创新则需要通过大额的投资、长远的发展才能发挥作用，因此，很多企业都愿意通过廉价劳动力实现短期扩张，而忽视了关乎企业长远发展的科技创新，这对企业的发展来说，无疑也是一种透支未来的行为。

看到中国经济发展中“透支未来”现象的存在，就要引起我们对中国经济发展的警惕，就要增强我们的忧患意识。一个具有忧患意识的民族，必将是走在时代前列的民族。同样，在经济发展过程中，也需要有紧迫感、危机感，需要有忧患意识。这些透支未来的问题，如果不能得到充分的重视、切实地解决，其后果和危害性是非常大的。因为很多事情不能仅从眼前看，更要从子孙后代发展来看，从长远来考虑，为中国的未来着想。因此，增强忧患意识，对中华民族的长久兴旺是有好处的。

一、看到问题，不等于要否定过去

改革开放以来，市场繁荣，物质丰富；经济实力增强，人民生活水平提高，发展的成就举世瞩目。看到问题，不等于要否定过去。我们现在谈透支未来，并不是要否定改革开放的伟大成就，而是为了中国未来更快、更好地发展。现在经济界有两个极端看法：一种看法是中国经济发展的问题很多，并由此否定改革开放的成就，甚至想回到计划经济时代；一种看法是中国经济发展的成就很大，但是看不到发展过程中所隐藏的问题。这两种极端看法，要么看到问题，却否定过去；要么看到成就，却不愿意面对问题。这显然不利于中国经济未来的发展。对于中国未来怎么看，我认为应该要有信心，虽然中国经济发展中存在着透支未来的现象，但是通过合理的措施，还是能够解决的。

二、透支未来，不仅仅是个经济问题

透支未来不仅仅是个经济问题，而是个经济、社会、政治协调发展的问题。就经济谈经济，能解决一些问题，但很难解决深层次的问题。比如人口红利透支问题，其与经济发展有关，但又不限于经济问题。20 世纪 50 年代，国家鼓励生育，人口失控，结果人口泛滥。到了 80 年代，国家转向控制生育，实行计划生育政策。人口制度的变动，使得劳动者的数量不断减少：人口红利不断减弱，与此有着密切的联系。过去人口数量多，质量跟不上经济的需求，现在是数量不足，质量也需提高。所以，人口问题还是个社会问题，甚至涉及人口制度等深层次的体制问题。

再如住房问题，也不单单是价格问题，而涉及住房体制改革。1998 年我国取消了福利分房，但是并没有建立起适合中国国情的科学的住房体制。住房主要有两个用途：一是必需品，即生活住房，用于满足老百姓最基本的生活需要；二是投资品，即商品房，这些房子可以进入市场交易。相应地，住房就应该分为保障房和商品房，分别由政府和市场来调控。但是现在政府和市场的职责没有界定清楚，导致房价疯涨，老百姓住不起房子。我认为，现在最重要的是要实现“人人有房住，而不是人人有住房”。所谓“人人有房住”是指老百姓都有房子住，保障房也包含其中；而“人人有住房”则是指每个人都有一套独立产权的房子，这个在发达国家也不能完全实现。显然，“人人有住房”不是当前政策调控的重点，“人人有房住”则是政府必须着力解决的问题。

三、拿出改革初期的热情，大胆进行体制创新

改革开放到了今天，我认为进入了新的阶段，需要拿出 20 世纪 70 年代末 80 年代初改革开放初期的热情，在三十几年改革开放的基础上深化改革，大胆进行体制创新，来解决经济、社会、政治协调发展的问题。体制改革就要涉及消费者、企业和政府三方的利益。在这三者的利益关系中，消费者是第一位的，企业是基本的，政府是不可缺少的。要从根本上解决透支未来、财富转移问题，就必须将消费者的利益及老百姓所得到的实惠放在首位；企业要实现发展，最重要的是要进行制度创新，建立现代企业产权制度、组织制度、管理制度；政府则要明确该做哪些事情，将该做的做好，不该做的交给社会、交给企业。

现在，国家的财政不是公共财政，而是投资型财政，老百姓的养老、医疗、社会保障等都没有解决好：政府不是服务型政府，而是生产型政府，热衷于抓生产、抓项目。这些问题是导致透支未来的根本原因。那么如何解决呢？这就需要老百姓、企业、政府来共同解决。对老百姓来说，就要重视知识的学习，主动提高自身素质，以适应现在经济、社会发展的需要。对企业来说，要重视企业的科技创新，以适应企业的长远发展的需要。对于政府而言，则应将财政更多地用于改善民生，实实在在地为老百姓谋福利，以适应建立公共型财政、服务型政府的需要。

因此，中国要解决透支未来的问题，需要从长计议，从长远来考虑，但是要从眼前着手。短期的问题要解决，长远的法制建设、制度创新也要进行。

（原载人民日报社《人民论坛》，2010（5））

● 构建服务型政府

新泰市努力构建服务型政府，精心打造“幸福新泰”。成立于2003年6月的新泰市行政服务中心，是为优化发展环境、提高行政效能、方便企业和广大群众而设立的综合性便民服务机构。该机构率先实施行政服务标准化建设，建立了工作标准体系、管理标准体系和质量标准体系三大体系，共计481项标准，创立了企业设立登记“一票通”和基本建设项目审批“一表通”，实现了“一表输入、信息共享、自动出表、联进互动、快速审批”，实现了“网上年检”，使69.4%的审批事项实现了一个工作日办结，85%的审批事项承诺办理时间压缩到3个工作日内，提前办结率达96.5%，限时办结率达100%，有力地推动了新泰市经济、社会的发展。

构建政通人和的社会环境。新泰市着力解决群众最关心、最直接、最现实的利益问题，为民办实事，使群众从改革开放中得到实实在在的利益。尤其是重视做好就业和社会保障工作，包括新增就业再就业、新增劳务输出、农村劳动力就地转移就业及在外务工，建立覆盖城乡的养老、失业、医疗、工伤、生育保险及低保等各类社会保障体系。新泰高度关注和改善民生，努力建设和谐新泰，深入推进平安新泰建设的各项工作，坚持制定并严格落实社会稳定目标责任制，从而保证了改革开放过程中的平稳发展和社会持续平安和谐稳定。

在创造财富和积累财富的过程中，新泰市建立科学的选用用人机制，使人们把精力集中到“想创业、思发展”上，把能力体现在“创事业、会发展”上，把目标锁定在“创成业、快发展”上。新泰市在吸收资本所有者的同时，强调吸引技术、管理业务及各类优秀的专业人才，大力推进企业创新，提升企业各类人员的素质，并培育土生土长的农民企业家，创建农工商相结合的综合型现代公司制企业。2006 年 6 月建成并投入使用的新泰市人力资源市场，不仅是集就业再就业、劳务输出、技能培训、职业介绍、高级求职洽谈、劳动事务代理于一体的综合性服务场所，而且有效地促进了人才市场化的改革进程。

此外，新泰市还重视处理好“财富新泰”与“品质新泰”“文化新泰”“幸福新泰”“平安新泰”的关系。与“财富新泰”相适应，提出构建“品质新泰”，即提升新泰经济社会发展质量，提升生活品质和城市品位；“文化新泰”，即发挥新泰和圣柳下惠、乐圣师旷故里及全国文化先进县的优势；“幸福新泰”，即提前全面建成小康社会、提高居民幸福指数；“平安新泰”，即构成安居乐业的和谐社会。

（原载《今日新泰》，2008-08-05）

● 发展特色产业　实现精准脱贫

——大竹县扶贫工作的实地考察

大竹县委县政府思路明确，其投入2 000多万元建成的大竹县东湖广场两年来受到大竹百姓的广泛称赞，造福了大竹百姓。大竹县的发展得到了上级支持和财政扶持，并依靠自身发展，由下而上，在发展特色产业方面取得了丰硕的成果，在脱贫致富方面取得了明显的成效。

从本地实际出发，发挥实干精神。从全国的角度看大竹，“跳出大竹看大竹”，大竹有区位、资源、历史、气候条件等优势。在以习近平同志为核心的党中央的领导下，中国的发展靠实干。而大竹县政府领导群众，最可贵的地方也在实干，大竹从本地实际出发靠的是实干精神。着眼于现实，着眼于大竹的实际，大竹展现出来的是可喜的精神面貌。大竹把自己的事情做好，就是对党的贡献，对国家的贡献，对社会的贡献。

以市场为导向，发展特色产业。市场经济实际上是利益的调整，发展特色产业要坚持市场经济导向。市场经济是法治经济，讲规范、制度和约束。大竹县要根据大竹的实际情况，为保障消费者的合法权益，建立起相关的法律法规。企业在制造、生产、加工和包装等方面要制定出一套标准，严格执行，始终把客户利益摆在第一位，在食品安全上为中国的市场做出贡献，总结出食品安全方面的宝贵经验，然后进行推广。

以企业为主体，提倡创业精神。根据大竹县实际情况拓展的新兴产业，需要依靠创业来加以发展，为此需要提倡创业精神，以企业为主体的创业精神，包括创产业、创企业及个人创职业等。政府应当提倡企业家的创业精神，对企业家给予重点培育。企业的发展，人才是关键。以企业为主体，应当注重对大竹县人才的培养，培养出能够立足于大竹，为大竹做奉献的人才。

以科技创新为动力，兴盛研发力量。中国企业面临的最大问题、与国际产业之间的差距问题，主要表现在研发不足和创新不足上。中国企业要想占领市场，长久生存，需要发展长寿型企业。大竹只有把创新精神落实到企业研发机构上，才能够涌现出一些川环公司类的、全国性的、国际性的长寿型企业。发展长寿产品，靠研发、靠科技、靠创新、靠动力，同时，人才是一切发展的根本，要依靠人才大力推动大竹自身特色产业的发展。

以文化为致富源泉，发扬大竹文化。大竹历史悠久，文化资源丰富。大竹文化是致富的源泉，具体体现在像四川东汉醪糟有限责任公司等的企业文化上。大竹县委县政府应当鼓励这种企业文化，有责任把东汉醪糟的企业文化上升到大竹文化的高度。制度是硬的，文化是软的，制度是保证，文化来引导，软硬结合，双管齐下，从而形成大竹制度、大竹文化，开辟一条具有大竹特色的企业文化发展之路。

以政府为引领，引导企业昌盛。大竹县政府处理好了两方面的关系，一方面是政府与社会、消费者的关系。政府有责任和义务发挥好作用，在发展特色产业的过程中保护消费者的安全，把消费者放在第一位，处理好和消费者的关系，维护好消费者的合法利益；另一方面是政府与企业的关系。企业是有活力、自主权和发展前途的。在发展特色产业的过程中，如果企业需要人才，可由政府提供人才市场供企业选择，政府应把精力放在企业做不到的事情上。

建议实体产业和虚拟产业有效结合。大竹县在发展特色产业的基础上，把实体产业和虚拟产业（信息产业）更有效地结合起来。今后大竹产业的销售渠道发展要依靠电子商务网上销售平台，同时利用互联网大数据来扩大大竹县特色产业的国内外市场。当然，在结合实体产业和虚拟产业发展的同时，发展特色产业和实体产业是基础，不能脱离实体经济，盲目发展电子商务。当前中国的社会进入信息时代，大竹应结合第一、二、三产业来发展特色产业。

中国的发展需要实干精神，大竹经济发展良好的经验就是实干，在实干中健康、安全、稳定地发展。

（原载人民日报社《人民论坛》，2016（11））

● 房山教育改革的启示

房山的教育改革取得了显著的成效，对全国各地深化教育改革有着启迪和借鉴作用。这些成功经验突出表现在以下几个方面：

第一，明确教育改革的目标。房山教育改革的目标是构建教育社会化体系。房山教育社会化体系包括家庭教育、基础教育、职业教育、社会教育等组成部分。明确家庭教育在学生成长中占据十分重要的地位，是教育社会化的极其重要的内容。基础教育包括中小学教育及其相关的教育改革。职业教育特色鲜明。社会教育在成人教育中心指导下，有效地发展继续教育、终身教育和多种社会教育组织，实现工作学习化、学习工作化、工作学习一体化，使房山成为北京市学习型示范区。

第二，抓住教育改革的实质。房山教育改革始终抓住教育的核心问题是人的问题。明确提出“做心中有人的教育，提升人的素质”。使教育改革适应时代变革的要求，塑造市场经济条件下自立、自信，自尊、自强、自律的高素质的人。提出“学做人”和“做学人”。“学做人”是通过教育即学习成长为合格的人，包括实践、知识、思维的成长途径。“做学人”是不断超越自我、完善自我、雕塑人生的过程，体现教育即学习并成为社会人的要求。

第三，落实教育改革的措施。房山教育改革的首要措施就是教育理念创新和教育体制改革。明确教育不单纯是教育部门与学校的事情，而是整个社会基础性的工作。注重改革以往单纯行政管理教育的方式，鼓励并支持社会各种资源参与教育改革的积极性和主动性，有效地协调教育改革过程中的利益关系。教育组织调整与教育资源整合是房山教育改革的保证。房山教育改革过程中，从本地实际出发，通过采用统筹、整合、合作、贯通、共享的有效措施，构建新型的教育学区制。这些都有效地促进了房山教育改革与教育发展，使教育适应现代信息化社会的要求。

（原载人民日报社《人民论坛》，2016（11））

● 改革开放与经济发展

——来自延边州的实践经验

延边州的经济发展和社会进步是中国改革开放的丰硕成果和结晶。延边州 60 年来的变化，为深化改革和扩大开放提供了有益经验，具有重要的启迪作用。

（1）发挥地理人文优势。延边作为东北三省沟通海内外的重要窗口，东北亚区域经济、人口、地理三个重心的交会点，在联结亚欧美海陆运输格局中居于重要的枢纽地位。从 20 世纪 80 年代中期恢复图们江出口通海航行权，建设多国自由贸易港和综合性经济开放地区，到 2012 年 4 月珲春市设立“中国图们江区域（珲春）国际合作示范区”，发展成为我国东北地区重要的经济增长极和图们江区域合作开发桥头堡。

（2）推动国有企业公司制改造。延边州的国有企业中有些是州成立之前的老国企，设备陈旧，包袱沉重；有些是州成立之后的新国企，受计划经济体制的严重束缚，濒临破产倒闭。1995 年 9 月，延边州全面打响波澜壮阔的国企改革攻坚战。对面临生死抉择的新老国企进行公司制改造，建立与完善现代企业制度，增强延边各类公司制企业在国内外市场的竞争力。延边州在国有企业改革过程中，坚持处理好产业制度改革、组织制度变革、管理制度创新三者的关系，其中产权是前提、组织是保证、管理是基础。

（3）积极发展民营企业。到2010年年底，延边州民营企业主营业务收入已突破千亿元人民币。延边民营企业发展的特点是各级政府重视转变自身职能，积极为民营企业发展创造良好的社会经济环境并给予优惠政策，引进全国各地的民间资本和战略投资者。尤其是吸引赴外劳务的“游子”回乡创业，创办新型工业企业、工农结合型企业、现代服务业等各种类型企业，使延边成为宜工、宜农、宜商、宜居的“四宜宝地”。2011年延边城镇民营企业创办者为13.5万人、个体劳动者为22.9万人，比2007年分别增长29.1%和27.1%。

（4）重视经济发展中的转型升级和自主创新。延边州在不同历史时期，通过以新型工业化为核心、以项目建设为突破口，积极转变经济发展方式，加快技术创新步伐。尤其是在“十五”“十一五”“十二五”三个阶段，从延边工业经济现状与实际出发，大力引进优势名牌企业，不断调整产业结构，优化产业布局，形成具有市场竞争力的优势产业群体和地区特色的支柱产业，如能源矿产、食品工业、林业工业、医药产业、装备制造、纺织服装、机械电子、新型建材等。

（5）处理好市场经济体制中消费者、企业、政府三者的关系。在由计划经济体制向市场经济体制转轨的过程中，延边州各级政府依法深化改革和扩大开放，发挥企业在创造财富和积累财富中的主体作用，尤其是把消费者权益放在首位。如珲春地处中俄朝三国交界，是改革开放的前沿，由原来的军事禁区变为国际市场经济交易场所。为此，专门设立俄罗斯消费者维权服务站，实现了外国消费者投诉有门、维权有人、服务有效。各口岸实施中朝边民因私探亲和中俄互市商贸团体出入境“绿色通道”“专门窗口”的一体化服务措施，向重点外来客商颁发“绿卡”。全市36家企业被评为“俄罗斯消费者满意单位”，使消费者投诉问题得到有效解决。

● 以教育改革推动地方经济发展

——深圳龙岗教育均衡发展的成功经验

改革开放 30 多年的深圳经济特区一直受到人们关注，我多次前往调研考察。其中，从 2007 年以来的深圳龙岗教育发展成功经验，更具有现实借鉴作用和深远的战略价值。

龙岗教育理念创新是教育均衡发展的指导思想。位于经济特区深圳"关外"的龙岗区，五年前的教育状况与经济发展极不适应，仍处于由农村教育向城市教育的转型阶段。教育成为制衡各项工作的瓶颈。龙岗区的教育改革和创新，首先从教育理念创新入手，明确提出和谐教育理念及其理论体系。思路决定出路。教育均衡发展就是教育和谐发展的具体表现。五年来的龙岗教育实践表明，不仅龙岗教育摆脱了低水平局面，成为全国首批义务教育均衡区，达到省市乃至全国先进水平，而且还实现了龙岗与区域经济及社会和谐的均衡发展。

龙岗教育体制改革是教育均衡发展的组织保证。龙岗教育体制改革的特点是从龙岗教育的实际状况出发，实现由农村教育向城市教育发展，建立新的城市教育体制。力求在城市教育发展过程中，实现速度与效益、数量与质量、规模与结构、公平与效率的有机统一。龙岗采取多种有效措施改革不适应教育发展的旧的教育管理体制，构建新的城市教育管理体制，确立文化引领、思想指导、工作服务、组织保障的新型教育管理体制。从学校建设标准、教育经费投入、教育设备设施配置、校长教师队伍管理、日常教学管理诸多方面消除原有的教育体制障碍，建立现代城市教育管理体制，有力地促进了龙岗教育均衡优质发展。

龙岗教师队伍建设是教育均衡发展的根本支柱。教育均衡发展的前提条件是教育优质发展，而教育优质发展取决于师资队伍水平。龙岗区五年来采取多种有效措施，促进民办教育均衡发展，实现民办学校在师资培训、教学资源共享、安全管理、质量监控体系诸方面与公办学校的一视同仁，并逐步提高民办教师工资待遇。龙岗区把全面提升教师整体素质作为教育均衡优质发展的战略措施，取得了显著效果。五年来，全区公开招考调入优秀教师 3 400 人，使公办学校正编教师的比例从 6 ∶ 4 上升到 8 ∶ 2，优化了师资队伍结构，提升了教师学历水平，改善了教师职称状况，从而全方位提高了各类学校的教学质量。

（原载人民日报社《人民论坛》，2012（10））

● 老龄产业不是夕阳产业，而是亟待发展的朝阳产业

中国应对人口老龄化的战略目标，是有效地发展老龄产业。老龄产业包括老年人需求的各种用品、设施的生产、销售，以及老年人娱乐产业、护理产业、医疗业、食品、药品和专为老年人提供的信息及养老产业。这是涉及经济、政治、文化、社会各个领域的综合性民生课题。发展老龄产业关系着公众的幸福指数。

老龄产业对于当今的中国是一个非常重要的问题。因为它不仅仅是老年人的问题，也涉及年轻人。要保持中国社会稳定健康发展，就要从一个人的生老病死这些环节入手。现阶段我国老龄产业的发展，既要吸取市场经济发达国家的有益经验，更要从全国各地的实际状况出发，通过多种途径发展老龄产业，包括居家养老、社区养老、养老院、托老所、老年照料中心、以房养老、基地养老、农宅地养老以及各种切实的养老措施。老龄产业不是夕阳产业，是亟待发展的朝阳产业。发展老龄产业的关键，是依据市场经济体制的要求，促进老龄产业发展的体制创新。

当前，中国比较引人关注的有经济体制改革、文化体制改革和社会体制改革等。老龄产业也需要体制上的改革与创新。在这方面许多国家都有先进的经验值得我们借鉴，比如美国、日本、德国等。但是，最重要的是从实际情况出发来发展老龄产业，通过多种途径和形式来发展老

龄产业，提倡养老方式多样化，老龄产业投资主体多元化。建立新型老龄产业发展体制的核心内容是处理好老龄人群（需求者）、企业及相关组织（供给者）、政府三者之间的相互关系。

首先是老龄人群，他们是消费者。我们必须摸清消费者的实际需求。目前我国对于老龄人群的研究非常不足。老年人作为需求者的想法与权利有哪些？我们要按市场经济体制来创新老龄产业，了解消费者的需求是第一位的。老年人的需求是多种多样的，是由年龄条件、健康状况、经济状况、家庭结构和生活方式等多种因素决定的。

其次是服务的供给者，包括企业及相关组织。企业家作为供给者，应当明确服务对象的特点和需求，在价格、质量各方面具有服务优势，推动银发经济和老龄产业链的健康发展。相对于家户式分散就地养老，集中式基地养老有着优化养老资源、降低养老成本、提升养老质量的优势。基地养老还提供了就业机会，并且有助于提升尊敬老人的社会风气。

最后是政府。政府应该有一些相应的思路，包括土地的相关政策。政府要购买养老服务，如老人免费大病医疗，为医疗服务托底，推动养老机构、养老研发、养老理财金融和各项老龄服务产业的发展。

老龄产业体制创新关键是要处理好这三个主体的权责利关系。具体到天泽颐康养老项目，就是天泽集团作为供给者，要处理好与需求者和政府的关系，依据法律法规为老龄人群提供切实有效的产品、设施和服务。为此，首先必须处理好老龄产业和其他产业的关系，最主要是营利和非营利的关系。不能用老龄产业来挣钱，要用别的产业来补贴老龄产业，否则发展老龄产业是无从谈起的。这需要企业家处理好产业的利益关系。其次，天泽颐康的养老定位要清晰，建立职业化的从业队伍，健全养老服务管理制度，将养老制度和养老文化相结合。最后，要处理好企业养老项目跟当地政府的利益关系，这是非常重要的。

（原载人民日报社《人民论坛》，2014（12））

● 老区产业开发的实践经验

——东兰县实际考察的体会

在社会主义市场经济体制环境下，东兰县弘扬老区优良传统和精神，在特色产业开发上形成了诸多成功经验，突出表现在：

第一，定位明确。不盲目跟风，而是立足当地实际，发挥生态、物产和政治、政策等优势条件，发展绿色经济和实体经济，形成了稳中求进的基础。

第二，以农业为基点，重视构建农、工、商和文化旅游业相结合的产业结构，实现了文化与生态的结合、旅游与城镇建设的结合。农业、工业、商业为文化旅游业的发展提供了前提，而文化旅游业又为农业、工业产品的附加值和市场销路提供了平台和机遇。

第三，正确处理好市场经济中消费者、企业和政府三者之间的关系。把找市场、维护消费者权益摆在第一位，以企业为主体来发展实体经济，政府善于为企业排忧解难并营造良好的外部环境。

第四，采取公司 + 基地 + 专业户的运作模式，建立现代企业组织形式，实现原料、生产、流通、销售的有机结合。

第五，重视对国企进行公司制改造，吸引外资和民间资本，大力发展民营企业。

第六，鼓励外出务工人员返乡创业，利用当地特色资源，创新企业经营理念，带动广大农民增收致富。

第七，推动了经济发展、社会进步、生态平衡、居民幸福、安定和谐的有机融合，实现了真正意义上的科学发展。

对于东兰产业开发的未来趋势，我建议：一是注重形成品牌优势，提高产品质量、品质，扩大营销与推广，把产业的各种品牌推向全国；二是鼓励企业妥善处理好规模与效益的关系，在提高效益的基础上，逐步扩大规模，从“小而精”过渡到“大而强”，而不是盲目扩张、求快求大；三是建立规范的企业产权制度。

（原载人民日报《人民论坛》，2012（9））

偏僻山村怎样实现“民富村美”

——福建美岭村的探索与启示

建立村党委会、村委会和集团董事会联席会议制度，以及村企领导干部岗位责任制度和定期考核奖惩制度，确保村企齐心协力，拧成一股绳，形成互融共进的有利局面。

山区农村由于位置偏僻、交通不便、信息闭塞，加快发展与致富的任务往往更为艰巨。福建永春县美岭村——同样是偏僻山村，既无优势资源，又缺乏资金、产业和科技支撑，却实现了“民富村美”的目标。去年，全村工农业总产值 16.8 亿元，财政收入 2.53 亿元，上缴国家税收 7 605 万元，村民人均纯收入 4.98 万元，吸纳就业和就学人口 1 万多人，成为远近闻名的富裕村、和谐村、生态村。美岭村是如何探索偏僻山村创新发展之路的呢?

一、村企互动，建“共同富裕”村

美岭，旧称“尾岭”，地处福建永春、安溪两县交界的莲花山西麓，距永春县城 110 多公里，是一个典型的出门皆山、地无三分平的山村。20 世纪 70 年代末，美岭仅有面积 5 平方公里、人口 500 多人，村民年收入 70 元。周边人传言：“宁吃咸竹笋，不嫁尾岭人。”

80 年代初，在创业者、老支书苏新添的带领下，美岭人克服重重困难，在村边小溪旁建成一座水电站，修筑一条通往外界的公路。接下来，依托丰富的水和森林资源，美岭人开始发展林业产业，迅速脱贫致富。之后，他们根据市场需求，充分考虑周边区域产业空白的现状，在巧借和整合周边区域资源的基础上，对产业结构进行科学谋划、合理布局，大力发展水泥、矿山、电力、林木深加工、旅游等产业，创办10多家集体和混合所有制企业，并发展为美岭集团公司，使村集体经济不断发展壮大。

为避免村企“两张皮”现象，美岭集团和美岭村实行村企交叉任职制，村党委、村委会、集团公司三个机构一套人马，村党委书记兼任集团董事长（或总经理），村党委委员、村委会委员交叉兼任集团董事和骨干企业负责人。同时，建立村党委会、村委会和集团董事会联席会议制度，以及村企领导干部岗位责任制度和定期考核奖惩制度，确保村企齐心协力，拧成一股绳，形成互融共进的有利局面。

此外，坚持走利益共享和风险共担的市场化道路，吸收村民和经营者入股；改革选人用人制度和工资分配制度，在确保企业员工年均工资递增15%的基础上，把工资报酬与个人能力、岗位业绩挂钩，打破传统集体企业和乡镇企业的“大锅饭”分配模式。就这样，美岭人走出一条村企互动共融、互惠共赢的新农村建设之路。

二、以人为本，建“文明和谐”村

在集体经济发展的同时，美岭人有了更多的思考和更高的追求。为发展山区教育事业，美岭村从2000年开始先后投资10.5亿元，兴建现代化校舍，改善办学条件，并从全国招聘优秀教师，积极探索从幼儿园到高中的一体化办学模式，使美岭村民、美岭集团员工和周边山区家庭的子女都可以在美岭完成基础学业。美岭集团将年利润的10%用于学校配套设施建设及奖教奖学，还采取一系列减免学费、杂费的措施，对部分特困学生给予补助……教育成为美岭人颇为自豪和骄傲的名片。

在保障和改善民生上，美岭村也动了大手笔。出资 100 多万元建设美岭卫生院，每年给予 30 多万元经费补助，方便村民和员工看病就医；先后六次上调村里老人养老金，多数家庭住上成套别墅，人均居住面积达 60 平方米以上；建成 300 多套标准住房，改善外来员工住宿条件。美岭村还成立了“红白理事会”“禁赌协会”“道德评议会”等群众性组织，通过强化教育引导、构建企业文化、深化创建活动，深入推进乡风文明建设，被评为“全国文明村”。依托共同富裕的思路、多元发展的战略，美岭人初步实现了“幼有所教，老有所养，病有所医，劳有所得，住有所居”的安居乐业梦。

三、保护环境，建“绿色生态”村

在大规模开发、建设过程中，美岭村把生态保护和改善村容村貌放在突出位置，重点抓好意识养成、规划建设和跟踪管理等三个环节的工作。首先，坚持全村动手、植树护绿的思路，以利益驱动引导村民全面参与造林绿化，并通过一系列与生产生活息息相关的活动，使村民在潜移默化中增强生态文明意识，形成了“大家住美岭、大家净美岭”的浓厚氛围。其次，聘请科研院所专家，适度超前对全村进行科学规划，明确划分出办公、生活、教学、企业等功能区，合理布局商贸市场、商住小区、美岭中学、美岭宾馆、工人俱乐部、美岭剧场等建筑，先后投入 600 多万元用于村庄绿化、美化、亮化，规划投资 2 亿元建设莲花山森林公园，努力打造花园式新村。再者，建立绿化工作领导小组，实行分工负责、严格考评，研究制定村级成立村容村貌综合管理队伍和民间劝导队伍，定期组织专项检查评比，表扬奖励好人好事，批评教育有损村容村貌的行为，并责令限期整改。得益于处理好了开发建设与生态保护之间的关系，美岭村呈现出一派“村在林中，房在绿中，人在画中”的景象。

四、民富村美，美岭探索四点启示

从一个偏僻落后的小山村发展成为富裕、和谐、生态的小康村，美岭村的实践探索和经验在当下有许多借鉴价值。

第一，好的领路人是农村致富的关键。美岭人正是在老支书苏新添和村级领导班子的带领下，使集体经济不断发展壮大，并朝着“生产发展、生活宽裕、乡风文明、村容整洁、管理民主”的总体目标不断迈进。

第二，发展集体经济是实现共同富裕的有效途径。在美岭，集体经济占95%以上，全村的劳动力已全部转为产业工人，并且在企业中拥有一定的股份。每一个生活在美岭村的人，都可以享受到美岭村提供的均等公共服务和社会保障，每一个在外地工作的美岭人也都能够分享到一份均等的待遇。如果没有一个可持续的集体经济，就不可能提供城市居民也达不到的社会保障和福利。

第三，柔性引进智力资源是工业兴村的奥秘。在新农村建设中，仅仅依靠兢兢业业、埋头苦干、不计得失的领头人是不够的。无论是选择工业还是现代农业致富的道路，都需要有大批成熟的经营管理和专业技术人才。美岭村重视引进各类专门人才，打造企业创新工作室，还与国内著名科研院所合作，搭建“产学研”一体化研发平台。对许多稀缺性、高薪难以引进的智力资源，美岭村则采取“请进来、走出去”方式柔性引进。“不求所有，只求所用”是美岭村在发展过程中突破人才瓶颈的奥秘。

第四，制度创新是村企互动共融的根本保障。美岭集团创新产权制度，吸收村民和经营者入股，实现了公司股权多元化；创新组织制度，建立集团下属骨干企业和村党委会、村委会之间交叉兼职的领导体制，实行集团公司董事会与村党委、村委会联席会议制度；创新管理制度，深化人事、劳动、分配三项制度改革，彻底打破平均主义和

“大锅饭”。通过一系列制度创新，实现了企业发展与新农村建设的有机结合。

当然，美岭村的经验，远不止以上几点，还值得从政治、社会、文化、教育等诸多方面进行总结。然而，支持美岭各项社会事业发展的基石，是村里充足、持续的财力支持。从这个意义上看，新一代美岭带头人如何继往开来，是一个崭新的课题。

（原载人民日报社《人民论坛》，2014（7））

● 企业改革提升福州对外开放水平

福州对外开放在促进经济发展和推动社会进步方面取得了全方位的成就。福州地处东南沿海，有着对外开放的地理条件和区位优势，处于海峡西岸经济区。福建省及福州市各级领导重视发挥企业在对外开放中的主体作用。因为企业是社会生产力发展的载体，企业是创造物资财富的主体，企业是市场经济中的产品和服务供给者。尤其是改革开放 30 多年来，通过企业改革开放来提升福州对外开放水平取得了成功经验。

一、处理好企业与政府的关系是福州对外开放的体制保证

福州各类企业拥有对外开放的经营自主权，形成了内地市场与海外市场的完整市场体系。但是，企业在对外开放过程中涉及诸多外部环境的不确定因素，它们是企业自身不能解决的问题，需要政府予以指导和支持。福建省及福州市各级政府在指导和支持企业对外开放中的角色定位既明确又科学，即做好两件事，既不放任不管，又不包办代替，有别于招商引资的传统做法。第一件事是立法和执法，提出对外开放的战略设想。如 1992 年 11 月制定《福州市 20 年经济社会发展战略设想》，拉开了台商在福州投资的序幕，冠捷公司和东南汽车

两家企业既是对外开放的产物又在对外开放中发展壮大。第二件事是为企业对外开放创造良好的外部环境。如福清市委市政府面对国际金融危机冲击，于2009年提出改善投资环境，在融侨开发区投建廉租房项目解决冠捷公司近3 000人的住宿问题，并为员工子女教育问题解决后顾之忧。

二、企业产权改革是企业对外开放的前提条件

企业对外开放是福州对外开放的表现，而福州各类企业的改革又是对外开放的动力和源泉。福州各类企业改革，包括国有企业改制和民营企业建制以及合资企业发展，其共同目标是建立与完善以公司制为主体的现代企业制度，现代企业制度是由现代产权制度、现代组织制度、现代管理制度三个部分组成的统一整体。福州企业产权改革既是建立与完善现代企业制度的组成部分，又是福州对外开放的前提条件。如东南汽车公司由三家股东组成，由于股东之间的产权关系复杂，利益冲突加剧，企业内耗严重，缺乏市场竞争力。2009年以来公司把产权改革作为对外开放和经营发展的生死界线，“要么共荣共存，合资合心；要么互斗共亡，谁也得不到好处”，决心把理顺产权关系作为对外开放和公司发展的根本出路，建立规范的现代公司产权制度。东南汽车在理清公司产权关系的基础上，面对汽车全球化市场竞争的形势，参与全国汽车企业重组和国际企业并购的产权交易活动。

三、自主创新是企业对外开放和管理创新的基础

开放必须创新，自主创新和管理创新贯穿福州对外开放的全过程。对企业来说，创新就是创造有价值的订单，就是创造性地破坏，就是创造性地学习与借鉴。福州对外开放的成就得益于企业自主创新的成果。福州各行各业的企业自主创新，从本企业所处的地区条件和行业特点及企业自身条件实际状况出发，坚持开展多种形式和不同层

次的自主创新活动，形成新产品、新技术、新材料、新设备、新方法，提升了对外开放水平。在开放中创新，在创新中开放，这是福州对外开放的亮点和特色。如冠捷公司以自主创新来引领企业发展和对外开放，坚持以市场为导向，重视新产品、新技术的研究开发，不断扩大数字化电子消费产品的应用领域，提升品牌产品的市场竞争力，荣获《数字商业时代》评选的中国科技 100 强新科状元。在此基础上，2008 年 12 月斥资收购飞利浦 IT 显示器及数位广告牌的全球销售业务，2010 年 8 月接管飞利浦品牌电视机在中国的采购和分销业务，2011 年 1 月取得飞利浦电视在中国的独家商标使用权，成为全球第三大平板电视生产厂商。

四、企业人才引进是企业和福州对外开放的组织保证

福州各类企业把引进科技人才和管理人才作为对外开放的出发点与落脚点。在引进人才的过程中，实行内部培养与外部吸收相结合的人力资源管理战略，坚持招聘、培训、激励、流动的人力资源管理四大环节的有机结合，使对外开放取得明显效果。如在 2009 年 6 月 18 日举办的海峡西岸汽车发展研讨会上，宣布成立“福汽集团高层专家委员会”，聘请国内汽车界的科学院院士和知名专家加盟。2010 年又成立“福汽集团汽车工程研究院”和“院士工作站”，并以此为平台，吸收包括在美国通用汽车和中国上汽集团任职的专业精英加盟，组建 89 人的海外研发团队。东南汽车通过“借智”引进人才形成的研发中心已成为国家级重点实验室。东南汽车深切体会到“汽车靠的是产品，产品靠的是研发，研发靠的是人才”，企业有了人才，就有了靠山。

五、企业文化建设是企业生存发展和对外开放的软实力

在福州对外开放和经济交流过程中，自始至终重视企业文化建设和对外文化交流。企业文化建设是企业生存发展的生命线。因为企业

文化是为实现经营目标而具有凝聚力的全体员工认同的价值观。所谓认同，就是融在思想中，化在血液中，做在行为中。企业文化是企业理念和企业精神的集中表现。福州各类企业文化建设有着各自鲜明的特点，但又具有对外开放的共性，体现对外开放的硬实力与软实力的有机结合。如东南汽车在改革开放过程中，倡导“上下同欲，凝心聚力”的企业文化，为企业员工搭建“思想交流交锋”平台，展开“头脑风暴”和“唇枪舌战”，内容丰富多彩，涵盖平凡岗位的奉献感受和经营管理的各个环节，使企业成为“学习型组织”，并吸收台塑“经营之神”王永庆和丰田公司“从干毛巾中也要挤出水分来”的有益文化精髓。

六、福州企业对外开放的借鉴意义

福州对外开放过程中发挥企业主体作用和企业改革开放的成功经验，不仅对福州扩大开放与经济交流有着积极的现实指导作用和深远的战略意义，而且对全国企业改革开放和各地区对外开放有着借鉴价值。我国各地区对外开放和企业改革开放将是一个长期过程，现阶段存在着诸多难题尚待解决。我对福州对外开放及其企业改革开放的建议是：一是处理好消费者、企业、政府三者的利益关系。把维护消费者权益放在首位。二是形成大中小微各类企业的创业者和企业家队伍，使福州成为海峡两岸乃至国际化的经济文化交流中心。三是重视发挥福州基础教育和高等院校在对外开放及企业改革中的作用，使福州成为国际型的产品技术研发基地，培养国际型人才队伍。

（原载人民日报社《人民论坛》，2013（5））

● 生态文明建设的青海启示

通过对玉树州和青海湖等地的调研与考察，我感到青海生态文明建设取得了积极成效，不仅对我国现阶段生态文明建设有着重要启示和借鉴价值，也彰显了我国未来生态文明建设的基本趋势。

一、从国家战略高度和民族忧患意识的视角来从事生态文明建设

青海在改革开放 30 多年的发展实践中，逐步认识到青海的生态文明建设不仅关系到青海自身的发展，还关系着全国的可持续发展和中华民族的长远发展，乃至全球的生态安全。这种紧迫感、危机感和民族忧患意识，对解决我国现阶段经济发展过程中的"透支未来"现象，有着重要的现实指导作用和深远的战略意义。

二、从实际出发抓住本地区建设生态文明的主要矛盾，实施生态保护和建设工程

生态文明建设是观念变革和理论创新的过程，更是从本地区实际出发制定生态保护战略目标并采取具体措施的行为表现。青海先后实施了三江源、青海湖等重大生态保护和建设工程，不断加大对重点生态系统的保护和修复力度，使水土保持能力、水源涵养能力、江河径流量稳定性增强，湿地生态系统状况和野生动植物栖息地环境明显改善，生物多样性

显著恢复，生态系统步入良性循环，农牧民生产生活水平稳步提高。

三、立足当前，着眼未来，统筹协调生态保护与经济发展的关系

在建设生态文明过程中，青海坚持保护生态环境、调整产业结构和转变经济发展方式相结合，出台建设国家循环经济发展先行区行动方案，积极构建以资源的高效利用和循环利用为特征的循环型工业体系、农业体系和服务业体系，发展物流、资金流、产品链紧密结合的循环经济联合体，既提高青海地区的现代经济竞争力，又避免走传统经济发展方式导致生态环境恶化的老路。

四、制度创新和文化建设是生态文明建设的两大支柱

青海重视生态文明制度建设，明确提出创新生态保护体制机制。从落实主体功能区制度、健全自然资源资产产权制度、强化生态补偿制度、完善资源有偿使用制度、探索国家公园制度和改革干部考核评价制度等诸多方面来推进生态文明建设过程中的制度创新。在制度创新的同时，明确树立生态文化和观念变革是保护生态的第一牵引力，认为处理好生态保护、区域发展、民生改善的相互关系是时代赋予青海的历史使命。青海的思考和探索说明，制度创新与文化建设是生态文明建设的两大支柱。制度是硬的，文化是软的，软硬结合，双管齐下，既提高认识，又坚定行动，共同助推青海创建全国生态文明先行区。

鉴于生态文明建设的长期性和复杂性，青海在取得成功经验的同时，还存在着亟待解决的难题。我建议：一要进一步发挥农牧民和广大居民的主体作用，采取切实有效的措施，使他们成为生态文明建设的主力军和受益者，实现责权利的有机结合；二要依据社会主义市场经济体制要求来发展循环经济，转变计划经济体制的思维方式，建立以公司制度为代表的现代企业制度，并处理好消费者、企业、政府三者之间的关系。

（原载人民日报社《人民论坛》，2014（12））

● 天津企业发展的问题和建议

自新中国成立以来，天津在经济建设、社会发展和改善民生等工作中取得了很大的成就，也涌现出一批具有代表性的企业推动了天津发展，然而面对未来的持续发展，不仅需要认识天津企业发展的优势条件，还要明确促进天津经济发展存在的问题，并进行细致分析，才能提出合适的对策建议。

一、天津企业发展的优势条件

天津在企业发展方面，具有一定的优势和基础，主要表现在几个方面：一是历史优势。天津近现代工业发展水平居于全国前列，成果显著、影响力大。例如，以侯德榜的侯氏制碱法为代表的制碱工艺，在当时就达到国际领先水平。新中国成立后及改革开放后，也不断有新项目建设。特别是近几年，伴随重大项目落户和重点产业的打造，天津工业发展水平得到提升。二是区位优势。天津处于环渤海经济圈的中心，具有良好的海运及港口优势。三是人才优势。天津比较重视企业人才培养，提高人才素质，发挥人才作用，具有一批能够推动企业发展的人才队伍。

二、天津企业发展存在的问题和不足

（1）民营企业发展缓慢，民营资本不够活跃。主要表现是大型知名民营企业数量较少。目前，代表企业发展水平的大飞机、大火箭等项目，并非天津本地经济环境下培养出来的企业，这反映出天津企业内生力量比较薄弱，缺乏民营企业发展壮大的环境和条件。因此，天津应放眼长远，立足自身发展，破除等靠要思想，大力发展属于天津的民营企业。

（2）缺乏具有国际竞争力的知名企业。以本次达沃斯论坛为例，作为天津宣传重点的重大项目，往往不是天津本身的企业，不能代表天津的国际竞争力。如海尔集团那样植根于本地、具有强大国内外影响力的知名企业，天津还比较少。面对这种情况，天津应改进工作，不断完善发展环境和发展条件；应充分培育并做大做强能代表天津发展水平的本地大型知名企业。

（3）企业研发力量后劲不足。企业产品、技术的研发力量普遍后劲不足，难以保证企业长远发展。

三、存在问题和不足的原因

（1）企业内部制度创新缺乏动力。企业快速发展，依靠企业内部制度的不断创新。但是天津目前无论是民营企业还是国有企业，都缺乏制度创新的动力。缺乏动力与企业缺乏必要的创新意识有重要关系，但根本原因在于，天津尚未形成能够以企业为主体促进经济发展的良好环境。这一问题，需要由政府来解决，为企业发挥主体作用、实现长远发展，营造宽松、健康的环境。

（2）企业外部环境存在制约因素。如民营企业创办的相关手续办理中，还存在涉及政府部门过多、程序不够简化、收费太多且不合理等现象，制约了创业的积极性。据了解，一个服务类企业，注册资金3万元，办理了近2个月，各类收费3 000多元，创业成本太高了。这是在用计划经济体制下管理国有企业的方式制约民营企业的发展。天津在金融、税收、贷款等各方面，也尚不能充分支持各类企业尤其是中小企业、民营企业的发展。对这类企业，不收费或少收费，让它们积极发展，帮助它们成长，才可以呈现出各类企业铺天盖地的局面，形成天津企业发展的内生力量，并且有利于促进就业，增加税源，到那时候再收税，可以形成政府和企业互利共赢的良性循环。

（3）城市定位不确定性，导致企业发展缺乏可持续性。经济可持续发展的关键，在于企业的可持续。企业不能是短命的。但是，天津与周边地区关系定位的不确定性，及新中国成立后城市定位的多次变化，使得天津企业的发展难以获得一个持久的发展环境。

与周边关系定位的不确定性，表现在目前有“京津一体化”和“京津冀一体化”等不同口号。冷静分析，这些提法不仅在实际中难以实现，而且如果过分追求一体化，对天津也未必有利。三地存在合作发展的可能和条件，但就目前来说，基本特点还是竞争大于合作。北京作为首都的强势地位，在一体化的同时，其实也是对天津的优势项目进行吸收的过程。如天津的汽车产业发展有限，与此不无关系。据了解，国家发改委从2004年就在编制京津冀都市圈区域规划，但始终没有成型。原因就在于各地情况差异较大，发展需求难以取得平衡。因此，如果天津过于遵循两类“一体化”思路，则对天津本身不利。这方面，京津冀地区与长三角和珠三角特点不同，后两个区域内的各组成部分地位平等、竞争公平、发展独立，与京津冀地区不同。因此我们在肯定天津所处区位具有优势的同时，也要辩证地看到其中的劣势因素。

定位的多变性，体现在新中国成立后对天津的城市地位做过多次界定，从归属河北省到成为河北省省会，再到成为直辖市。多变的城市定位，影响了企业在天津的长远发展：一方面是相关政策难以持久，另一方面是出于布局考虑，将一些在津企业划出。经过多次变动，天津原有的类型多样、数量众多的工业城市特征被大大削弱了。

通过以上分析可知，天津发展，要立足自身，破除等靠要的思想，发挥主动性，从有利于天津本身发展的角度，冷静分析，合理选择，避免盲从。就促进企业发展来说，要发挥好天津优势，充分培育属于天津的企业，注重研发，扩大规模，提升品牌影响力，使其在天津本地生根壮大，从而增强天津本身的内在经济实力，提高天津本身的企业竞争力。在这方面，天津各级行政部门需要做的，不是直接干预竞争或合作，这是企业之间的事情。政府的职责在于营造良好的发展环境，增强企业的竞争力，在城市发展规划中要突出明确政府的这一职责。

四、发挥企业主体作用、促进企业发展的相关建议

1. 变革观念，解放思想

要冲破计划经济体制遗留下来的旧观念、旧思想，树立现代市场经济的新观念、新思想，充分发挥企业的主体作用。重视并发挥现代企业在天津发展中的作用。发挥企业主体作用，原因在于：企业是创造财富的主体，是生产力发展的主体，是社会组织的细胞。企业的稳定关系天津的稳定，企业员工的发展情况关系千万家庭的生活状况。因此，企业是连接社会和家庭的纽带。

企业成为主体的含义包括：第一，企业是利益主体，要承认企业利益，尊重、维护企业利益。政府的相关工作，要着眼于企业的利益；出台的文件政策，要能反映企业的利益诉求。第二，企业是责任的主体，自负盈亏，政府不能包办代替，越俎代庖。第三，企业是权力的主体。这三个方面，使得企业为主体落到实处，而不是一句口号。三个方面的主体促使企业成为市场竞争的主体。

解决好以上以企业为发展主体的问题，也就认识到了企业的地位和作用。只有明确企业定位，树立企业地位，才能发挥企业作用，从而促进天津经济社会发展。这方面要解决好以下问题：一是充分认识企业的实质、地位和作用；二是明确企业创新的现实价值和深远意义；三是国有企业要深入改制；四是民营企业要尽快建制；五是明确企业制度建设的内容；六是明确现代企业制度和企业文化是企业发展的两大支柱；七是处理好中小企业和大企业的关系；八是企业发展的内部条件和外部环境相结合；九是天津企业发展的国内市场和国外市场相结合；十是处理好经济问题、管理问题和法律问题的关系；十一是重视企业自主创新的培育；十二是处理好企业作为经济体和承担社会责任的关系。

2. 处理好消费者、企业、政府三者的利益关系

这三者的利益关系可以概括为：消费者的利益是第一位的，企业的利益是基本的，政府的利益是不可缺少的。企业要在不损害消费者利益的基础上，依法获取利润，而政府要维护好消费者合法权益，并为企业发展营造良好的经济社会环境。同时，政府要提供必要服务，但不能干预企业的正常经营和内部管理。同时，政府为承担各方面社会事业及必要的行政开支，也要获得相应的利益。

因此，政府在设置机构时，思路要清晰：凡是有利于维护消费者利益的部门，要按照需要加强完善；凡是涉及干预企业自身发展的部门，要及时清理。政府作用的发挥，一方面要借助各职能部门，充分保障消费者利益，另一方面要为企业提供必要的服务。在为企业提供服务方面，要做那些企业凭借自身力量无法做到但是又必须做的事情。

天津应遵循这一思路，积极先行先试，进行行政管理体制改革的新探索，扭转政府部门职权缺位、越位、错位的现象。缺位，是维护消费者权益不到位。错位的，要改变。越位的，要纠正。干预企业的，要取消、撤销。政府机构还是要改，天津政府如果有水平和魄力，可以做在前边一点。当然，这里有个从上到下的机构改革布局问题，各省市机构不一样。如果天津在维护消费者权益上成效显著，将大大提高行政管理水平和城市影响力。

进一步分析政府与企业的利益关系，可用两句话概括：一是企业依法纳税，二是政府要做好企业做不到的事情。企业能做到的，政府不要包办代替。企业是主体，但企业不是万能的。比如招工，政府要完善人才市场，而具体怎样招工，是企业自己的事情。当企业的利益受到损害，政府应依法予以维护。

理顺政企关系，第一，要开创新型的政企关系，由过去的全能型政府，转变为现代的服务型政府。在政企关系的理顺上，政府要把维护企业利益，作为工作的出发点和落脚点，也就是说，把企业想什么同政府干什么结合起来。企业想的事，就是政府应该干的事。在发挥企业的主体地位的同时，做好政府应该做的事情。第二，要把企业改革和企业的发展有机结合起来。天津要发展，取决于企业发展，企业发展有赖于改革。改革包括国有企业改制和民营企业建制。通过企业改革发展提高企业活动和发展动力。政府要为企业改革发展创造统一的条件。具体包括：解决历史遗留问题，落实劳动保护、社会保障等等。第三，为企业发展中的转型升级创造条件。第四，要通过城乡联动、工农互动、统筹发展，促进企业发展。

3. 现代企业制度是国有企业改制和民营企业建制的共同方向

建立现代企业制度，要注重三个方面制度创新：一是产权制度要创新，打破国有企业比重过大的局面。引进民间资本、外资，做到股权多样化。政府围绕现代企业制度改革，完善政策、法律。二是企业组织制度要创新。最重要的是，形成一批集团公司、跨国公司、母公司的总部，完善相关子公司，处理好这些大公司的组织结构。促进各类企业、公司发展。不仅要发展高新技术、高尖端的大项目，也要发展劳动密集型、资本密集型、技术密集型的各种企业。鼓励更多农户企业、中小企业发展。三是企业管理要创新。最主要的是重视企业的研发管理。天津的研发管理，要与国际接轨，资助研发，增加投入。

4. 形成有利于天津企业发展的创业、创新环境

包括两方面，一是制度环境，一是文化环境。创业、创新文化，是企业发展的灵魂和支柱。现在强调创业较多，强调创新较少，这样不利于企业的长远发展。企业总是有生命周期的。天津市政府应及时关注优秀企业。关于民营企业，政府应该创造一些条件。让民营企业带动资本投资，用大项目带动天津民间资本的创业。环境的构建需要靠观念、思维、政策、理念整体作用的发挥。

（原载天津市政府办公厅咨询工作处《决策咨询建议》，2010-09-26）

● 推动老区科学发展的创新点

革命老区为中国革命事业做出了巨大贡献。新中国成立后，老区人民发扬革命传统，艰苦奋斗、自力更生，为大力发展经济、改变落后面貌、提高生活水平，付出了艰辛努力。但由于历史原因和自然条件限制，一些革命老区经济发展相对滞后。建设湖北大别山试验区，是湖北省委省政府根据区域发展规律、顺应老区群众期待做出的重大决策。黄冈市在大别山试验区建设实践中形成的新思路、新措施和新经验，对其他老区有着极其重要的参考价值。归纳起来，其创新点主要表现为：

第一，观念变革，解放思想。依据市场经济体制的目标要求，坚持改革开放的总体思路，用市场理念促进试验区的经济发展，不等不靠，开拓创新，扎实苦干。第二，制度创新，机制先行。重视产权制度改革，尤其是积极推进林地使用权和林木所有权的合理流转，盘活了森林资源。积极推动土地适度规模经营，盘活存量土地资源，促进土地集约化经营。第三，人才新政，开发智力。冲破传统思维方式的束缚，改革计划经济体制下的用人机制，推行“柔性引才”“灵活用人”原则。第四，按市场原则改革投资体制和金融机构，支持实体经济发展。第五，从实际出发，优化产业结构。如把建设绿色大别山作为经济发展和产业结构调整的指导思想，不以单纯追求 GDP 增长为政绩，不以牺牲环境为代价。第六，合理布局，实现地区经济协调发展。明确各县（市、区）在大别山试验区发展格局中的角色定位，既突出各县（市、区）的区域特色和资源优势，又注重全市经济的整体发展和彼此补充。第七，领导带头，上下联动。发扬老区精神，把大别山试验区作为引领跨越式发展的旗帜和首要的责任担当，抓住机遇，迎接挑战，狠抓落实，从上到下激发广大干群参与的热情，取得显著效果。

鉴于革命老区经济社会发展的长期性和全国市场经济发展的差异性，在学习和分享黄冈市大别山试验区建设成功经验的过程中，我提出以下几点建议：

第一，处理好市场经济体制中三个成分的关系，即消费者、企业、政府的关系。坚持消费者是第一成分，企业是基本成分，政府是不可缺少成分的指导思想。把消费者的利益放在首位，建立新型的政企关系。统筹处理政府与市场的关系，在合理有效的资源配置中，更好地发挥市场的基础性作用和政府的调控作用。第二，发挥各类企业在产业结构调整和地区经济发展中的作用。企业是生产力发展和创造财富的主体。按现代企业制度要求来建立产权制度、组织制度、管理制度，提升本地区企业在国内外的市场竞争力。第三，重视革命老区发展过程中的创业和创新机制的长期性及持续性。创业即创办企业的过程，不仅能解决创业者的自身就业，而且有利于解决社会就业问题。创新机制有利于促进企业发展并带动经济社会发展。政府职能就是为创业和创新提供有力支持和必要条件。

（原载人民日报社《人民论坛》，2012（11））

● 为经济转型提供人才保障

房山区从战略视角创新成人教育工作理念，把握成人教育发展规律，深化成人教育改革，建立终身教育体系和终身学习服务体系，为区域经济转型提供人才支撑。

首先，明确人才培养目标。坚持与市场经济、社区服务、企业技术要求相适应，以职业技能训练为主，培养应用型、实用型人才。坚持面向新农村建设、面向行业企业、面向社区、面向弱势群体，稳步发展学历教育。加强与区各部门合作，大力开展多层次、多类别的社会培训工作。以提供青少年校外教育服务、劳动就业服务、居民生活品质提升服务和学习型社区建设服务为目标，有效推进社区教育。

其次，改革课程体系与内容。本着实际、实用、实效的原则，实施课程知识加技能训练的课程体系。在课程内容设置上，瞄准当地产业发展方向，与市场需求无缝接轨。

最后，营造有利于人才培养的氛围和环境。以学习型社会建设理念为指导，构建全方位、立体式的终身学习服务体系。采取函授、脱产、培训、业余、进修等灵活的办学形式，采用现代化的教学手段，突破时空、能力、教学资源不足的限制，实现个性化的学习培训。这种符合成人和在职人员学习特点的教育，得到了广泛认可与积极参与。

成人教育的发展使城乡劳动者的知识结构得以更新、择业观念得以转变、职业技能得以提升。区域内高端技能型、专业型和服务型人才逐步向二、三产业转移，使第一、二、三产业的就业比重更加适应经济和产业结构，为房山建设“首都高端产业新区和现代生态休闲新城”提供了人才支持，有力助推了房山的城镇化进程。

（原载人民日报社《人民论坛》，2015（8））

● 县域治理的发展思路

通过对大余县域治理的考察和调研，我深感其取得的显著成效。他们从县域的实际出发，科学分析本县的县情，形成明确的发展思路。信息决定思路，思路决定出路，出路决定财路。大余的县域发展目标紧紧围绕转型发展这一主线来开展各项工作。大余县域的转型发展思路，既是改革开放 40 年的体现，更是新时代县域高质量发展的要求。

第一，以市场为主导。

在传统计划经济体制下，大余经济一直以钨产业为支柱产业。但因长期的过度开采，“一矿独大”的经济增长方式难以为继，陷入“钨竭城衰”境地。在全国改革开放的形势下，大余县摆脱“钨情结”的传统观念，确立以市场为主导来发展县域经济的新思路。尤其是 2015 年以来，大余立足县情实际，明确提出“经济转型发展”新思路。

大余县域自然条件优越，绿水青山，有利于农业发展。2015 年以来加快开发现代农业项目，如建立万亩蔬菜产业集群。其中新城镇水南村的蔬菜示范区品种齐全、质量优等，其产品销往国内外市场，包括俄罗斯等欧洲国家。按订单来生产蔬菜，消费者是市场的核心，找到了消费者，就找到了市场。把消费者需求放在第一位，就是以市场为主导的表现。

第二，以企业为主体。

在转型发展过程中，大余县重视发挥企业主体的作用，通过创业与创新等多种途径，提高企业的市场竞争力。由民间资本投资组建新能源新材料公司，由工厂制改为公司制，实行现代公司治理。包括天赐新材料、科立鑫、华夏新能源汽车、云锂新材料、德泰新锂业、悦安超细、中田汽车保修设备制造、盛源新材料、佳纳新能源、致远新材料在内的现代公司制企业，有效地促进了大余县经济的转型与发展。企业是创造财富的主体。实行现代公司治理，为县域治理奠定了雄厚的物质基础。

第三，发挥政府的引导作用。

大余县委县政府及各级领导，围绕转型发展的思路，有效地处理好社会主义市场经济体制三个成分（市场、企业、政府）的关系。在坚持市场主导和企业主体的同时，充分发挥政府的引导作用。大余县明确提出实现转型发展思路的各项工作要求，包括：实现小康提速、经济提质、能力提升的“三提目标”；建设生态名县、旅游名县、文化名县、教育名县、体育名县的“五个名县”；打好主攻工业、精准扶贫、新型城镇化、现代农业、现代服务业、基础设施建设的“六大攻坚战”。大余县的相关实践还成为全国 2017 年精准扶贫的典型经验。在这次考察与调研过程中，县委书记曹爱珍、副书记邓增顺、副县长邹隆春及相关领导同志，对实现这些工作要求做了具体安排，给人留下深刻印象。

第四，形成具有优势的特色产业。

大余县域经济转型，不仅表现为传统工业转型升级，由资源能源消耗型向质量效益型的转变，更突出地表现在从本地实际出发，大力发展市场广阔的具有特色的生态产业，把生态优势转化为产业优势。通过自主经营、劳动务工、土地流转、资产入股、特产销售等多种形式，在现有乡村旅游示范点的基础上，以路串点、以路联点，串联特色农业产业带、生态养生度假基地、民俗文化廊道的特色项目，形成

“百里乡村旅游长廊”。实施林业重点工程建设，对林业资源实行资本化运作，构建现代林业产业。立足花卉苗木、蔬菜、油菜等的绿色资源优势，大力发展休闲观光农业。

第五，创建特色小镇。

大余在县域转型发展过程中，重视特色小镇的创建，系统谋划特色小镇的地位和作用。例如，丫山农旅运动休闲特色小镇，集运动、休闲、健康、养老、教育、文化、旅游为一体，被评为国家级运动休闲小镇。又如，新城镇周屋村的特色，是重建充分体现理学思想、理学文化的周公濂溪堂，成为全国的理学名村。周屋村已成为赣州市国学讲堂、干部教育基地和爱国主义教育基地。村内不仅绿树葱葱、花印荷塘、白墙黑瓦，俨然古风，而且融行政中心、文化活动中心、餐饮、住宿、有线电视及邮政通信、幼儿园、购物中心、农技中心、医疗中心为一体。那里民风淳朴，文化氛围浓厚，形成了《新城周屋村乡风文明》手册，村民们以此为荣。

第六，社会治理是县域治理的综合表现。

大余在县域治理过程中，围绕“治理有效”的目标要求，构建完善的社会治理体系。自治、法治、德治“三治融合”的社会治理体系，是县域治理的综合表现。德治为基，通过新民风建设，弘扬社会主义核心价值观，厚植优秀传统文化根基，为美丽乡村注入美丽灵魂。法治为纲，通过依法治理、依法行政、依法办事、法治监督，提升居民安全感，让权力在阳光下运行，让法治保障社会的安定和谐。自治为本，把村民自治作为推进基层治理的基本形式，保持农村长治久安的治本之策，实现村民自我教育、自我管理、自我服务、自我发展的要求。大余县域的社会治理体系是制度创新与文化建设的有机结合。社会治理的核心是人的问题。制度是硬的，抑制人性恶的一面；文化是软的，引导人性善的一面。大余县域“三治融合”的社会治理体系就是软硬兼施、双管齐下，保证社会和谐稳定发展。

● 县域发展战略与企业战略创新

通过 4 月 13 日对福建省永定县发展状况的考察，我感受到县域发展战略的制定和实施，既是长期稳健发展与实践科学发展的基本保证，又是应对当前金融危机与经济下滑影响的具体措施。

永定县在制定发展战略过程中，认真分析本县的特点和条件，提出了符合实际的县域发展战略。这些特点和条件包括拥有丰富的自然资源、地处海峡西岸，历史文化遗产丰富，是海内外闻名的侨区、著名革命老区、传统烤烟产区、省级重点矿区、新兴旅游风景区。尤其是 2008 年 7 月以永定客家土楼为主体和典型代表的福建土楼成功列入《世界文化遗产名录》，为永定走向世界赢得了声望。永定县在 1478 年正式设立，意在“永远安定”。2009 年 3 月，永定县被评为“全国平安县”。从永定县情出发确定的县域发展三大战略目标（即成为经济强县、教育强县、旅游强县）和六项战略定位（产业富县、品牌扬县、城镇靓县、开放活县、文化兴县、和谐稳县），几年来均取得了明显成效。实践表明该战略目标和战略定位是切实可行的。

永定县的当务之急是进一步实施和具体落实已确定的县域发展战略，处理好县域发展战略的制定与实施即战略与战术两者之间的关系，这是县域发展战略成败的关键所在。战略与战术两者的定位是不同的：战略是确定发展目标，战术是明确实现目标的具体措施；战略是决策性职能即决定“做什么”，战术是执行性职能即解决“怎么做”；战略是涉及全县的发展方向问题，战术是解决各部门各层次的具体问题；战略具有可能性、可行性、可衡性，不是口号、标语，战术表现为方式、方法、步骤等诸项工作要求。由此可见，战略起着决定性作用，战术从属于战略。但是，有了战略，还必须要有战术，以此落实战略目标和发展方向，否则，战略可能落空而沦为口号、标语。而且，战略与战术的界定不是绝对的而是相对的，应当依据县域内部条件和外部环境的变化而适时地科学地予以调整与充实。

永定县在实施发展战略的过程中，不仅着力解决“硬实力”发展中的各种难题，诸如基础设施项目、产业结构调整、产品技术升级、改善民生条件等，而且重视加强“软实力”建设的各项工作，把学习实践科学发展观与具体实施县域发展战略有机结合在一起，组织专题讲座，以达到全县各级领导和企事业单位的知识更新、观念转变、形成思路、创新发展、求得共识的目标要求。通过县域发展战略的制定与实施，永定县获得了信息决定思路、思路决定出路、出路决定财路、定位决定发展、落实决定成败的深切体会和宝贵经验，它们是未来县域发展的“软实力”和精神财富。

永定县在制定与实施发展战略的全过程中，自始至终重视发挥企业战略创新的主体地位和基础作用。通过采取有效的企业发展措施，按照优化存量、拓展增量、联合做大、延伸做强、集群发展、整体提升的发展思路，永定县形成一批领军企业和骨干企业，实现了企业战略转型与业务重组。面对国际金融危机给企业经营活动带来的不利影响，永定县采取扩大内需保增长的具体措施，帮扶困难企业走出困境，破解融资难题，促进优势企业在产业集群中发挥龙头作用。

在考察永定工业园区的过程中，我特别关注该工业园区在金融危机影响下的发展状况。该园区重点发展机械制造和光电产业，截至

2008 年年底，园区年产值 500 万元以上的工业企业有 20 家，2009 年 1—3 月实现产值 2.96 亿元，同比增长 96.77%，完成固定资产投资 10 007 万元，同比增长 13.5%，其中台资企业实现产值 7 521 万元，占总产值的 25.4%。从考察的盛丰机械制造有限公司和德泓光电科技有限公司两家企业来看，它们正在采取各种措施，克服金融危机导致的困难，已呈现良好的发展态势，其中畅丰牌轿车系列产品畅销全国，光电产品则销售到海内外市场。

企业战略创新的目标是创造有价值的订单。永定县金丰工业集中区东山园区实施项目带动战略，已发展为电子产业专业园。从 2006 年 10 月开工建设到 2007 年 4 月 DVD 整机项目正式投产，东山园区年产 DVD 整机及套料 100 万台（套），产品主要出口到东南亚、中东和非洲地区。东山园区 2008 年的产值达 1.01 亿元人民币；2009 年预计年产 DVD 整机 120 万台，届时年产值将达 1.6 亿元人民币。截至 2009 年 3 月，该园区相继引进 13 家相配套的电子企业，成为以 DVD 整机、电视机整机、多媒体音响为主导产品的电子产业专业园区，产业集群效应明显，逐步成为海峡西岸电子影音产品的生产基地。这个园区的企业战略创新采取政府引导、业主开放、以商引商的发展模式，既发挥了企业的主体作用，又体现了政府的引导作用，使企业战略创新与县域发展战略有效地连接为一体，共同推动永定县的长期稳定发展。

（2009-04-15）

● 开创新型的政企关系

在高密市调研的过程中，我感到高密市委市政府为企业搭建服务平台，构建社会主义市场经济条件下的新型政企关系的做法，对促进县域经济社会的科学发展有着重要的现实作用和深远的战略意义。

高密市的新型政企关系，突出地表现在政府由传统的全能型政府转变为现代的服务型政府：

（一）把发展和维护企业利益作为政府工作的出发点和落脚点，把企业“想什么”与政府“干什么”有效地结合起来，改变“政府领导企业”的传统观念，确立政府为企业提供良好的创业环境和投资环境的新型理念，以适应科学发展的客观要求。全市各类企业有 3 800 多家，其中规模以上企业 538 家；棉纺织业进入全省十大产业集群，高密市被评为“中国家纺名城”和“全省纺织服装产业基地”。

（二）把企业改革与企业发展有机地统一起来。通过企业改革获得企业发展的更大动力，而企业改革的目标是求得企业的长期稳健发展。在企业改革与企业发展过程中，除积极发挥企业在市场竞争中的主体地位与作用外，高密市政府高度重视并解决好深化企业改革中的突出问题，如妥善解决企业改制重组中的历史遗留问题，严格落实职工最低工资、劳动保护及各种社会保险等规定。

（三）为企业发展过程中的转型升级创造有利条件。当企业遇到外部环境压力与市场竞争挑战的时候，高密市政府想企业之所想，急企业之所急，办企业之所需，竭尽全力帮助企业解决资金、技术、人才、土地等方面的实际困难，积极协助企业开发引资融资、品牌创建、专利申请、技术攻关、研发合作以及有利于提升企业市场竞争力的各项工作。市政府领导和有关政府机关部门做到从思想上重视企业、从感情上关心企业、从工作上支持企业，积极为企业的转型升级营造良好环境，按照“传统产业高新化，高新技术产业化”的思路，加快推进产业的转型和空间布局的战略调整。例如，孚日集团公司投资 60 亿元的光伏项目，在成熟的晶体硅太阳电池科技和新锐的薄膜太阳电池科技两方面双管齐下，使薄膜太阳电池项目达到年产 240MW 的规模，晶体硅太阳电池项目达到 80MW 的规模，光伏产业每年实现销售收入 85 亿元，税利 20 亿元。再如豪迈科技爆胎稳向器、永和精密汽车发动机废气循环、惠影数字放映机、康地恩生物酶等项目建设，正在推进企业、产业、技术、园区的配套发展，实现现代科技及产业集群化的发展。

（四）在促进县域经济发展过程中，高密市政府明确提出节能降耗、环境保护是硬任务，是约束性的指标。高密市政府认为，其他指标完不成可以理解，但这个指标完不成不行。这是科学发展观在高密市的重要表现。正是在这种科学发展观的指导下，高密市政府筛选出如永和、亚盛、华燕、同利、高锻、金亿、振泰、长盛泰、邦泰、利华、华振等成长良好、发展空间较大的企业，切实把节能降耗、环境保护摆在重要位置，提出抓好重点行业、重点企业、重点领域的节能减排，确保全面或超额完成节能减排目标，改善环境质量，扩大环境容量和发展空间。

（五）高密市政府坚持城乡联动、工农互动、统筹发展的思路，积极推进农业产业化、农村工业化、县域范围内的城镇化，实施以农工商一体化的公司制企业为主体的现代企业制度建设。通过现代公司制企业来提升农业的产业化水平，促进农产品加工增值，增加农民的后续利益。潍坊全市农业龙头的公司制企业发展到 342 家，其中国家级 1 家，省级 6 家，市级 73 家，年加工能力 100 多万吨，带动基地 85 万亩，农产 11.2 万户。坚持用工业化致富农民，鼓励全民创业，大力发展工业和非农业的公司制企业。20 多万农村劳动力转移到城乡第二、第三产业，非农业收入占农民人均纯收入的比重达到 60%。坚持用城镇化繁荣农村，促使农民变工人、变市民。

2007 年，高密市政府先后出台一系列优惠扶持政策，鼓励骨干企业下乡办厂设店，并引导相关镇村在用地、税收、用工等方面给以政策支持，吸引劳动密集型企业把加工环节向下延伸，特别是到边远乡镇办加工厂，形成了城带镇、镇带村、村带户的配套发展模式和企业发展、乡镇增财、农民增收的三赢格局。其中孚日集团公司、昭儿玩具、利群超市等企业到大牟家镇、柴沟镇、阚家镇等地设立分厂和连锁经营店，就地转移农村劳动力 1.5 万人，不仅使企业发挥了品牌、技术、配送体系和人才培训的优势，而且改善了农村“不安全、不实惠、不方便”的消费环境，大大刺激了内需市场的扩大，促进了农村市场的繁荣和县域经济的发展，为解决我国内需不足的难题找到一条新途径。

以孚日集团公司到大牟家镇设点办厂为例。2005 年 10 月创办了第一个毛巾加工车间，2006 年 10 月开办了第二个加工车间，2007 年 12 月扩建了第二车间。孚日集团公司到目前已在大牟家镇办起了 7 个毛巾加工车间，就地转移农村劳动力 1 500 人，年产值 2.4 亿元，创利税 3 000 多万元，取得了明显的经济效益和社会效益，实现了以诚求成、共创共赢的发展局面，解决了转移农民难的长期问题，特别是受到农村妇女的欢迎，实现了在家门口办厂就地就业的愿望。同时，解决了企业招工难的问题，解决了偏远乡镇财政增税难的问题。

农民转为工人后的年工资收入有 1 万多元，总计为该镇农民增加收入 600 多万元，提高了乡镇消费水平，缩小了贫富差距，促进了小城镇的经济繁荣和社会稳定。更重要的是改变了农民观念，带来了先进的企业文化，增强了团队精神，改变了“小富即安、不求进取”的小农意识，树立了现代大工业理念和市场经济意识，促进了社会和谐，有利于科学发展观在县域发展中的全面落实和社会主义市场经济体制的建立与完善。

（原载人民日报社《人民论坛》，2008（11））

● 财富新泰与企业发展

一、新泰的特点

（1）历史悠久的古今名城。

在参加这次“调整产业结构，推进科学发展”调研活动期间，我给新泰的题词是：“古今名城新泰，调整产业结构，推进科学发展，造福子孙后代。”这反映了我的亲身感受。

新泰市有 2 600 多年的历史。始于公元前 601 年建的平阳城，历经平阳县、东平阳县，西晋时期改县名为新泰，取新甫山和泰山首字而得名。现为新泰市。新泰地处山东省中部，泰沂山脉中段，黄淮流域分界处，东连蒙山沂水，西靠东岳泰山，南接孔孟之乡，北邻三齐旧壤。

（2）自然景观与人文景观融为一体。

新甫山因九峰环抱似莲花而更名莲花山，拥有国家 3A 级景区、国家地质公园、国家森林公园，是集自然景观与人文景观于一体的山岳型风景旅游区。

著名旅游景点还有青云山、青云湖、和圣园等，它们都体现出自然景观与人文景观相互融合的特点。其中的青云湖是 1959 年建成的人工湖，傍青云山，山水相融，是我国北方少见的大面积人工湖，被誉为“中国北方的西湖”。

（3）资源型城市的成功转型。

新泰曾是一个典型的煤炭资源型县，是全国60个重点产煤县之一。当时全县经济主要靠小煤窑支撑，非煤工业企业数量少、规模小、投入少、水平低、产业结构单一。随着煤炭资源的逐步减少，新泰面临经济转型和产业结构调整与优化的巨大压力。从2003年开始新泰形成经济发展新思路，找到经济转型新出路，关键是按照项目—企业—产业—园区的发展模式，通过项目建设与项目管理，发挥企业的主体作用，形成新的产业集群和产业园区。2003年以来新上投资过千万元的项目近千个，其中过亿元的有164个。这些项目符合国家产业政策、环保节能政策，科技含量高，利于扩大就业和持续提供税源。

通过五年来经济发展方式的转变，非煤产业占工业总产值的比重由2002年的38.6%上升到2007年的89.9%，全市销售收入过亿元的企业由19家发展到124家，实缴税金过千万元的企业由2家发展到53家，境内工商税收收入由7.2亿元增加到19.1亿元。这些都表明新泰实现了资源型城市的成功转型，是调整与优化产业结构的具体表现，有利于推动与促进经济社会的科学发展。

（4）县域经济发展的排头兵。

新泰于2006年跨入全国百强县行列，位居第68位。2007年在全国县域经济基本竞争力百强排名中居第31位。2007年，实现生产总值346.6亿元，同比增长16.8%；境内财政总收入达到35亿元，其中地方财政收入16.3亿元，同比增长24.2%。在山东省，新泰被社会各界评为全省投资环境十佳县市和全省县域经济发展潜力十佳县市，而且均列全省第一位。

新泰以县域经济发展为基础，全面推动社会、科技、文化、教育以及各项工作，近年来先后获得全国科技进步先进市、全国基础教育先进市、全国体育工作先进市、全国文化工作先进市、全国计划生育优质服务先进市、全国民政工作先进市等60余项国家级荣誉称号和全省发展民营经济先进市、全省就业再就业先进市、全省对外开放先进市及省适宜人居环境奖等200多项省级荣誉称号。

（5）政通人和的社会环境。

新泰着力解决群众最关心、最直接、最现实的利益问题，为民办实事，使群众从改革开放中得到实实在在的利益。新泰尤其重视做好就业和社会保障工作，包括新增就业再就业、新增劳务输出、农村劳动力就地转移就业及在外务工，以及建立覆盖城乡的养老、失业、医疗、工伤、生育保险及低保等各类社会保障体系。

尽管新泰煤矿多、山林面积大并面临诸多社会矛盾，安全稳定压力大，但由于新泰高度关注和改善民生，努力建设和谐新泰，深入推进平安新泰建设的各项工作，坚持制定并严格落实社会稳定的目标责任制，从而保证了其在改革开放过程中的平稳发展和社会持续平安与和谐稳定。

二、财富新泰的经验及其原因

（1）企业是创造财富的主体。

在调研期间，考察的六家企业包括特变电工山东鲁能泰山电缆公司、山东泰峰起重设备制造公司、山东立业机械装备公司、山东乾元不锈钢公司、山东瑞泰玻璃绝缘子公司、山东赛特电工材料公司，它们代表了新泰各类企业对新泰经济发展及社会进步做出的重大贡献及其主体地位与作用。

（2）创业是创造财富的起点。

新泰市委书记辛显明在2003年6月22日《给全市各级领导干部的一封信》中指出，新泰经济与先进地区的差距是表面现象，而

“根本差距是缺乏干事创业精神”，“在营造亲商、安商、富商的环境氛围上做得不够”，在此基础上提出“财富新泰”概念来促进经济发展。几年来，新泰逐步形成“想干与不想干是责任感问题，敢干与不敢干是态度问题，能干与不能干是创新问题，会干与不会干是才艺问题”的共识局面，把“干事创业”作为解放思想的具体表现。

（3）通过项目来带动企业发展。

新泰的项目建设与项目管理有效地促进了企业发展。如山东乾元不锈钢有限公司的极薄板项目，是由山东泰山建能集团与韩国开元物产株式会社合资兴建的，总投资12亿元，总占地面积248亩（其中利用原新矿集团水泥厂土地157亩），主要生产不锈钢极薄板，设计年产量为12万吨，产品广泛应用于航天、电子、汽车、装饰等领域。通过该项目建设，新泰逐步成为国际化不锈钢极薄板生产基地。

（4）破除资本的所有制界限，吸引各类投资者。

新泰企业资本所有者明确，而且打破了传统企业的所有制概念。在新泰考察期间，看不到含糊不清的“乡镇企业”字眼，呈现出的是资本所有者明确的现代企业产权制度。如山东瑞泰玻璃绝缘子公司由杭州长城机电实业有限公司投资兴建的，是中国生产高压输出电线路用玻璃绝缘子的骨干企业之一。该公司股东共9人，其中一个大股东是温州人，他在西北某地已投资办企业20多年。我问他为什么到新泰来投资，他回答“新泰投资环境好”。又如山东泰峰起重设备制造公司位于羊流民营经济聚集区，这表明民营企业在新泰经济发展中具有重要作用。

（5）企业形态多样化。

新泰企业通过30年来的改革开放，对国有企业改制、促进民营企业发展、吸收国内外各类资本的投资，已逐步形成包括现代公司、个人独资企业、合伙企业在内的多元化企业形态，而且呈现出从无到有、由小到大、由弱到强的良好发展趋势。如作为一家民营公司的山东立业机械装备公司成立于2003年7月，是山东省唯一一家集液压支架制造、维修、租赁、综采工作面安装撤除工程、工作面生产及采矿研究于一体的公司，正在与有关证券公司商谈上市事宜。又如山东赛特电工材料公司，自2003年初作为民营股份制企业成立以来，不断发展壮大，目前已计划在深圳中小板上市。

（6）市场观念是支配企业发展的出发点和落脚点。

新泰经济长期依赖煤炭，躺在资源优势的温床上，等靠要的惰性思想作祟，企业长不大做不强。但通过破除计划经济旧观念，确立社会主义市场经济新观念，新泰明确了市场经济是竞争经济，不进则退，必须跳出新泰看新泰。如山东立业机械装备公司以开拓市场为指导思想，不断提高公司知名度和市场占有率，其产品市场已从省内扩展到山西、河北、吉林、内蒙古等地的30多家大中型煤炭企业。

（7）品牌、质量、效益是积累财富的关键。

新泰不仅通过创办企业来创造财富，而且强调通过发展企业来积累财富。新泰企业发展的关键是品牌意识、保证质量、提高效益。如特变电工山东鲁能泰山电缆公司是2003年由特变电工股份公司与山东鲁能泰山电缆公司合资组建的企业，是目前国内最大的电线电缆制造企业之一，拥有国家级企业技术中心和国内最大的交联电缆屏蔽试验大厅，可生产国内最高电压等级、最大截面的电线电缆产品。由于重视品牌、质量效益的现代企业管理制度建设，特变电工山东鲁能泰山电缆公司是国内同行业中首家通过ISO 9001质量管理、ISO 14001环境管理、OHSAS 18000职业健康安全管理体系认证的企业，其泰山牌电缆荣获“中国名牌产品”“中国电缆用户满意第一品牌”“产品质量国家免检”称号。该公司的产品不仅应用于天安门广场、北京奥运工程、青藏铁路等国家重大项目及重点工程建设，还出口到澳大利亚、荷兰、秘鲁等20多个国家和地区。该公司2007年实现销售收入10.1亿元，利税5 000万元，2008年1—4月合同签订额超过 5 亿元，进出口实现 3 000 万元。

（8）企业技术创新与自主知识产权保护效果显著。

新泰企业重视产品开发和技术研发工作，通过自主创新来提升企业的市场竞争力。如山东赛特电工材料公司是山东省首批命名的高新技术企业，是我国电磁线行业标准起草单位之一，也是全军总装备部军工产品定点采购企业，拥有全部的自主知识产权，有两项国家专利，三项实用新型专利，还有两个产品获“国家级新产品”称号。该公生产的超细电磁线用于我国“神舟”系列飞船的发射，特种电磁线用于我国核潜艇、导弹、火箭的制造。又如特变电工山东鲁能泰山电缆公司已获得专利 15 项，成功研发出国内最高电压等级的 750KV 输变扩径导线和母线，在国际同类产品中处于领先水平。

（9）吸引人才是创造财富和积累财富的源泉。

新泰在创造财富和积累财富的过程中，坚持以人为本，改革传统的劳动人事制度，建立科学的选人用人机制，使各级人员把精力集中到“想创业、思发展”上，把能力体现在“创事业、会发展”上，把目标锁定在“创成业、快发展”上。新泰尤其重视企业家队伍建设，在吸收资本所有者的同时，更强调吸引技术、管理、业务以及各类优秀的专业人才，大力推进企业创新，提升企业各类人员的素质，并培育土生土长的农民企业家，创建农工商相结合的综合型现代公司制企业。2006 年 6 月建成并投入使用的新泰市人力资源市场，是山东省县市级示范性人力资源市场，不仅是集就业再就业、劳务输出、技能培训、职业介绍、高级求职洽谈、劳动事务代理于一体的综合性服务场所，而且有效地促进了人才市场化的改革进程。

（10）构建服务型政府是财富新泰的基本保证。

在构建财富新泰的过程中，重视各级政府的职能转变和机构精简，努力构建服务型政府。成立于 2003 年 6 月的新泰市行政服务中心，是市委市政府为优化发展环境、提高行政效能、方便企业和广大群众而设立的综合性便民服务机构。这是山东省率先探索实施行政服务标准化的实践，建立了工作、管理、服务质量三大体系计 481 项服务标准，创立了企业设立登记“一表通”和基本建设项目审批“一表通”，实现了“一表输入、信息共享；自动出表、联进互动、快速审批”，实施了“网上年检”，使 69.4% 的审批事项实现了一个工作日办结，85% 的审批事项承诺办理时间压缩在 3 个工作日以内，提前办结率达 96.5%，限时办结率达 100%，有力地推动了新泰经济社会的发展。

（11）发挥社会中介机构在企业与政府之间的沟通作用。

新泰在改革开放初期即 1983 年成立了个体劳动者协会和私营企业协会，协会的作用一方面是引导企业遵纪守法，维护市场的规范运行，另一方面是向政府反映企业的愿望和要求，在企业与政府之间做桥梁与纽带。在此基础上，于 1989 年成立了消费者协会，该协会依照相关法律维护消费者的合法权益。这些中介机构，对促进新泰经济发展并维护市场经济的稳健运作发挥了积极的作用。

（12）处理好“财富新泰”与“品质新泰”“文化新泰”“幸福新泰”“平安新泰”的关系。

“财富新泰”的构建促进了经济的稳健发展，成为新泰全面发展的社会基础。与此相适应，新泰提出构建“四个新泰”的理念：“品质新泰”，即提升新泰经济社会发展质量，提升生活品质和城市品位；“文化新泰”，即发挥新泰和圣柳下惠、乐圣师旷故里及全国文化先进县的优势；“幸福新泰”，即提前全面建成小康社会、提高居民的幸福指数；“平安新泰”，即构成安居乐业的和谐社会、通过“平安协会”来解决治安工作所需人力与财力不足的难题。考察期间，有三件事让我感受深刻：一是新泰一中有近 2 万名高中生，占新泰全部高中生的 60%，其中 70% 为住校生，新泰初中毕业生只要想上高中并符合条件，均能实现升学愿望；二是拥有集体育馆、田径场、游泳池、篮球场等设施为一体的多功能的新泰市体育中心，该中心是青少年活动中心和全民健身运动基地，先后输送100余名优秀运动员，有亚洲冠军，也有世界冠军，使新泰市先后荣获全国体育先进县、全国体操之乡、全国业余训练先进集体、全国高水平体育后备人才基地、全国群众体育工作先进单位等荣誉称号；三是新泰市老年公寓服务功能齐全、配套设施完善，有单间、套间、多人间，可满足老年人不同层次的需求，实现了阳光、绿地、清泉、流水的公园式休闲居地，使入住老人能幸福安度晚年。

财富新泰取得成效的原因主要有三个：

第一，1978年党的十一届三中全会开创的改革开放大环境，包括全国的大环境和山东省及泰安市的具体环境，为新泰经济发展和社会进步创造了前提条件。

第二，解放思想为财富新泰的全面发展提供了强大的动力源泉，包括第一次思想解放、第二次思想解放以及正在进行的第三次思想解放，均在不同时期为财富新泰发展指明了方向，使新泰找到了新的起点。

第三，新泰领导与群众的共识为财富发展凝聚了巨大合力，使之冲破种种阻力，克服重重困难，齐心协力开拓新领域，逐步形成“拼上豁上、真抓实干、唯先必争、唯旗必夺，干上去光荣、干不上去可耻”的新泰精神并将其发扬光大。

三、新泰发展面临的机遇和挑战

全面、客观、科学地认识新泰，评价财富新泰的历史与现状，不仅要总结财富新泰的成功经验，更要面对未来，分析新泰发展面临的机遇与挑战。回顾历史的目的是照亮未来，总结经验是发现未来发展的规律性行为。

新泰发展面临的机遇表现为国内外经济及山东省经济发展的有利因素。国际经济未来发展的总体态势是全球化、信息化、虚拟化、网络化。中国经济的整体实力和巨大市场对全球资源有着明显的吸引力，有利于国际上的可移动资源（包括资本、技术、人力、信息）进入中国这个巨大的潜在市场。未来中国经济发展的关键在于中国整体经济实力的发挥和国内13亿人口巨大市场的开发。山东经济作为环渤海经济圈的重要组成部分，具有独特的地缘与区位优势，其物质资源丰富，产业基地实力雄厚，陆海空交通运输畅通，科技人才密集。山东全省经济正在从点状带动迈向区域协调发展的新阶段，“对接”“融入”“互动”成为山东各地经济发展的热门词汇。新泰未来发展的前景就是充分利用这些有利因素，发挥自身的优势，抓住机遇，面向全省、面向全国、面向全球，不断提升新泰经济实力及整体竞争力。

但是，经济全球化是一把双刃剑，有利有弊。国际能源、资源价格大幅上涨，国际能源格局调整步伐加快，对资源、能源的争夺日益成为国际经济中最不确定的因素。中国面临复杂多变的国际经济环境，国内资源供需矛盾比较突出，经济发展与环保矛盾越来越尖锐，高投入、高耗能、低效率的产品缺乏市场竞争力，这些都构成国内经济发展的不利因素。环渤海经济圈发展面临的挑战主要表现为受到自然环境因素、产业布局因素、历史体制因素等方面的制约，导致环渤海经济圈的规划设想与现实发展之间存在较大反差。山东全省经济发展过程中的沿海与内地区域差别以及城乡经济不平衡问题，在一定程度上也影响到新泰未来经济的发展。因此，新泰既要抓住机遇，又要迎接挑战，即分析未来经济发展的不利因素，采取切实有效的措施，促进新泰经济稳健发展。

我对新泰经济发展提出以下四条建议：

（1）进一步处理好社会主义市场经济条件下三个成分的关系。

中国现阶段处于由计划经济体制转向社会主义市场经济体制的改革时期，其标志就是处理好三个成分的关系，即消费者、企业、政府三者之间的关系。在社会主义市场经济条件下，消费者是第一位的，是最重要的成分。消费者构成市场的核心，所谓市场在资源配置中起基础性作用，主要表现为消费者在资源配置中的作用。企业是基本成分，因为企业是社会生产力发展的载体，也是创造物质财富的基本单位。政府是不可缺少的成分，因为市场经济是有规则的经济，而制定规则和执行规则正是政府的职能。

改革开放30年，特别是1992年党的十四大提出改革目标是建立社会主义市场经济体制以来，新泰在处理三个成分的关系上取得了显著成效。但由于几十年来计划经济体制的束缚，在三个成分的关系，特别是政府与企业的关系、政府与市场的关系上，仍存在着一些陈旧观念和边界不清的问题，有待于进一步破除旧观念，解放思想。

（2）把企业制度创新作为企业发展的长期方向。

新泰企业通过产品创新、技术创新、业务创新提升市场竞争力，为新泰经济发展做出了重要贡献。但这些企业一般仍处于创办初期或成长期，一旦企业内部条件或外部环境发生变化，就容易面临被动局面或陷入困难境地。因此，为保证企业长期稳健发展，应把企业制度创新作为企业发展的长期方向。对企业发展来说，制度是延续的、长远的、根本的问题。

新泰企业正处于国有企业改制和民营企业建制的关键时刻。企业制度创新的方向是建立现代企业制度。现代企业制度是以公司制度为主体的市场经济体制的基本成分，这是国有企业改制和民营企业建制的共同方向。企业制度创新的具体要求是建立现代企业产权制度、现代企业组织制度和现代企业管理制度。在企业制度创新的过程中，应处理好这三个部分的关系，其中产权制度是前提，组织制度是保证，管理制度是基础。对现阶段新泰的公司制企业来说，建立与完善公司法人治理结构，处理好股东机构、董事会、以总经理为代表的管理机构之间的责权利关系，对企业发展有着重要的现实作用和深远的战略意义。

（3）产业结构的调整与优化。

新泰的产业结构调整取得了成绩，这些年来引进了一些项目，发展了一批非煤企业。进一步调整与优化产业结构，推进科学发展，对新泰经济发展既有重要现实价值又有长远意义。当前经济发展面临产业瓶颈、原材料和能源涨价、劳动力成本上升等不利因素，土地、资源、环境方面的压力很大，而且国内外市场竞争日趋激烈，必须转变经济发展方式，沿着新型工业化道路，不断开拓新产品、新领域。

实现由“新泰制造”向“新泰创造”转变的关键在于构造若干具有国内外竞争力的产业或产业集群，包括在关键原材料和核心零部件环节上的突破。这些产业或产业群应当向两端延伸，上端包括研发、设计，下端包括品牌营销、售后服务。通过调整和优化产业结构，提升价值，由低级到高级，由低附加值到高附加值，由技术含量低转向技术含量高，促进新泰经济及产业的发展。煤矿要对煤炭进行综合利用，提高附加值；非煤产业要增强自主创新、自主知识产权、自主品牌的“三自”能力，进一步走向全国、走向世界。

新泰的产业结构调整与优化，应着眼于发展。发展是硬道理，也是一个改革问题，产业结构调整与优化会导致企业的优胜劣汰，涉及体制创新和观念变革。因此，需要通过培训进行知识更新，形成思路，求得共识，找到出路。思路决定出路，出路决定财富。

（4）政府为企业走向全国、走向世界创造更好的体制环境。

为使企业具有国内外市场竞争力，政府应遵循公平、公正、公开的市场经济基本原则，切实做到依法行政、服务第一、讲究效率、务实求真。

政府在提升区域竞争力和形成区域品牌优势的过程中，有着不可替代的作用。政府通过明确区域产业定位，制定产业促进政策，推进产业融合，规划产业空间布局，创造优秀产业集群，吸引国内外优秀科技和经营管理人才，来引导企业提升国内外市场竞争力。为此，要深化体制改革，转变政府职能，调整相关政府机构。

政府通过产业政策，以骨干企业和优势产品为依托，支持和鼓励有条件的大型企业在公司制度的基础上组建企业集团，并进一步形成规范的以母子公司体制为核心的跨国公司型的现代企业集团，这必将有利于提升企业的区域竞争优势。

政府为中小型企业生存与发展搭建服务平台，是新泰经济发展的重要组成部分。中小企业决定新泰的经济活力和实力，对解决新泰就业问题具有决定性的作用。解决地区性产业低、小、散格局的根本途径在于促进中小企业的健康成长，包括政府为中小企业解决融资渠道、技术进步、人才短缺诸多方面的困难，废除和改变不利于中小企业生存与发展的一些做法，推动中小企业朝着先进制造业和现代服务业的方向不断增强市场竞争力，实现由小到大、由弱到强的经营目标。

（在新泰市“调整产业结构，推进科学发展会”
上的专题报告，2008-07-02）

● 以企业为主体发展庆阳经济

通过对庆阳经验的调研，我感到庆阳有六大特点。第一，历史积淀深厚。庆阳是环江翼龙、“黄河古象”的故乡，是岐黄故里、周祖农耕文化之乡，在7 000多年前就有了早期农耕。庆阳136万亩的董志塬是世界上面积最大、土层最厚、保存最完整的黄土原面。第二，自然资源丰富。庆阳是长庆油田的发源地和主产区，是甘肃的重要能源化工基地和亿吨级煤炭基地，拥有鄂尔多斯盆地油气总资源量的37%。第三，农副特产突出。庆阳素有“陇东粮仓”之称，是全国最大的白瓜子加工出口基地和品质最优、产量最大的黄花菜基地，绿色农产品优势明显，农产品出口创汇居全省首位。第四，民俗文化独特。庆阳是中国香包刺绣之乡、道情皮影之乡、民间剪纸之乡、窑洞民居之乡、荷花舞之乡和徒手秧歌之乡。第五，老区精神传承。庆阳是陕甘宁边区的重要组成部分，是西北第一个苏维埃政府所在地，为北上抗日的红军和党中央提供出发点和落脚点。现存的南梁政府旧址、河连湾陕甘宁省政府旧址、山城堡战役遗址，已成为爱国主义和革命传统教育基地。第六，领导群众合力。庆阳连续多年被评为全国社会治安综合治理优秀城市，呈现心齐气顺、风正劲足、争创一流、竞相发展、政通人和的良好局面。

庆阳的这些特点和优势，有力地促进了经济社会文化的全面发展。庆阳的综合经济实力不断提升，经济总量由2002年的甘肃省第八位上升到2007年的第三位，固定资产投资总量由第五位上升到第二位，财政收入由第五位上升到第三位。在不断扩大特色产业基地规模的同时，加快推进农业标准化建设，从管理、技术与生产实践三个方面入手，加速农业产前、产中和产后的标准化进程，共制定无公害农产品生产技术标准及产品质量标准69个，建成无公害农产品和绿色食品标准化生产示范区（点）35个，初步建立比较完善的农业标准体系和农产品质量安全检验检测体系。庆阳注重统筹经济社会协调发展，不断提高基本公共服务水平，重视解决群众就医、就学、行路、饮水、用电、住房、社会保障等方面的实际困难，基本实现村村通公路、通电话和户户通电的目标。

但是，由于特殊的地理条件、严酷的自然环境和其他不发达地区的制约因素，庆阳经济社会发展过程中仍面临着诸多困难和问题。比如庆阳长期处于传统农业地区，经济结构不合理，地方工业发展滞后，不仅工业企业数量少、规模小、实力弱，而且科技含量低、附加值低、竞争力低。导致这些困难和问题的原因是极其复杂的，既有历史、自然、区位、基础等制约因素，也有思想、人才、技术、资金等多种因素。对这些困难和问题的破解，应当具体问题具体分析，采取相应对策。我总的建议是：一方面，通过有效渠道，呼吁国家、社会及有关部门帮助解决庆阳的实际困难和问题；另一方面，群策群力，创新思维，形成思路，找到出路。

我对庆阳的具体建议有六条：第一，以企业为主体发展庆阳经济，使企业真正成为责权利相结合的经济主体。既要深化国有企业改制，又要大力发展民营企业。因为企业是创造财富的基层组织，是社会生产力发展的载体。第二，处理好社会主义市场经济体制三个成分的关系，即消费者是第一成分，企业是基本成分，政府是不可缺少的成分。第三，企业制度创新是庆阳企业发展的保证。现代企业制度是国有企业改制和民营企业建制的共同方向。应推进产权制度、组织制度、管理制度的创新。第四，企业家队伍建设是庆阳企业发展的关键。庆阳企业应坚持以人为本，鼓励创业，发扬企业家精神，即创新意识和开拓精神。创新就是创造有价值的订单。庆阳应大力培育企业家及各类人才。第五，重视企业文化建设。企业制度和企业文化是庆阳企业发展的两大支柱。企业文化是为实现经营目标而具有凝聚力的全体员工认同的价值观。第六，构建服务型政府，转变政府职能，充分发挥社会中介组织（如行业协会、企业家协会等）在政府与企业之间的桥梁和纽带作用。

（原载人民日报社《人民论坛》，2008（6））

● 企业制度创新与常平村的变化

在 1978 年改革开放之前，常平村是缺水、缺粮又缺钱的国家级贫困县山西省壶关县的最贫困的小山村。“四沟五凹八道梁，风调雨顺闹饥荒。两年难分半季粮，十年没盖一间房。”这是当地人对常平村贫困状况的描述。甚至有人断言：壶关县全富了，常平村也不会富。但是，在改革开放后的今天，常平村发生了翻天覆地的变化，成为山西省闻名的富裕村、小康村。

企业制度创新是常平村变化的根本原因。因为企业是创造财富和积累财富的载体，企业是社会生产力发展的最活跃因素，企业是市场经济的主体力量。

常平村的企业制度创新是总结正反面经验教训和长期实践得出的成果。1978 年党的十一届三中全会的召开，标志中国进入改革开放的历史新时期。在常平村，1980 年把三类田包产到农户耕种，1982 年实行家庭联产承包责任制，1992 年进行企业股份合作制改造，2000 年由股份合作制改造为股份有限公司，随后又发展为常平集团有限公司。常平村积极推行现代企业制度的经营方式，从公司体制、经营机制到营销模式都与国内外现代企业接轨，使企业获得了更大的发展空间。

常平集团有限公司的制度创新，是从产权制度、组织制度、管理制度三个方面来进行的。

在产权制度方面，常平集团有限公司做了认真的前期可行性分析、清产核资、资产评估工作，以明晰产权、明确权责利为目标，依据产权确认和债权债务分担方面的等国家法规，出台了《山西常平集团有限公司改制实施方案》和《山西常平集团有限公司产权界定意见书》，对企业进行了规范化的股份制改造，清除了传统集体企业产权不清的弊端。

在组织制度方面，常平集团公司作为总公司，下设四个分公司，即焦化分公司、预制分公司、耐火材料分公司、机修分公司，同时控股十家子公司。常平集团有限公司在合理设计公司组织结构的过程中，建立和完善公司法人治理结构，包括股东会、董事会、经理机构、监事会等。

在管理制度方面，常平集团有限公司积极进行企业管理创新，实施科技兴企战略，不断完善激励制度，逐步推行“年薪制”和“期股制”的做法，重奖促进企业发展的有功之臣和业绩显著的技术人才，变革传统的管理模式和用人机制，按照市场经济的竞争规律来建立健全生产管理制度、营销管理制度、科技管理制度、人力资源管理制度、财务管理制度等。

常平集团有限公司通过企业制度创新，有效地促进了自身的经营发展，并带动了常平村和周边地区的经济发展。以常平村为中心吸收周边九个行政村成立的常平经济开发区，通过投资创业带动老区、贫困地区的经济发展，探索出老区、贫困地区的致富道路。这是常平集团有限公司制度创新的基本特点和伟大贡献。

在常平富了、周边村庄仍然很穷的情况下，穷村与富村之间容易出现断水、断电、断路等各种摩擦和冲突。如常平村经电业局同意要架条线路，但因埋电线杆要用邻村土地彼此协商未果而停止，导致常平发展受到土地、劳动力的制约。常平经济开发区的设立使常平集团有限公司成为实现城乡结合和工农融合的新型现代企业组织形式，成为当地的农工商经济联合体。常平集团有限公司在常平创造1万多个就业岗位，不仅转移了8 600多名农村剩余劳动力，直接促进了农民增收，还解决了2 400多个城镇下岗职工的就业问题。

常平集团有限公司是以农村为起点、以农民为基点、以农业为结点并以承担解决“三农”问题为历史使命而组建的，有别于一般意义上的企业集团组织形式。“三农”问题的根本是减少农民数量、提高农民质量的问题。在工业化和城市化的进程中，常平在解决农村、城市体制二元化和农业、工业经济结构二元化问题的过程中，有效地统筹城乡之间的利益关系，缩小城乡差别、工农差别、贫富差别，坚持就地农业变工业、当地农村变城市、当地农民变市民。常平集团有限公司还十分重视保护农民利益，通过现代公司形式来扶助农民兴办农工商综合型企业，组建农工产品股份制企业，采取让农民以土地入股的方式来解决退地农民的致富问题。这些制度性创新的措施使常平集团有限公司显示出促进社会生产力发展的强大生命力，有利于发挥常平集团有限公司在常平经济开发区和建设新农村过程中的龙头作用，形成拥有现代化的畜牧业、林业、农业和紧密联系的工业、农业、商业、旅游业的经济联合体，使十个村走上了共同富裕的道路。

常平经济开发区与其他开发区的不同之处在于，常平是先有企业而后有开发区，即先有常平集团有限公司之后才有开发区，其他开发区是先划出一块地来设区然后有企业进驻。常平这种做法的好处是明确在农村办企业的指导思想是必须把农民利益放在第一位，使常平集团有限公司的企农关系水乳交融。农民因企业的发展得到了巨大的实惠，企业因农民的支持和参与获得了稳健的发展，形成相互促进的双赢局面。

常平在常平集团有限公司和常平经济开发区及建设新农村的制度

创新过程中，大胆探索和坚定实施追责制，具有鲜明的特征和宝贵的经验。当地流行的个性化语言有：天不怕地不怕，就怕干部说空话；一个铜钱四个字，狠抓落实头等事；哪个岗位不行动，从严治党追责任；百条制度大家定，追究责任不放松，先追官，后追兵，就是铁板也钉钉！这些都反映出人们最讨厌不落实，最需要抓落实，知道抓落实必须追究责任。常平把追究责任制度简称追责制。对追责制的决心和力度表现在日常工作的公式之中：布置工作 + 不检查 = 0，开会 + 不落实 = 0，抓住不落实的事 + 追究不落实的人 = 落实。

例如，常平集团有限公司在发展经济的过程中，针对一些地方有水必污、有气不纯、有土不净、有煤乱挖、垃圾乱倒的问题，采用科学的方法来解决环境污染、资源破坏的问题。同时建立健全各项环境保护制度，完善资源综合利用措施，包括关停一批污染重的不合格企业，高投入治理污染企业，要求一切新建、扩建、改建项目必须贯彻“先预防、后发展”的治污建议等。

在组织制度方面，常平集团有限公司专门成立了环境保护处，聘任有经验的技术人员担任环境保护处处长。常平要求所有企业在规定期限达到达标排放和实现环境保护目标，贯彻落实国家环境保护方针政策及相关的法律法规；合理利用自然资源，保护自然界生态平衡，促进农工商各行各业经济的协调发展；把环境绿化工作同污染治理工作放到同等重要的位置来抓，建立专门绿化管护队。这些要求与工作要具体落实到各个岗位与人头。常平集团有限公司在组织制度方面已取得了明显成效，在新型工业化与城镇一体化的道路上迈出了坚实的步伐。

常平集团有限公司的企业制度创新，自始至终同企业文化建设紧紧地联系在一起。常平集团企业文化的核心即公司价值观，孕育于创业阶段，成长于邓小平南方谈话之后，形成于 1992 年至 2002 年十年间和这十年间两首尾的两次跨越阶段，是在长期实践中提炼出来的经营理念和发展理念。

常平集团有限公司的价值观是“常平是社会的常平、民众的常平”，而常平人也把为社会服务、让民众受益作为他们的工作目标。在企业管理上，常平集团有限公司要求厂长、经理必须以诚信为原则开展营销活动，以爱护员工、关心员工的思想为导向进行管理工作，并要求员工做到自尊、自爱、自信、自强，让他们工作着、创造着、快乐着、幸福着。常平集团企业文化的这些内涵，集中体现了“以人为本”的核心理念，也是为实现公司经营目标而具有凝聚力的全体员工认同的价值观。企业制度创新与企业文化建设是常平集团有限公司和常平经济开发区长期、持续、稳健发展的两大支柱。

常平集团有限公司的企业文化建设经验，使我联想到 2007 年 5 月 16 日应邀在山西晋城高平的一家煤化工有限公司专题讲授“企业文化建设”的体验。我深感常平村的企业制度创新和企业文化建设的成功经验具有普遍意义。

（原载《专家学者论常平》，北京，中国经济出版社，2007）

治学感言

On Management

●《中国国有企业董事会治理指南》序

公司法人治理结构是现代企业制度的核心内容，董事会是建立和规范公司法人治理结构的核心。本书突出的特点是作者从中国国有企业公司制改造和现代企业制度建设的实际出发，抓住现代企业制度建设的核心问题，采取理论与实践相结合和国内与国际相结合的科学研究方法，做出富有成效的探索并取得富有新意的成果，具有重要的现实意义和深远的战略意义。

本书系统地介绍了英美等发达国家市场导向型和其他一些国家不同类型的董事会制度建设经验和发展趋势及其对我国完善董事会制度的借鉴作用，深入地分析了我国董事会产生的环境背景和现实状况以及新《公司法》对董事会建设的法律要求，必将有助于推动我国董事会制度建设并在现代公司制度建设过程中发挥更大的作用。

由于本书作者陈庆、安林等人及其团队多年来从事董事会制度和公司法人治理结构相关课题的调查研究与咨询活动及实际工作，因此，本书中论述的董事会治理准则与策略、董事会组织建设、董事会相关工作的制度建设、董事会与相关利益人关系建设以及董事会试点工作中的问题诊断与难点及对策，都具有重要的现实价值和可操作性。尤其是通过典型案例的分析，阐明了董事会的组织机构设置、董事会的议事规则、董事会若干专门委员会（如常务委员会、提名委员会、薪酬与考核委员会、审计与风险管理委员会）和董事会秘书的工作细则以及总经理的工作细则，这对我国现有的公司董事会和即将设立的公司董事会均会产生积极的启示作用。

使我倍感亲切的是此书案例（新兴铸管集团有限公司）的董事会设立初期，曾邀请我为该董事会成员讲授公司法人治理结构的理论与实务；2004 年 2 月我参加了国务院国有资产监督管理委员会关于董事会建设的指导意见（试行）的专家论证会。这些涉及董事会的工作经验和试点情况在本书中得到了体现和总结。

关于董事会及公司法人治理结构的相关问题是决定公司兴衰成败和生死存亡的重大课题，是一个尚未解决的世界性难题，特别是在中国法制环境有待完善和市场经济体制处于初始阶段的情况下，不可能指望一本书来回答所有的相关问题。因此，我在祝贺本书出版发行的同时，衷心希望作者继续努力，更上一层楼，取得更好的研究成果。

（原载陈庆、安林等《中国国有企业董事会治理指南》，
北京，机械工业出版社，2007）

●《中国企业家成长问题研究》：企业家理论的新突破

市场经济的活力在企业，企业的活力则在于企业家的创新精神。中国改革开放 30 年来，企业家的成长经历了一个从无到有、从少到多、从畸形到健康、从幼稚到成熟的演化变革过程。只有由表及里地深入研究这一变化的内部机理和外部环境，才能找到企业家成长的一般规律和中国企业家成长的特殊规律，也就找到了培养企业家的钥匙，促进千万个优秀企业家涌现，茁壮成长。

鉴于此，郑海航教授带领科研团队在深入典型调研的基础上，又组织了较大范围的问卷调查，对中国企业家进行了全面系统的研究，摆在读者面前的这本专著就是这一研究课题的丰硕成果。《中国企业家成长问题研究》作为郑海航教授主持完成的国家哲学社会科学基金项目“企业改革中的企业家队伍建设问题的研究”和国家“十一五”规划专著项目，集中了郑海航教授及其团队的创新研究成果，实现了企业家理论的新突破。读完专著，我认为《中国企业家成长问题研究》一书具有以下三个突出特色：

首先，研究跨度大。从 20 世纪 80 年代起，郑海航教授就开始关注中国企业家的产生和成长，并且从事以企业改革和企业改革中的企业家为重点的各项研究。该专著从100多年的大跨度，考察了中国企业家的成败沉浮，特别是沿着20多年企业改革的进程，考察“改革型企业家”的时代特征和他们的心路历程，探索中国企业家成长的特征和规律性。

其次，调查研究深入。该专著通过个案调查与问卷调查取得了很有学术价值的研究成果。郑海航教授带领其科研团队分头大量阅读和整理国内外企业家理论文献资料，并写成理论综述；同时，对包括海尔、海信、双星集团、首钢、燕京、万东医疗等在内的一批具有代表性的企业和企业家进行了调研和访谈，对改革中的我国企业家现状和走势有了清晰的认识。郑海航教授还对企业家的特质进行了实证性的调查问卷，得出了一些有意义的结论。

最后，有价值的新论多。该专著提出了很多有价值的新见解和新观点：对何谓企业家、何人适合做企业家、何谓家族企业进行界定；提出“企业家度”的理念，指出体制不同，企业经营者的“企业家度”也不同。转型期的“企业家”，不是企业家，至多算半官半商的“半企业家”，这便是他们快速成长、快速分化的致命原因。从“半企业家”转变为真正的企业家，则取决于市场经济的建成和完善。书中给出了由“企业官员”成长为企业家的成长曲线，对这一成长过程进行描绘；指出计划经济是“纵向经济”，市场经济是“横向经济”。企业家和“企业家的价值”只存在于横向经济。在横向经济中，经营者和公务员这两类高级人才的思维方式和素质截然不同，应按不同标准分开评价，并按不同方式分开选择；在企业家环境方面，提出决定企业家是否顺利成长的，有宏观、微观、文化三大环境。文化环境中“官本位文化”和“京爷文化”是对现代服务文化的反动，阻碍了中国和北京企业家的健康成长。当然，本书对企业家精神以及经济全球化的适应性方面的研究尚嫌不足。

此外，该专著还在企业家特质、企业家环境、企业家市场、企业家与人力资本产权、民营企业家的成长、家族企业继任人的选择等方面进行了许多创新性研究，丰富了中国企业家研究理论体系。《中国企业家成长问题研究》一书堪称企业家研究领域一部研究跨度大、范围广、见解深的力作。

（原载《经济管理》，2006（8））

● 读《企业发展战略学》

企业是国民经济的最小组成单元。在经济研究中，企业经济被称为微观经济。它是宏观经济的基础。没有企业，也就没有整个国民经济。只有企业在运动，整个国民经济才能发展。

企业的运动有两个层面，一是经营，二是发展。二者不可混为一谈。企业的经营着眼于眼前利益，致力于企业供、产、销等具体业务，追求的是提高市场占有率，实现利润最大化；企业的发展则着眼于长远利益，致力于企业全局性、长远性、主导性问题的处置，追求的是增强核心竞争力，实现资本最大化。在现实生活中，人们往往只注重对经营管理的关注，而忽视对企业发展战略的研究和运作。这是一个很大的偏差，对企业本身和国民经济的发展都是不利的。社会科学文献出版社最近出版的李成勋研究员撰写的《企业发展战略学》是一本专门论述企业发展战略基本问题的著作。

本书作者李成勋系中国社会科学院经济研究所研究员，长期从事经济发展战略理论与实践的研究，曾为许多企业和地区研制过发展战略规划，并以亲身实践为基础潜心于学术理论研究和学科建设。本书是他在发展战略学领域，继《经济发展战略学》《区域经济发展战略学》之后的又一力作，是他致力于构建的经济发展战略学学科体系的一个组成部分。

本书首先对企业和企业发展战略做了全面的阐释，为读者奠定了认知的基础。随后，从企业战略决策前期分析、战略决策要素、企业发展动力和企业战略评价准则等方面，对企业战略理论做了系统的分析和阐述，以便读者完整地把握企业战略规划的思路和重点。接着，着眼于企业发展战略的科学规划，从企业整体发展战略、职能部门发展战略、企业要素发展战略三个方面展开论述，以使读者对企业发展战略类型有更全面清晰的认识。最后，从操作层面，本书提出了企业发展的核心对策和制定企业战略规划的具体运作流程，并附有翔实的案例。由此，通过本书的研读，读者将能掌握从企业发展战略的制定到实施与调整的全过程。

本书创新之处颇多，比较突出的有企业理念的创新、企业战略内核的界定、企业发展动力的揭示及核心战略对策的提炼等。例如，关于企业理念，作者认为企业不仅仅是一般意义上的“投资者获取经济利益的平台”，而是一个“利益共同体”和“培育、创新及孕育文化的土壤”，是“实现一定经济社会任务的特定人员群体”。从更宏观的视角、更综合的思维改变了人们传统意义上对追求利益最大化的企业的认知。又如，在对企业发展动力的分析中，除追逐利润、竞争压力、供给员工、兼顾利益相关者等发展动力外，作者还特别加入了“恪尽社会责任”这一项。作者指出：“企业是社会中的一员，企业是在社会进步中发展的，社会为企业提供了成长和发展的环境，企业回报社会是情理之中的事情。企业理应为社会事业的发展，提供必要的人力、物力和财力支持。社会稳定和发展了，对企业做优走强便是强大的后盾。”这一理念将转化为企业发展的一种强大动力，由此就更加丰富了企业的经济社会内涵。再有，本书推出了战略内核这一新概念。作者不满足于长期以来制定战略规划只停留在搭建战略框架的层次，而提出要凸显战略构想的内核，即“战略定位”、“战略梦想”和

“战略主线”。抓准、抓牢和落实了这三项核心要求，也就能够实现和强化战略的导向作用。

本书的一大特色是作者以宏观微观兼备的思维来解剖企业发展战略这一微观主体的战略决策行为，研究系统完备、分析思路深邃；另一特色是本书作者将自己深刻的思想和丰富的实践经验融入写作过程中，字里行间无不闪烁着哲理，给人以启发。另外，本书引经据典、举例鲜活，具有丰富的表现力和较强的吸引力。因此，本书不仅适合于企业管理与研究者阅读，一般读者也能从中得到教益。

（原载《经济学动态》，2013（2））

● 诠释网络治理：对一种新治理范式的探索

——《网络治理：理论与模式研究》一书评介

随着信息技术的快速发展和广泛应用，企业网络如何实现有效的协调，如何发挥网络化协调的优势，优化资源的配置效率，保证网络组织的高效运作，已成为不可回避的问题。彭正银教授所著《网络治理：理论与模式研究》一书（经济科学出版社，2003）对这种新治理范式进行了理论诠释与模式探讨。

该书认为，网络治理是一个组织演化的产物，它是在经济全球化、网络经济兴起、以知识经济为代表的新经济力量崛起的条件下，依托网络技术、现代信息技术和制造技术而形成的新的治理模式。在研究的视角上，该书突破了以往仅局限于网络组织形成动因与协同优势的研究，着重从理论上进行创新，探讨网络形态组织的治理理论，开拓了研究视野，拓宽了研究领域。同时，对组织演化的进程与治理演进的脉络把握准确，在前人研究的基础上进行创新探索，构建了网络治理的理论体系。这是一项网络治理的基础性研究工作，具有重要的理论价值和现实意义。

在此基础上，该书从三个层面对网络治理进行了深层次的探讨。首先，它提出了基于四重维度的四个命题，夯实了网络治理的理论基础。一般的公司治理模式所依赖的交易环境是威廉姆森（Williamson）

所构建的，即由状态的不确定性、资产的专用性与交易的频率形成的三重维度治理平台。但该书通过论证认为，此三重维度应用于网络治理存在着结构性的缺陷。琼斯（Jones）等通过引入任务复杂性，使网络治理模式在四重维度的空间中运作。该书运用经济学方法对四重维度进行分析，提出了适合网络治理的理论命题。

其次，该书从网络的契约性质与治理主体的动机、治理的机制与目标等方面对网络治理的内在机理进行了前瞻性的深入探讨。作者通过构建关系性租金的占用模型对网络治理的动机进行分析，所推导的结论反映出网络治理主体实施治理行为具有内生的推动力；与一般公司治理中的治理过程主要体现在控制上有所不同，网络治理是使主体之间相互冲突的或不同的利益得以调和并且采取联合行动的持续过程，具有互动性。据此，该书突出了互动机制、整合机制与激励机制在网络治理架构中的重要作用；一般公司治理中的治理目标是保护与监督，而网络治理目标主要是协调、维护与分享，这对网络治理的运作具有长久的驱动力。

最后，该书以资源的占有关系和协调方式为双变量论证了网络治理的基本模式，并对网络治理的模式在中国企业集团的应用提出了富有新意的见解。企业集团作为一种内部市场化的网络化组织，需要在政府治理与市场治理之间寻求一种中间形式的治理模式。而网络治理模式作为一种介于层级治理与市场治理之间的治理模式显得较为适合，将对企业集团的成功运作产生推动作用。实际上，企业集团、战略联盟与中小企业集群等网络组织运作成功的主要原因是其通过网络组织获取无法模拟的资源，提升竞争优势。该书所提出的我国企业集团的合适治理模式是垂直占用—双边协调模式的建议，对我国企业在国际化竞争中提高核心竞争力、实现“双赢”具有现实意义。

● 用心管理与用力管理的结合

——对《心力管理》一书的评价

什么是管理者？我在刘鹏凯著《心力管理》一书（上海人民出版社，2010）的推荐中写了两句话："管理是通过别人来做好工作的过程。管理者是对别人工作负责的人。"（见该书第 267 页）前几天收到鹏凯的短信，请我在此基础上从管理学的角度写一篇心力管理评论。这既是一位企业家对管理学的实际需要，也是现阶段中国企业管理实践对管理理论研究与教学工作者的客观要求。自 1978 年改革开放以来的 30 多年中国企业管理实践，既缩小了同国外发达国家自泰罗科学管理以来百年历程的差距，又面对着现代市场经济及经济全球化和技术信息化的发展趋势，提出了值得探索的管理理论与实践的新课题。

1997 年，鹏凯所在的江苏黑松林粘合剂厂成为当地第一家公司制改造的试点企业。当时拖欠员工工资现象严重，人心涣散，濒临破产。改制后的公司管理之路如何走？以鹏凯为代表的管理者转变了改制前的工厂管理思路，站在员工或下属的角度，换位换心，对员工负责，把员工的心之所及，转化为力之所达的过程。这种用心管理与用力管理相结合的心力管理过程，提升了企业对员工的凝聚力和员工对企业的向心力，有效地保证了企业改制的顺利进行，促进了企业的稳健发展。

管理是科学。管理学的学科理论价值在于系统地研究企业组织与管理过程中的个体人和群体人及其相互关系。管理的实质是同人打交道。管理者的作用在于使企业组织中的别人变得比自己更为重要。管理工作的互动、交叉、聚散、流程及其持续不断的创新，基本动力来源于人。人就是人，不要把人单纯看作企业的工具。心力管理的成功秘诀就在于抓住了管理学的这个精髓，反映了管理学发展的基本规律。作者在《心力管理》一书中写道："贵在要有心，要用心。""需要管理者心之动，心之力，放下自我，心动而形成心力，驱动心力的传递。"（见该书第 5 页）作者探索心力管理，就是把单纯"赚钱"转变到"修心力"的管理过程，用心动形成心力的智慧，赢得人心，做到四两拨千斤。一个企业有了心力，就会"人心齐，泰山移"，众志成城。众心合力是企业发展的原动力。

管理是艺术。管理学的实践应用价值在于具体地运用管理知识和管理原理来解决管理过程中的实际问题，包括人与人之间和人与物之间的问题。单纯在课堂上学懂舞蹈课程，不等于就掌握了舞蹈技巧。同样，管理是一种实践，一个过程，一门艺术，具有鲜明的可操作性。从事管理工作，必须在企业实践和市场竞争环境中摸索、体验、感受、经历，既难以事先灌输，也难以事后复制，更无法归纳为千篇一律的固定模式。面对日益复杂的管理问题，管理技巧就在于把复杂问题简单化，以最简便快捷的方式接近管理目标，避免无功而返或事倍功半。把简单的事做好就是不简单。管理学家不仅要确立经济学家面临的发展目标问题，更要着重解决实现目标的"搭桥过河"方法问题。《心力管理》一书中列举的 25 种管理方法，分别从不同侧面解决了复杂的管理问题。如用"磨合法"解决员工心智培育问题，"记豆腐账法"解决营销员成长问题，"短信法"解决管理中的情感沟通问题，"做馒头法"解决传承中的管理创新问题，"眉批法"解决员工激励问题，"走棋式法"解决产品的市场竞争问题，这些管理方法具体、生动、务实，体现了“管理是艺术”的真谛。

管理是手艺。管理学在企业实践中的具体运用，同管理者本人对管理理论和管理信息的理解及其自身的个性特征密切相关，尤其是受到管理者个人在管理工作中的手感、质感、分寸感、操作感及其对人物与事件的判断、选择、微调能力的影响。每个管理者在管理实践中都有自己体会最深的感性案例，包括成功案例或失败案例。关键在于管理者自身是否具备从感性到理性的思维能力和行为能力，能否找到符合管理规律的有用案例。培训管理者的目的就是要提升这种思维能力和行为能力。刘鹏凯的管理特质就是拿起改制后兑现的企业自主权，选择员工工资作为管理创新的突破口，想员工所想，端出暖人心的员工薪酬改革方案，让员工将心比心，变人心涣散为人心凝聚，使企业呈现出活力与合力的新局面。在此基础上，通过企业学习与培训，不断引导员工在工作与生活中善用其心，自净其心，发自内心，增加爱心，消除恶心，共同实现心心相印的企业和谐发展愿景。

管理是科学、艺术、手艺的结合。管理的科学理论是抽象的，却是普遍的共同的规律；管理的艺术技巧是具体的，却是长期的变化的行为；管理的个人手艺是有差异的，却是真实的多元的存在。管理学的生命力就在于实现科学、艺术、手艺三者的有效结合，推动社会生产力持续发展。刘鹏凯探索的心力管理，乃是管理学三维度即科学、艺术、手艺相结合的具体表现。心力管理包含着用心管理与用力管理相结合的丰富内涵。管理必须用心，还要赢得人心，即使面对困境，也切忌心灰意冷。心决定力，即人心深处，往往存在着起决定作用的某种力量。思维决定行为。心力管理就是管理者依据自身的心思与能力、精神与体力、思维与行为，发自内心做好管理工作的精神力量。心力管理是有形力量与无形力量的结合，软实力与硬实力的结合，管理制度与管理文化的结合。以心力管理为出发点和落脚点，作为企业管理者获得管理信息的渠道，必将形成信息决定思路、思路决定出路、出路决定财路的企业良性循环发展局面并成为长寿型企业。

《心力管理》是理论与实践相结合、历史与现实相结合、国内与国外相结合的专业成果，既反映了企业管理的内在规律，又具有鲜明的管理特色。什么是管理？管理是通过别人来做好工作的过程，管理的实质是跟人打交道。什么叫管理者？管理者就是对别人工作负责的人。管理者应该把被管理者看得比自己更重要，而不要把自己看得比员工高一等。心力管理是将心比心，换位思考，换心换位，关键是用心用力。刘鹏凯的换位换心管理体验是企业生存与发展的精髓所在，也是应对日益激烈的市场竞争的法宝。这本书的内容具体、生动、务实，令人耳目一新，是企业管理创新的结晶，具有可读性。不仅是各类企业管理者的必读之书，也是关注企业管理各界人士的良师益友。

管理的学科理论价值就是系统地研究企业组织中的人。心力管理是软管理与硬管理的结合，硬管理是底线，所以也不要排斥管理制度。《心力管理》一共列了 25 个管理方法。方法就是艺术，诀窍，技巧。管理是手艺。每个管理者的手感、操作、感受不一样，做法也不一样。所以，没有千篇一律、固定不变的管理模式。中国企业管理允许百花齐放，大家创新。实践是检验管理理论、管理方法、管理技巧的标准。管理是科学、艺术、手艺的结合，难就难在结合上。

（原载《企业管理》，2011（9））

● 人生体验与治学格言

——2018 年北京邮电大学新生讲座

今天在座的各位是新时代的新生力量，我非常高兴同大家见面。我跟大家见面有一种非常深的感受就是越活越年轻，我很羡慕大家的年龄。年龄是个宝，什么年龄段做什么事。你们这个年龄段的 00 后，今年正好进入大学，但是也有老生，都是我们新世纪、新时代的新生力量。我看到大家这么认真，有的还在记笔记，这是好现象。现在虽然有电脑，有 PPT，但是根据我的体会，在新时代新信息新技术的情况下，一个基本点就是在校的大学生必须动脑动手，动脑思考，动手记笔记，写一点东西。根据我一生的体会，在学习的时候还是要动手写一点东西，记忆非常重要。

今天跟大家讲的题目是“人生体验与治学格言”。现在在大学学习还是需要动脑动手，光是竖起耳朵听，听完走出教室就忘掉了，也无法给自己留下什么东西。这是一件悲哀的事情。新技术有好处但也有缺陷，任何事情都有两面性，所以还是提倡大家刻苦，写字动脑动手，这个非常重要，希望通过今天这个沟通讲座，你们能养成新的好习惯。大学跟中学完全不一样。你们已经来到大学一段时间了，据说今天还有二年级的，大学生活最重要的是要养成独立性、自觉性。思考一些问题，手记一些东西，非常重要。我到现在还在写一些东西，脑子记一些东西，希望大家也养成动脑动手的好习惯。

北邮是一所历史悠久的大学。我于 1957 年到人民大学，当时有八大学院，北邮就是其中一个，我的印象非常深刻。当时叫北京邮电学院，现在是北京邮电大学，也是中国顶尖的大学。大家进入北邮，从现在开始人生要进入新的阶段，今天和大家分享我的人生体验与治学格言。

一、人生经历的不同阶段

我于 1957 年考入中国人民大学工业经济系，从福建到北京读书，至今 61 年了。1961 年毕业后，我就留在了人民大学，我的毕业论文题目是《北京第一砖厂重工车间班组管理建设》。那时候管理主要是车间管理、班组管理，来自车间，我跟工人打成一片。毕业时我服从分配留在学校，听从党的召唤，做党的幸福工具，分配什么干什么。那也有好处，不用考虑工作问题，现在都是自己就业择业，还要创业创新。所以，每个时代的青年人做每个时代的事。在新世纪新时代，信息化时代，邮电尤其重要；现在又进入第四次工业革命——信息化的革命，所以好时代很重要。随后经历了“文化大革命”，所有的高校都要到“五七”干校去。人民大学也好，北京大学、清华大学都停办，停止招生。我就到北京市委研究室工业组搞调查，北京市的工厂企业我都跑遍了。1978 年改革开放，人大复校，其他大学也都恢复，包括八大学院。

人民大学复校以后，我就回到了大学。我当时在市委研究室，按道理来讲，在那地方不挺好的吗？但我还是愿意搞教育，所以后来就有了从教 50 周年，学校给我的评语是“邓教授热爱教育，热爱学生，热爱课堂”，就是这么来的。回到人民大学以后，正好赶上改革开放后国家第一批公派出国，我是“文化大革命”结束以后第一批出国的访问学者，当时只能到一个国家——南斯拉夫。为什么到南斯拉夫？它是社会主义国家，改革开放最早的国家。南斯拉夫使用塞尔维亚语、克罗地亚语和英语，所以我又学了塞尔维亚语。刚读书时，我在人民大学学了俄语，1961 年毕业以后我自学英语，1978 年我到南斯拉夫又学了塞尔维亚语，塞语是小语种，但是使用很广泛。回国以后，我就开了企业管理课程，介绍国外发达国家包括美国、欧洲各国、日本的公司理论，还写了一本南斯拉夫社会经济管理学专著。

我从 1983 年开始招硕士，1993 年开始招收博士，后来还有博士后。但是，1997 年以前，我国只有经济学学位，没有管理学学位。我在国务院授课评议组的时候规划全国的管理学学科，授课门类就是管理组，一级学科有工商管理、管理工程等，还有二级学科，工商管理下边有财务、会计、企业管理、市场营销。我在人民大学工作了一辈子，《中国人民大学校报》总编辑在 1998 年看到我在全社会影响很大，在人大的时间也很久，所以他说："邓老师，你讲讲你的人生体验与治学格言吧。"我说，我没有什么好讲的，就是个教书匠。他说，不行，你在全国影响还是比较大的。在他的要求下，我回顾了我的人生体验与治学格言，然后在《中国人民大学校报》上就刊登出来了。2011 年，中国人民大学给我举办了从教 50 周年的活动。

二、人生体验

我的人生体验是："宽以待人，严于律己；取人之长，补己之短；教研结合，教学相长；光阴似箭，耕耘人生"。为什么讲这个人生体验？因为人都是生存在群体当中的。你们今天有宿舍，还有班级、年级、专业，坐在这个教室开会，好几百人，这都是群体，所以人是生存在群体当中的。在群体当中非常重要的一个问题是怎么对待自己、怎么对待别人。这是时刻要遇到的问题。

现在讲人品、道德、品质，最重要的就是怎么对待自己，怎么对待别人。这是人的一生中必须解决的问题。尤其进入大学以后，跟中学完全不一样，所以在大学一年级要养成一个好习惯，非常重要。如果你不养成好习惯，四年一晃就过去了，后悔莫及，要珍惜时间。我提倡对别人要三不：不挑剔，不苛求，不指责；要三多：多鼓励、多表扬、多赞美。待自己要三不：不埋怨、不偏激、不贪心；要三多：多学习、多做事、多自律。现在的市场经济对人的要求更高，要求五自：自立、自信、自尊、自强、自律。

怎么样才能严于律己啊，我的做法是这样：第一，守信两条线：一条是言论红线，另一条是行为底线。言论不越过红线，行为不要越过底线，什么是底线？法律。第二，工作标准。在其位谋其事，教师就是把教书做好，每个人做好自己的事不就是严格要求自己吗？第三条，学校规则。学校都有规则，北邮有北邮的校规，人大有人大的校规。第四，党纪国法。人要活出水平来不容易。现在这个社会很混乱，有人言论很片面极端，行为也是极端的。我觉得，首先要对自己问心无愧，身心健康，还要促进团队的和谐、增强组织的凝聚力。任何事都不要过度，好事做过了也不行，另外有些坏事你看过度了也不行，难就难在度。时间过得很快，人要过得愉快，过得明白，这就叫水平。不要稀里糊涂，不要怨天尤人，人生要顺其自然。

三、治学格言

人都是活在一个时代里，一个时代有一个时代的好处，也有这个时代的问题。我的治学格言是“专中有博，博中取专；学术思维，创新为魂；实践常青，理论不止；科学知识，代代相传”。学校是讲专业的，每个人都有一个专业，专业要学好，但是要专攻有博，然后，博中求专，专不是钻牛角尖；博，也不是万金油。学者就讲究学术，学术是对世界对社会的一种看法。学术是动脑的，要不断地创新，要跟上时代的潮流。创新要以实践为依据，要来自实践。在座的各位从成为北邮本科生开始，就要高瞻远瞩，站得高看得远，要有创新点。

创新点就是每天都要有新的思考，所以在学校，教学与科研、教师与学生、专业与博学、实践与理论、常识与创新、国内与国际是结合的。我希望在座的各位从本科开始，把老师教的课学好，在这个基础上不断地提高自己。

正是在治学格言的激励下，我一直在努力从事学术研究。1987年5月，我在中国人民大学出版社出版了《工业工司概论》；1987年10月，中国人民大学出版社出版了我翻译的《美国企业经营管理》；1988年，清华大学出版社出版了《市场学基础》；1989年2月，浙江人民出版社出版了《现代企业的组织与领导》；1989年6月，中国人民大学出版社出版了《工司经营学》；1990年12月，中国人民大学出版社出版了《现代公司实用手册》；1992年2月，中国人民大学出版社出版了《企业兼并问题研究》；1995年6月，中国人民大学出版社出版了《现代企业制度概论》；1995年6月，企业管理出版社出版了《管理者手册》。1989年，我获得了国家优秀教学成果奖；1990年，获得了人民大学优秀教学成果奖；1991年我被评为人民大学优秀党员；1992年我获得了北京市优秀教学成果奖；1993年，获得了国务院特殊津贴；1997年，获得了人民大学优秀教师称号；2012年，被欧美同学会评为优秀留学工作者。

● 昨天、今天和明天：从教50周年的一点感受

在今天这个日子，我想讲一下过去、现在和未来，也就是昨天、今天和明天三个阶段。过去50年，我算了一下，大概是18 250天，但是我把它归纳为一天，就是昨天。我对于这50年走过的历程，想讲四点：

第一，感谢时代。我所处这个时代，给我提供了企业实践的机会和条件。我于1961年毕业以后，在人民大学从事函授教育过程中，有机会接触了当时的厂长、车间主任、班组长和员工，他们的管理给我留下了深刻的印象。比如当年天津有人大的函授站，就在天津的和平区徐州道。我从1961年开始，到“文化大革命”以前，每个月要到这个徐州道给这些厂长讲课，这些厂长、班组长给我提出了关于企业的问题。

最近天津市搞“十二五”规划，请我作为专家为天津“十二五”规划建言献策，我就说天津的近代工业、现代工业都很发达。但是在改革开放以后，天津国有企业改制的速度和民营企业发展的速度相对于全国来说落后了，不久前，我为此给天津市政府写了一份关于天津企业问题的建议书。头一天送上去，第二天天津市常务副市长就批示道，他非常赞成荣霖教授的建议，并要求天津市的经济信息委和国

资委研究采纳。所以企业的实践，当初留下的印象至今还在发挥作用。特别是改革开放以后，我有机会走出国门，做访问学者在南斯拉夫进修两年半。以后我又先后到美国、日本等地考察、讲学和参加各种学术活动，接触了各地企业公司的实践。所以，我要感谢改革开放的时代，感谢我所处的时代，使我有机会接触企业的实践，这是第一个点。

第二，感谢环境。我所处的人民大学这个环境，商学院的环境，当年工业经济系的环境，具有多学科的特点，我有机会接触经济学、管理学、法学以及其他学科，然后运用到企业理论当中。因此，我研究企业管理、从事企业管理教学、分析企业制度，是从多学科的角度来思考。我要感谢人民大学，感谢商学院，感谢原来的工业经济系，给我提供这样一个理论的基础和条件，这是第二点。

第三，感谢同事。包括我的领导和我的老师及校内外的学术同仁，还有我的学生，特别是今天在座的年轻老师及我指导的研究生和各位校内外专家、学者、领导，使我在教学研究当中能够做到教研结合、教学相长。所以，我 50 年从教的人生体验就四句话：宽以待人，严于律己；取人之常，补己之短；教研结合，教学相长；光明似箭，耕耘人生。我的治学格言四句话：专中有博，博中求专；学术思维，创新为魂；实践常青，理论不止；科学知识，代代相传。我这些体会来源于人民大学，来源于商学院，来源于原来工经系的环境和我接触到的校内外同事。

第四，感谢家人。我去南斯拉夫两年半，我的两个小孩，儿子上初一，女儿上小学；我的夫人林大夫是医生，还要值夜班，但是她把两个小孩抚养得很好，使我安心在国外进修。后来我的每一篇文章，都先念给她听，虽然她是医生，是外行，但她是我的第一读者。我要求她专门挑毛病，外行挑内行的毛病。现在，我有时候写了文章要打字，我的夫人下班以后给我打字，她原来是我的小秘，现在是我的老秘，所以我要感谢我的夫人。感谢家人也包括感谢我的两个小孩。我这两个小孩从小学到中学、到大学，到自己去考托福、考 GRE 报名我们都不知道。他们都出国了，现在回来一个，还有一个在国外。他们的工作，他们成家育儿都很正常，很努力，很让我们两老放心。所以，今天这个会我夫人专门把我儿子请到会场，但是我的女儿还在国外。我儿子生了个男孩，女儿生了两个女孩，都没有增加我们的负担，所以我现在既当爷爷又当外公，也没有真正当上，我还仍然搞我的学问。所以，我能够静下心来写文章，完全感谢我的家人。这就是我对过去 50 年的四个感谢，感谢时代，感谢环境，感谢同事，感谢家人。

关于“今天”我讲两句话：第一句话，今天这个座谈会是为在座的各位学术同仁提供一个平台。今天，来自方方面面的领导、专家、学者和企业家在这个座谈会上对当前中国的企业理论和实践、中国企业未来如何发展，都表达了真知灼见。所以，今天的座谈会实际上是一个平台，给大家提供了一次企业理论与实践研讨的机会。刚才我也跟伊志宏院长建议，希望这种座谈会能够继续开展，不仅开一些国际规模的大型会议，也要开一点像这种对实际有用的、有的放矢的研讨会。第二句话，在这个座谈会上，我个人的作用是不值得提的，我只是起了“引子”的作用，就是把企业理论与实践引出来，让大家思考，我只起一个探路的作用。就像袁宝华老校长讲的，我起的作用是发挥余热，增光添彩。所以，今天的会，一个是平台，一个是引子。

对明天，我要讲四句话：第一句话，热爱人生。虽然刚才各位领导祝愿我长寿，这只是愿望，人生有不可抗拒的客观规律。不管今后还能活多长时间，剩下的日子有多少，我的心态很好。我现在是 74 岁，已经超过了孔夫子 73 岁的年龄，所以我往后多活一天赚一天，这是我的心态，所以我要热爱人生。第二句话，珍惜时间。未来的时间越来越宝贵，因为中国的发展会越来越快，中国在世界上的地位举世瞩目，越来越重要。刚才有的学者讲了，国外对中国的评价远远超过了中国人自己，中美两个大国在未来的这种较量、发展会越来越重要，所以我要珍惜时间。遵照宝华老校长的教导，继续发挥余热，增光添彩。第三句话，追求知识。知识是无穷尽的，所以我还要继续追求知识。大家对我的评价太高了，我没有做什么事情，我只是做了在中国人民大学、在商学院本分教学研究的工作。所以，今后我还要继续追求知识。第四句话，永无止境，因为知识是无穷尽的，企业理论在发展，企业实践在发展。所以，未来的日子我怎么过？我对自己的要求就是这四句话：热爱人生，珍惜时间，追求知识，永无止境。

● 中国企业管理变革与我的体验

2018年，我们迎来改革开放40周年。改革开放40年来，中国企业筚路蓝缕，经历了凤凰涅槃式的深刻变革，在国际化进程中发展壮大，走出了一条有中国特色的发展之路，引发全球瞩目与关注。为此，需要系统梳理改革开放40年来中国企业管理的发展历程，深入总结中国企业管理理论，共同探讨中国企业管理模式如何影响全球、引领未来，以期支撑新时代中国企业的持续成长和高质量发展。在此，我结合对中国企业管理变革的观察，谈一些自己的体验。

一、1957年人大工业经济系才有了管理学科

我于1957年进入人民大学工业经济系学习，那个时代是什么概念呢？因为第一个五年计划，中国的总路线就是工业化，由农业国变成工业国，我作为年轻人向往这个时代的方向，而且1957年人民大学的招生有一个特点，是全国最先招生，其他的高校没有招，人大先招。为什么呢？因为人民大学1950年创办的时候，是培养调干生，人民大学工业经济系的前身叫工厂管理系，当时的企业管理就是工厂管理。为什么是工厂管理？因为新中国成立以后，第一个五年计划就是工业化，工业化就要大量盖工厂。

在座的各位同学一定要知道，因为时代的变化，我们向往的是新时代、信息化、智能化，但是我觉得企业管理要随着时代的变化而不断地发展。1957 年我到人民大学工业经济系，1956 年人大是培养调干生，1957 年开始招高中毕业生，高中毕业生是先保送，人民大学先考。我是福建的，福建各个中学保送考人民大学的当年是多少呢？2 400 人，最后人民大学在福建录取了 24 个人。先保送后考试，还剩下 2 300 多人怎么办？他们再参加全国各地的高考，所以人民大学当时的招生政策吸引了我报考人民大学。为什么报考工业经济系？因为当时的社会工业化总路线，是农业国转为工业国。这是我给大家汇报的第一点，是我亲身经历的当时的国情。

人民大学管理学教学研究的特点是底子雄厚，在变革中发展，一直站在时代前列，教学研究的内容由工厂管理到行业管理。1956 级的时候有机械班、冶金班、化工班、采煤班，到了 1957 年成立综合的工业经济系，就有了综合的管理学科。中国的企业管理发展经历了这样一个过程，我有幸亲身经历了这个变化。

二、我对企业管理的了解来自基层实践

1961 年我毕业留校，留校以后我就从事管理研究。当时讲管理主要是讲生产管理、技术管理、质量管理，1961 年毕业的时候，我在北京一个工厂实习，待了三个月，我的本科毕业论文就是关于车间班组管理。那时候工厂管理有车间管理、班组管理，搞得很细，我搞企业管理是从实践开始的。我成为教授以后，给全国各地工厂的厂长、车间主任、班组长讲课，我讲的企业管理立足于中国企业实际，立足于当时中国企业管理的问题。

人大停办的时候我到了北京市委研究室工业组，跑遍了北京市的工厂企业，所以我对中国企业管理的了解是来自基层、来自实践的，不是从书本上来的，也不是单纯照搬照抄国外的。我的研究始终立足

于中国的实际，现在毛院长说人民大学的管理学要成为中国最懂管理的，他的话是有道理的。你吸收了国外的经验，也要解决中国的管理问题，必须发现中国管理到底有什么问题，然后来解决这些问题。人大复校以后我就返回人大，当时市委研究室留我，但是我还是想从事教育教学。2011 年人民大学给我一个评价，褒扬我是一个热爱教育、热爱学生、热爱课堂的教师，我放弃了其他的机会，一心要从事我热爱的管理学教学。

三、留学经历开阔了我的理论视野

人大复校以后，有一个机会派我出国，1978 年改革开放以后，我是国家公派的第一批高级访问学者，到国外研究企业管理。在南斯拉夫留学期间，我学了塞尔维亚语，我 1957 年在人民大学学的是俄语，毕业以后为了从事教育我又学习了英语。

为什么到南斯拉夫去呢？因为南斯拉夫是社会主义国家，而且是改革开放最早的国家。为什么说它最早呢？ 1950 年它就改革开放了，这就涉及一个很复杂的历史背景了。当时铁托跟斯大林想法不一样，斯大林把他开除出第三国际，苏联的专家全部撤走，南斯拉夫陷入极端的困难，没有粮食，没有煤炭，没有石油，铁托就转向西方搞改革开放。南斯拉夫是改革开放最早的，但是我们当时还没有认识到它。毛泽东在临去世的时候讲铁托还是一块铁，他很硬。但是后来大家都知道的，苏联解体，东欧剧变，南斯拉夫分裂为 7 个国家。现在中国的经济大势这么好，我觉得得益于改革开放，我们要珍惜中国现在来之不易的企业管理科学，一路走来，是非常不容易的。

我在南斯拉夫待了两年半，回国后就开了新课“公司概论”，把企业管理发展为公司管理，我专门学习了公司概论、公司经济学、现代企业管理、现代企业制度这一系列领域的理论。长话短说，在研究中国企业管理的过程中，我的认识主要来自于实践，但是也借鉴了国外包括美国、欧洲各国企业管理的经验。

四、我的治学经历和人生感言

1986 年我写了《市场学基础》这本书，这本书开辟了中国的营销管理学，之前没有营销管理，因为是计划经济体系下国家统购统销、统收统支。中国企业管理经历了这样一个历史演变过程，我在市委机关待过，在国外考察过，在企业待过，所以我对新中国的企业管理是亲身经历、亲自见证的，也可以说在这点上人民大学的管理学研究是站在全国前列的。

1997 年我担任了国务院学位委员会工商管理学科评议组成员，最早中国只有经济学学科，没有管理学的学位，1998 年才开始有管理学学位。有人问我：邓老师，到底是学经济学好还是学管理学好？我说各有各的特点。经济学是提出目标，管理学是搭桥过河，解决经济学的目标，管理是讲究流程的。企业管理的主体是企业，不能把管理企业当主体，这个关系不能颠倒。

人民大学商学院起源于全国第一批工商管理硕士、第一批管理学博士。关于我的人生体验与治学格言，我也讲几句话：是取人之长，补己之短，教研结合，教学相长，耕耘人生。我在企业管理领域耕耘了一生，像农民种地，精耕细作，这是我的人生体验。我的治学格言是“专中有博，博中有专”，学校有专业，专业是要专，但不能钻牛角尖，要专中有博，在博中求专，这是专与博的关系，企业管理学科要不断发展。实践长青，理论不止，科学知识代代相传。

五、对中国管理学发展现状的几点评价和认识

1. 处理好市场经济体制三个成分的关系

在市场、企业和政府三个成分中，第一是消费者，第二是企业，第三是政府。中国企业 40 年变革的要点，第一，要处理好市场经济

体制中这三个成分的关系，消费者是第一位的，企业管理是面向消费者、面向客户的。客户是第一位的，消费者是第一位的，客户应该摆在第一位。有人问什么是市场？消费者构成了市场的核心，找到客户就找到了市场。市场不是抽象的，不是谁想出来的，市场就是客户、需求者，这是第一位的。第二，企业是供给者，消费者是需求者，这二者构成市场关系，二者的供求关系是市场经济基本的常识。现在国内对这个常识还没有形成共识，然后就在那里争论，把企业搞乱了。市场经济是有政府的经济，不是无政府的经济，这一点在国外学界早有定论，在中国认识还是混乱的。有人说经济是政府与市场的关系，我不同意这个观点，关键是政府在其中要做什么事。计划经济体制把客户、企业、政府这三个成分的关系颠倒了，市场经济体制下，企业管理要把这三个成分还原过来，还原到正确轨道上：一切是为了消费者，为了市场，消费者是第一成分，是市场的核心，企业是供给者。政府也是不可缺少的成分，政府要做企业做不到的事情，不能代替企业去做事。

计划经济体制把这三个成分颠倒了，颠倒成政府是第一位的，企业围绕政府来转，消费者围绕企业来转，因此导致了经济落后。1976年邓小平有句话，他说计划经济体制把中国经济搞到了崩溃的边缘。现在社会的物质很丰富，人们恐怕早就忘掉了过去计划经济的教训。我是亲身经历过的，我有两个孩子，经济最困难的时候一个月才供应两斤鸡蛋，怎么能够吃？市场经济体制现在要把三个成分的关系还原回来，对于这个原则，现在在经济学领域还有争论，还有看法，有人说究竟政府是主要的还是市场是主要的？我们不要讨论这个，没有用。从企业管理来说基本原则是非常具体的，你找到消费者就找到了市场，企业作为供给者就是要找市场，然后政府的工作要围绕着保护消费者的利益，要制定法律，规范供求关系、市场关系，现在我们有很多问题没有解决，在这里不展开说了，太复杂了。总而言之，企业管理是市场经济条件下的企业管理，绝不能还原到计划经济体制的企业管理，这是很重要的一点。

2. 企业管理是企业制度的一个部分

企业制度有三个部分：第一产权制度，第二组织制度，第三管理制度。产权是前提，组织是保证，管理是基础。不同的公司制度有不同的产权结构，组织包括组织结构、组织机构，组织机构在公司法中称公司治理，或公司法人结构。这些问题我觉得是常识问题，但是现在在中国很多地方对常识没有共识，就导致很混乱，各有各的做法，各有各的想法，甚至权力压倒一切，不是按照市场的规律来做。

3. 企业管理制度与人本管理的关系

企业管理当中制度是硬的，人本管理是解决企业文化的问题，企业管理制度是遏制人的恶的一面，企业文化是引导人的善的一面，这两个方面要结合起来。企业制度是硬的，企业文化是软的，企业管理要软硬结合、双管齐下才能搞好。

4. 企业管理的内部条件与外部环境

内部条件包括人力资源条件等；还有外部环境，有外部社会环境、法律环境、人文环境、宏观经济环境、微观经济环境等。我认为，企业管理在内部要发挥优势条件，跟竞争对手来对比，把你的劣势导致的损失和影响降到最小的限度，即尽量发挥优势，尽力避开弱势。企业外部环境在一定时期内是我们改变不了的，至于是外因重要还是内因重要，我觉得要内外结合，当然从哲学来讲，内因是主要的，外因是次要的，但是有的情况下也不一定。企业管理的第四个要点解决的就是企业的内部条件和外部环境的关系。企业管理的实质是关注人的因素，要塑造市场经济条件下高素质的人。最近任正非讲了一句话，讲得非常好，他说企业的能人走了，留下的好像不能，但只要我们团结起来，大家一致发挥我们的优势条件，利用外部的环境来创新，不断发展，我们的企业就能搞好。

● 中国企业改革与发展的探讨

——在“致敬 70 年，中国企业管理发展论坛”上的发言

信息时代手机重要、电脑重要，手写更重要，我们还是要记笔记，要用脑子来写，这很重要，尤其对于在座的学生。今天我主要讲三个大问题。

一、70 年中国企业形态变化的过程分析

这个过程分析来自我的经历和体验，所以先谈谈我的经历。

1957 年我到人民大学工业经济系学习，人民大学工业经济系的前身是 1950 年成立的工厂管理系，那个时候企业形态就是工厂，实行工厂管理，按行业划分，所以 1957 年前工业经济系按行业划分为机械班、纺织班、化工班等。1957 年后，工业经济系的企业管理就是综合的企业管理。

基于 50 年代中国企业的形态就是工厂管理这一现实基础，我于 1961 完成的本科毕业论文就是关于北京第一机床厂重工车间管理这一主题。我毕业后留校从事企业管理教学与研究，当时在校内给学生讲课的同时也在校外讲课，那个时期我去过山东的济南、青岛、烟台、滨州等好多地方，给厂长训练班或者培训班讲课。

“文化大革命”期间，人大停办，我去北京市委研究室工业组做

调研相关工作，这一时期我跑遍了北京市各行各业的所有工厂企业进行调研，并完成为政府制定政策提供依据的各类调查报告或研究报告，这段经历使得我对工厂管理是比较了解的。

1978 年人大复校以后，我回到人大继续从事企业管理的教学，所以可以说我搞了一辈子的企业管理。1978 年改革开放，我有幸成为国家公派出国的第一批访问学者之一，那个时候只能去一个国家——南斯拉夫，因为它是社会主义国家，是改革开放最早的国家——1950 年实行改革开放。在南斯拉夫待了两年半，1982 年回到人大，在学校我开设了新的管理课“公司概论”，从工厂管理转到公司管理。我亲身体验了中国企业形态的变化，从单纯的生产转向生产与营销结合、生产与科研结合、管理与产权结合、管理与组织结合。公司管理时期企业也要搞研究，而工厂管理时期研究都是科研机构单独完成的，跟企业是脱钩的，是政府出面来推广科研成果。

从 1957 年开始，我见证了中国企业形态改革与发展的过程，并亲身经历许多事件。在这个过程中，我把中国企业管理形态的演变归纳为几个阶段。

第一个阶段，1949—1955 年，当时的提法叫多种经济成分并存，最早的企业学习苏联推行工厂制，实行一长制。

第二个阶段，1956 年开始，国家搞了公私合营（资本主义工商业进行社会主义改造运动），要注意这个阶段中国的企业是搞运动的，

第三个阶段 ,1966—1978 年。1966 年，公私合营变成了清一色的国有企业。“文化大革命”期间，企业统购统销统收统制，连农民的三分自留地都作为资本主义尾巴割掉了。1976 年邓小平有一句话，中国经济搞到了崩溃的边缘。因为那个时期没东西吃，凭票供应，我两个小孩一个月凭票只能买两斤鸡蛋。这个体验让我认识到企业与一个国家的经济和民生是密切相关的。

第四个阶段，1979—1985 年，这个阶段是企业探索时期，允许

个体户存在。

第五个阶段，1979—1985年，探索企业改革的各种形态，由工厂制改为公司制。1986年起草了《企业法》,《企业法》实行厂长负责制，这个时候还是工厂。但到了1993年通过了《公司法》，1994年7月1日开始实施“公司法”，正式标志着由工厂管理转为公司管理，企业形态由单纯工厂形态转为现代公司形态，建立起现代企业制度。

从1957年到现在有62年时间，我始终在关注和研究企业，这个过程我是亲身经历并有深切体会的。从企业发展的角度来看，我认为中国企业最重要的是要处理好用户、企业和政府三个成分的关系，第一个，用户，也是市场。什么叫市场？1986年我写了一本书叫《市场学基础》(清华大学出版社出版)，当时我对市场有个定义：用户构成了市场的核心，企业找到了用户，找到了服务对象就找到了市场。市场是具体的不是抽象的，所以由计划经济体制转向市场经济体制，最核心的就是要把用户摆在第一位，企业要围绕用户来转，企业的管理要以用户为中心来进行。第二个成分就是企业，我对企业有个定义：企业是集合经营要素并在利润动机和承担风险条件下为市场提供产品和服务的组织。企业是生产力的载体，要提供产品和服务，满足用户的需求，满足市场的需要。第三个成分是政府，政府要围绕企业来转。政府做什么事？政府要解决企业解决不了的问题，要规范市场，要规范竞争的规律。所以政府第一要制定法律，第二要为企业提供服务。市场经济体制这三个成分的关系非常明确，用户是第一位的，客户是第一位的，市场是第一位的；企业是生产力的载体，是提供产品和服务，要围绕用户来转，政府围绕企业来转。

这70年来，我认为企业形态变化就是由计划经济体制转向市场经济体制的过程，由工厂管理转向公司管理的过程。计划经济体制将用户、企业、政府三个成分颠倒了，企业围绕政府去转，转到最后统收统制统购统销，中国经济到了崩溃的边缘。而市场经济体制要把被计划经济体制颠倒了的关系还原回来。还原得怎么样？当前和今后最重要的是做好两件事，第一件事是国有企业改革，第二件事是民营企业发展。国有企业改革要搞好，民营企业发展也要搞好，这就是我经历几十年中国管理和中国企业变化的过程的感悟。

二、国有企业改革的制度创新

国有企业改革的制度创新是我们今天探讨的70年中国企业管理的一个核心内容，它不是单纯的管理方法的改变，因为如果谈管理方法转变那就是从过去的单纯行政管理转向现代企业制度的市场管理，这又很抽象。制度创新包括哪些呢？总体来说就是要对国有企业进行公司制改造，建立现代企业制度，进行制度创新。具体来说包括三个部分，产权制度创新、组织制度创新、管理制度创新。

（1）产权制度创新。要通过公司产权制度对国有企业的产权制度进行改造创新，这里面最重要的是要解决资本运营的问题、资产重组的问题以及国有企业上市以后的若干问题。这就很复杂了，所以企业管理与产权要问题联系起来，不是单纯的行政管理，更不是简单的管理方法的转变，当然管理方法也很重要，但是国有企业改革根本是制度创新。

（2）组织制度创新。组织制度创新最主要的是解决两个问题，一个是组织机构的调整创新，这要求组织机构要按照市场的需求来转变，不能只是单纯的行政对口的组织机构；第二个问题要建立公司法人治理结构，主要处理股东、董事、管理者三个方面的关系。第一，要建立股东机构；第二，由股东机构产生董事会，包括内部董事、外部董事；第三，要由董事会来聘任以总经理为首的现代企业管理体系。所以公司法人治理结构，就是公司股东机构、董事会机构和以总经理为首的管理机构。我们讲的公司治理，现在也延伸出国家治理、社会治理，放在过去是没有“治理”这两个字的。“治理”其实就是公司里股东怎么去控制董事会，董事会怎么控制总经理，总经理怎么管理整个管理系统，也就是组织制度创新。国有企业今后面临的两个难题（组织机构的调整、组织机构的设立）要依法处理。

（3）管理制度创新，涉及各公司管理系统的建立和改善。管理制度创新与产权制度创新以及组织制度创新的关系，我这里用一句话概括，产权是前提，组织是保证，管理是基础。管理是什么，我对管理的定义就是通过别人来做好工作的过程。管理首先是个流程，这个流程越科学越简单越好，我们现在存在的问题就是过程复杂化。我们企业的程序搞得跟政府机构一样烦琐复杂，怎么能满足市场的需要呢？而且成本还增加了。所以管理的实质是要把复杂问题简单化，把简单的事做好就是不简单，在这一点上我们要达成共识。对于管理和企业我们连起码的共识都没有，各从各的角度来讲，容易引起争论。今天我们要科学看待“企业”二字、“管理”二字。管理是做好工作的过程，做好工作就需要管理目标，也就是我们现在常讲的战略。现在到处讲战略，其实就是企业要有目标，不要空喊战略，战略就是具体企业的目标。管理的实质是做好人的工作，是通过别人来做工作。管理有多个层次，有高层管理、中层管理、基层管理，管理实质是跟人打交道，而人是最复杂的。国外认为人之初性本恶，所以管理强、有制度；在中国认为人之初性本善，管理弱，结果出了一大堆问题，没人处理。所以从这个意义来说，管理就是通过别人来做好工作的过程，提高人的素质是根本的要求。

三、民营企业发展的外部环境和内部条件

民营企业发展要解决什么问题？就是外部环境和内部条件。我今天是站在企业角度来讲这个问题，现在很多人发言的角度都不一样，有的站在政府角度，有的站在空中楼阁的角度，但是我在哪里讲话都

立足于企业。因为你讲企业管理，企业是主体，把企业搞走那管理到底是为什么？至于现在有人说管理是为了政府，管理是为了社会，那咱们不去争论。我认为企业管理主体是企业，不能离开企业来讲管理，离开企业的管理是没有用的，企业都搞糟了，你的产品都卖不出去了，还有什么好管理的？

（1）外部环境。对民营企业来说，外部环境最主要分析三个因素，客户的需求、政府的政策、社会的责任。第一，怎么找到客户？第二，怎么适应政府的政策？不要骂政府，政府就是政府，有其职能、程序，企业只能适应。第三，如何承担社会责任？对于外部环境，我重点讲一下机遇和挑战，要抓住机遇也要迎接挑战。外部环境有好的一面也有不好的一面，有竞争的一面也有合作的一面。人有的时候就要有机遇，今天我们拍照机遇就很好，就出太阳了。要是像昨天那样下雨，还能这样拍照吗？就算你骂照相的人也没有用，你也改变不了这个天气，那你就想别的办法。所以什么事都不能按主观的意愿来弄，外部环境你改变不了，但是你可以抓住机遇、迎接挑战。

（2）内部条件。内部条件我认为最重要的就是竞争者对比，所以企业找到竞争对手非常重要，特别是同行业、本地区的竞争对手。最重要的就是分析你内部的优势和劣势，你的优势在哪里，你的劣势在哪里，民营企业发展，外部要有适应力、内部要有凝聚力、财务要有稳健力。外部要分析客户、政府、社会；内部要制定企业制度、企业文化，企业文化是为实现企业目标而形成的具有凝聚力的全体员工认同的价值观。企业制度抑制人性恶的一面，企业文化引导人性善的一面；企业制度是硬的，企业文化是软的；企业制度是外在的，企业文化是内在的，企业管理要两者结合双管齐下。财务最主要分析收入、成本、利润三个方面，你都发不了工资了，借款发工资，那你能行吗？现在老说利率、金融、贷款、财政、税收，那都是政府的事，我们现在经常讨论企业就变成讨论财政金融，你改变不了金融、改变不了财政，银行就是银行，政府就是政府，政府收税是正常的。但是你可以说政府收税太高了；对于金融，你可以说银行贷款利率高，要求下降，但银行还要挣钱呢。现在中国社会对好多常识问题没有共识，这个问题怎么解决？我们学校就要解决这个问题，至于是否被采纳，那就是社会的事、政府的事，至少我们作为学者来说，讲话要有依据。所以我的看法是，民营企业发展要形成三力：外部适应力、内部凝聚力、财务稳健力。

我上面讲的三个问题都来自实践的，是理论与实践的结合，实践是起点；是现实与历史的结合，纵观 70 年的历史，但又立足于现实；是个别与一般的结合，我们现在讲管理，总讲究案例，因为案例是个别，但又能套出一般的原理来；也是国内与国外的结合。从这四个结合来研究 70 年来的中国管理，才能得出科学的看法。我认为现在中国的企业管理比较混乱，甚至教科书上的说法都不一样，要解决这三个问题核心靠什么，要靠企业家，今天我们会上就有许多优秀的企业家，希望中国企业管理在你们的参与下发展得越来越好。

附　录

On Management

● 中国人民大学商学院教授邓荣霖：中国最重要的是发展，很多争论没必要

在中国经济学研究领域有三大泰斗，即“厉（以宁）股份、吴（敬琏）市场、邓（荣霖）公司”。“邓公司”是指中国人民大学商学院邓荣霖教授。1982 年，邓荣霖作为访问学者从南斯拉夫归国，开创中国现代企业和公司理论与实践研究的新领域。他率先开设“公司概论”课程，并在国家经济工作部门和经济体制改革部门参与有关企业转制的公司制度研究活动，发表了大量论著及论文。

1984 年 9 月和 1986 年 12 月，邓荣霖参加《公司法》起草工作及研讨，坚持不懈地建议尽快制定并实施《公司法》，以规范我国公司法律形式和公司经营行为。

从“一五”末期到改革开放，邓荣霖经历和见证了中国管理模式从仿照苏联的工厂管理，到国有企业改制，再到现代化企业管理的全部历程。在众多关键历史节点，他参与制定或提出建议的规划、法规都经受住了考验，被证明是符合市场经济发展规律的。如今 81 岁的邓荣霖仍然坚持研究，“对中国来说，最重要的是发展，很多事情没有争论的必要”。

学者的震撼："南斯拉夫满街都是小汽车"

1979 年，中国人民大学工业经济系副教授邓荣霖在萨拉热窝街头看到满街的轿车，很是震撼："国内哪有这么多小汽车。"那一年，他 42 岁，是改革开放后首批外派海外的高级访问学者。

在出国前，外交部提前半年给这批访问学者突击培训塞尔维亚语。邓荣霖回忆，南斯拉夫派来的老师不会中文，只能用英语教授塞语。由于新中国成立之初，中国高校普遍使用俄语，因此给学习造成了不小的障碍。好在他曾自学过英语，为了学习塞语，又把英语复习了一遍，半年之后，通过了外交部组织的语言考试，他顺利出国。

邓荣霖生于 1937 年，出身福建长乐一个普通家庭。1949 年，他从福建邵武市拿口小学毕业，但是由于时局动荡，直到 1951 年，才进入邵武市第一中学继续学业。1957 年，应届毕业的"三好学生"邓荣霖被学校推荐报考中国人民大学，这也是人民大学自 1950 年在北京命名组建以来首次面向应届生招生。1961 年邓荣霖本科毕业后留校任教。

毕业后的实习，邓荣霖来到北京第一机床厂。那是他第一次接触工厂，课本上学到的班组管理、厂部管理等知识纷纷"落地"。他发现，统购统销之下，虽然工人并不消极怠工，但是工厂的生产效率还是十分低下。更加重要的是，因为研发的机构并不设在工厂，工厂没有创新的动力，"机床厂只管生产，不管创新"。

1970 年，中国人民大学受到"文革"冲击被迫停办，邓荣霖被分配到北京市委研究室工业组。在市委研究室工业组，由于需要起草工业生产方面的文件，他又有机会深入北京工厂进行调研，也由此加深了他对于国有工厂效率低下、缺乏创新的了解。

1979 年去南斯拉夫是邓荣霖第一次走出国门。当时国内尚处在短缺经济之中，即使是大学老师，也是"一个月 28 斤粮食，两斤鸡蛋”。而当时的南斯拉夫已经经历 20 多年社会主义经济改革，经济发展已经走在中国前面。

抵达南斯拉夫后，邓荣霖在萨拉热窝大学访问交流。在当地汽车厂调研的过程中，他发现，以联合劳动组织为机制的工厂不但技术水平和生产效率全面领先于国内工厂，还具备市场观念，有一定的技术研发能力。

南斯拉夫的经济改革成就在国内引起学界注意，此后和匈牙利等国的改革模式一起被总结为“市场社会主义模式”，成为中国启动改革开放的参照样本之一。原中央顾问委员会委员于光远等学者比较系统地汲取东欧原社会主义国家改革经济学的成果，对东欧社会主义国家的实践作了深入的研究和广泛的介绍。在他们的倡导下，在中国改革界掀起了“南斯拉夫热”“匈牙利热”。

师者的引领：在全国率先开设“公司概论”课程

如果说 20 世纪 70 年代末之前中国经济还可以借鉴苏联模式、南斯拉夫改革，但到了 70 年代末到 80 年代，中国的改革进入一个全新的时期。在改革的推进过程中，原有的承袭苏联的经济理论不够用了，作为参照系的南斯拉夫也遇到了困境。

南斯拉夫的经济改革到 80 年代就已经如强弩之末，在 1980—1988 年间，南斯拉夫社会生产年平均增长率只有 0.6%，有些生产部门出现零增长甚至负增长。通货膨胀率从 1980 年的 30% 增至 1988 年的 250%，人民实际生活水平在 10 年间大约下降了 30 个百分点。

而当时中国大量的国企面临转制，民营企业也开始破土而出，对现代企业管理知识和理论的需求凸显出来。

1982 年，邓荣霖回国并开创现代企业和公司理论与实践研究的新领域。他在中国人民大学开设“公司概论”课程，并在国家经济工作部门和经济体制改革部门参与有关企业转制的公司制度研究活动，发表了大量论著及论文。

邓荣霖还开设了“外国工业经济管理学”课程，并担任外国工业经济管理教研室的主任，开创了中国现代企业和公司理论与实践研究的新领域。他提出，中国企业的主要组织形式将是公司，并较早地系统提出“建立并发展具有中国特色的社会主义公司体系”的设想、框架及内涵。

1984 年初，中国科学院计算所的工程师柳传志，拿着计算所的 20 万元资金，在一间只有 20 平米的破旧传达室开始创业。这一年的 11 月 18 日，上海飞乐音响公司成立，并向社会发行每股面值 50 元的股票 1 万股。这是新中国成立以来第一次公开向社会发行的股票。

也是在 1984 年，邓荣霖在《合理组建工业公司提高经营管理水平》一文中指出，中国合理组建工业公司必须“实行政企分开，实行自愿互利，采用多种组织形式”，应当特别重视提高经营管理水平对公司建设的重要作用。

1985 年，国家经委召开“工交系统清理、整顿公司”座谈会。邓荣霖在会上就公司的地位和作用，以及今后公司如何清理和整顿，讲了几点意见和看法。这篇讲话后来被收录在国家体改委资料中，时任国家体改委副主任贺光辉批示：“此文有理论、有分析，又从中国实际出发，很有启示。是目前把公司说得比较清楚的一个材料。”

1986 年前后，企业形态仍主要是工厂组织形式，邓荣霖将主要精力用于研究并论证通过公司组织形式来推动我国社会主义商品经济的发展。1984 年 9 月和 1986 年 12 月，邓荣霖参加公司法起草工作及研讨，坚持不懈地建议尽快制定并实施公司法，以规范我国公司法律形式和公司经营行为。

泰斗的担当：奠基现代企业制度理论基础

2018 年 6 月底，中国人民大学商学院倡议并主办了“2018（首届）中国管理模式全球论坛”，这是中国高等教育系统内首次围绕“中国企业管理模式”举办的学术论坛。

邓荣霖在论坛上发表了题为《我所亲历的中国企业管理变革》的讲话，细数 60 多年来自己的学术道路选择从工厂管理逐步走向企业管理的历程。

1988 年 6 月，中国人民大学正式成立工商管理学院，下设工业经济系、农业经济系、贸易经济系、投资经济系、商品学系、会计系。

从 1986 年起，邓荣霖开始担任工业经济系副主任，1992 年成为主任，直到 1996 年卸任。1993 年，在担任系主任期间，邓荣霖筹建并经学校批准新建了人民大学国际企业管理专业。1997 年，邓荣霖担任国务院学位委员会工商管理学科评议组成员。2001 年 6 月，根据中国人民大学院系调整的要求，会计系与工商管理学院合并组建中国人民大学商学院。

2002 年，邓荣霖代表作《论公司》问世，被认为开创了中国公司理论系统研究，奠定了现代企业制度理论基础。2011 年，从教 50 周年之际，邓荣霖推出了《企业论》一书，对企业制度和管理理论在我国企业的具体运用进行了深入探讨。原国家经济委员会主任袁宝华曾表示，《企业论》“对推动中国企业改革与发展，特别是现代企业制度的建立颇有贡献”。

邓荣霖说，改革开放 40 周年的经验表明，市场不是抽象的，消费者构成了市场核心，找到客户就找到了市场。市场经济是有政府的经济，不是无政府的经济。政府要从保护消费者的利益出发，制定法律、规范供求关系和市场关系。“政府要做企业做不到的事情，不能代替企业去做事。”

虽然已过杖朝之年，邓荣霖依然声音洪亮，回忆起过往，如数家珍。在“2018（首届）中国管理模式全球论坛”上，邓荣霖站立发表了长达 50 分钟的讲话没有任何间断，而此前一天的晚上 11 点钟，他才从湖北孝感赶回北京。邓荣霖说这得益于自己“蹬了 18 年自行车”。

由于夫人工作的关系，他从 20 世纪 80 年代起一直住在北京东城区东交民巷北京医院的宿舍里。上班时，要骑一个半小时自行车才能到达位于西三环的人民大学，直到退休前搬家。他说起这段艰苦的经历，乐观地打趣道：“冬天刮西北风，眉毛结冰，背后出汗，冰火两重天。”

当然，除了有趣之外，还让他有另外一层领悟，虽然骑自行车辛苦，但是“锻炼了身体”。“所以你看，什么事情都有好的一面，有坏的一面，没有必要争论。发现问题，就去解决它，中国最重要的就是要发展。”

（原载封面新闻网，2018-11-18，记者：柳青）

● 给小企业更大的发展空间

在中国企业评价协会、国家经贸委中小企业司、国家统计局工交司联合召开的“中小企业发展的问题研究”成果发布会上，中国人民大学教授邓荣霖对小企业的发展提出了自己的看法。他认为，小企业的发展目前面临着四个需要解决的问题。

第一，在市场经济条件下，企业的划分标准问题。邓教授认为，企业可以从三个角度进行划分，一是企业制度，可划分为个人独资、合伙、股份公司这三类企业。二是竞争程度。三是企业形态，可分为三类企业：（1）小企业，应有个法律上的界定；（2）大企业，以大公司为代表；（3）以大公司为核心的大企业变形体，如企业集团、跨国公司等。对企业类型的明确划分是制定政策的依据。

第二，对小企业作用的认识问题。各类企业在国民经济中都有各自的作用。小企业的作用在于：（1）它是市场的补充，任何一个大企业都不可能包揽市场。（2）吸收就业，大公司讲究效率，该裁员就裁员，裁下来的人到哪里去？在国外，大量的人（占比 80% ～ 90%）在小企业就业，无论在什么企业就业，身份地位都是一样的，不存在高低贵贱之分。（3）小企业可以为大企业配套，在国外，一家大企业周围有成千上万家小企业为之配套。（4）小企业有利于中国农业的现代化，因此应提倡农工商联合的小企业（5）小企业是新经济因素的生长点，许多新技术由小企业创造，从而发展为大企业，因而要给它一个成长的空间。（6）小企业是产生企业家的场所，创办小企业本身就是敢于创新、敢于承担风险的行为，而我们的许多大企业的领导者则未必是企业家。

第三，对小企业生存空间的认识问题。邓教授认为，应为小企业创造一个宽松的环境，只要它不违法，就应让它发展。大企业的优势在某些领域，而小企业可以在大企业之间的间隙求发展，比如零部件的生产等。美国 20 世纪 90 年代制造业的发展主要是小企业的发展。在未来，科技的不断发展也为小企业的发展创造了空间。

第四，目前国内必须解决的观念问题。一是消除对小企业的偏见；二是立法，应有小企业法，政府应对小企业给予扶持，立法还要执法，在我国，对小企业的干预常常比对大企业的干预还多，因而这个立法很有必要；三是建立支持小企业发展的机构；四是采用经济手段，减少行政干预；五是重视企业制度建设，并将之规范到法律范围内，避免概念模糊不清的现象。

（原载《经济参考报》，2001-05-09，记者：徐培英）

● 企业多元扩张要“三思”

如今不难发现，企业跨行业扩张多瞄准房地产业、餐饮业。在同一领域内，企业不甘寂寞，纷纷进军新的项目，春兰开出摩托车，康佳有了电冰箱，熊猫上了空调机，长虹则选择了洗衣机。多元扩张似乎成了企业发展的必经之路，成了企业实力壮大、发展迅猛的主要标志。但许多企业因“手伸得过多、过长”而事与愿违，为自己的发展埋下了祸根和隐患。

对此，著名经济学家、中国人民大学工商管理学院博士生导师邓荣霖教授日前提醒企业在进行多元扩张时，要三思而行。

一思：要不要四面出击

鼓励企业走多元化经营的道路是有其独特历史背景的。那是针对改革之初，企业刚从计划经济的单一产品生产中解脱出来，为了避免“在一棵树上吊死”以分散风险，而鼓励东边不亮西边亮的“多保险”策略，这样做还有利于企业降低成本、挖掘内部潜力。

但过了这一时期，还不加分辨地渲染多元化经营，还为四面出击摇旗呐喊那就很危险了。殊不知，多元扩张、分散风险的同时也分散了企业的实力；虽挖掘了企业潜力，但隔行如隔山也增加了管理的难度。这样，企业反倒无特色、无优势了，有时还会本末倒置、由强变弱，再加上在新的领域又碰到强硬的对手，有的企业是干一行丢一行，条条道路都不通，付出巨额的学费和投资，收益却少之又少。

邓荣霖教授说："纵观世界企业发展，虽不能肯定地说主营强的企业都成功，但可以肯定的是成功的企业几乎都是主营能力强的企业。"据统计，美国70年代一个企业的经营领域平均涉及4.35个行业，而进入90年代，每个企业平均只涉及1.12个行业，加强有优势的主业也是现代企业发展的主要趋势。在跨国公司中，跨行业经营的逐渐减少，专注特色主营的企业增多，如麦当劳永远以快餐取胜；奥的斯以电梯占领市场；可口可乐决不放弃饮料之王的地位。

再看我国，对上市公司的调查表明，主营比重和企业业绩有密切联系：主营比重占90%以上时，企业净资产收益率达18%；主营比重只占50%时，平均资产收益率下降到14%；主营在30%以下时，平均净资产收益率仅为10%。

因此，中国企业在选择多元扩张时，切忌盲目跟风、一哄而上，要根据企业的具体情况和市场行情，上升到战略高度来判断企业要不要出击、要不要多元扩张。

二思：扩张要有主心骨

企业进行多元扩张是有条件限制的——一定要有主心骨，要保持主营项目的优势和竞争力。美国一家化工企业，80年代扩张到了若干个领域，荒废了化工行业的老本行，主导产品亏损，其他行业虽稍有盈利也无力回天，难以挽回主营的亏损，90年代提高了化工主导产品的盈利，企业才转危为安。对我国亏损企业的调查也表明，兼营项目的盈利不足以弥补主营项目的亏损。因此，多元扩张中，一定要有"主心骨"，一定要保护主营项目的优势。

邓荣霖教授认为，企业在多元扩张中要以主业为"主心骨"展开，主营、兼营中不存在"拆东墙补西墙"的互补关系，一切兼营都应服从于主营，围绕主营的指挥棒，以提高主营的市场竞争力为核心展开。兼营可以是主营的上下游延伸线上的相关行业，如在发展汽车工业时，为了提高汽车业的竞争能力，可以加强汽车服务、维修、网络、开发研究等兼营项目；与此同时，为增强整车的竞争力，要扩大汽车零部件的专业化、规模化、高技术化程度，虽然一些零部件业与汽车业相关，但也不必为了“万事不求人”而完全自制、四处扩张，也可采取外购的办法，以提高质量。

企业经营不管是扩张还是压缩，都要明确地以提高质量、降低成本、改进服务为目标，以形成有特色、有品牌的主营项目，提高主营竞争力为根本要求。

三思：扩张是动态发展的

在扩张中，除选择与主导产品相关的、能增强主营竞争力的领域外，最好还能实现主营和兼营的互动发展，兼营不能影响主营的效率，更不能成为主营的包袱。好的兼营能促使主营更好地发展，同时兼营也会有所发展，使主营、兼营走上良性循环的道路。因此，兼营的选择也是一个不断调整的动态过程。美国通用电气公司每年年底都要对主营与兼营的关系进行决策：卖掉、压缩一些对主营不利的兼营项目，同时收购、新建一些新项目。

在这个决策过程中，要谋划好眼前利益和长远利益的关系。如日本松下电器投资 10 多亿元开发计算机，但想到此行业投资大，有本国富士通、美国 IBM、德国西门子公司的激烈竞争，于是放弃先期的计算机投入，仍致力于家用电器的开发，保持了 50 多亿元的主营市场。松下的决策者认为这种选择是明智的，若再投入，无限制地耗下去，对整个企业的发展将有害无益，舍去兼营项目的小利却保持了主营项目的绝对优势和长远发展。

（原载《光明日报》，1998-02-16，记者：张玉玲）

● 市场经济条件下企业行业、行业组织与政府行为的关系

——访著名经济学家、中国人民大学教授邓荣霖

邓荣霖，著名经济学家。1937 年生，1961 年毕业于中国人民大学工业经济系。现为中国人民大学教授、博士生导师；研究领域和成果涉及工业经济与企业管理、公司理论与实务、现代企业制度、中外工业管理与企业制度比较及中国企业改革与发展诸多方面，影响广泛。

记者： 我们都知道，邓教授长期从事教学和科研工作，对我国工业经济的理论与实践有深入的研究，特别是对于企业管理和行业管理等问题做了系统的研究，有许多独到的见解。我们想请邓先生就行业管理问题谈谈看法。

邓荣霖： 关于这个问题，我认为，我们在研究行业组织和行业管理问题时，必须着眼于实现市场经济新体制的目标，立足于市场经济新体制的规律性要求，抛弃计划经济旧体制的习惯性方式，以保证思路正确，避免出现偏差。具体来说，以企业行为为出发点和归宿点，来研究行业组织和行业管理，是建立市场经济新体制的要求，是市场经济基本含义的表现。

记者：可否请您简要分析一下市场经济条件下，企业行为的特点和问题?

邓荣霖：市场经济条件下的企业行为，集中体现出企业在激烈的市场竞争中求生存、求发展的目标。因此，企业按照法律规定，独立自主地从事市场经济活动，追求企业经营目标的实现和企业绩效的最大化，包括企业的盈利率、增长率、技术进步及其经济效果，是企业行为的基本动机。

在市场经济活动中，企业行为的有效性表现为市场经济的有效性和可行性，即企业通过市场竞争来实现自身的价值愿望并带来社会资源的有效配置；企业行为的局限性，表现为市场经济的局限性和盲目性，即企业过度竞争所造成的不合理性并引起某种行业性垄断的危害性。企业行为的有效性和局限性并存，是市场竞争过程中不可避免的现象。

记者：您刚才说到企业行为的有效性和局限性并存，那么，怎样才能发挥它的有效性，克服其局限性呢?

邓荣霖：要解决这个问题，就需要行业组织，其基本形式就是行业协会。因为在市场经济条件下，行业组织不仅是必要的，而且是不可缺少的。我国经济体制改革的实践过程表明，计划经济旧体制下没有行业组织的地位和作用，而随着企业行为的独立自主性和市场竞争性的增强，政府职能的转变和政府机构的精简，市场经济体制的建立与完善，行业组织便应运而生并将日益显示出其重要地位和作用。

市场经济条件下的行业组织，是由企业自愿参加并组成的非营利性民间协调组织。行业协会既不同于作为营利性经济实体的企业，又区别于行政性管理机构。行业协会沟通企业与政府之间的联系并在企业与政府之间起着桥梁和纽带作用。

行业协会在行业管理中的职能，就是反映企业意愿，为本行业的众多企业提供信息和人才方面的服务，协调行业内部企业之间的竞争与合作关系，指导企业行为的健康发展。行业协会应当立足于企业，向政府反映企业要求，使企业权益体现在政府的产业政策和经济发展规划之中，并使企业行为遵守国家法律和政策的规定，既保证企业经营活动的独立自主性，又利于企业行为接受政府宏观经济调控的正确引导，维护企业和行业的合法权益。

记者：国家轻工业部撤销后，先后组建了40多个行业协会。这些行业协会的组织和活动情况各不相同。我们想请您再进一步论述一下行业协会的组建以及协会如何运作等深层次的问题。

邓荣霖：行业协会的组成，应当打破地区、部门界限和所有制界限，不受行政机构的条条块块束缚。其目的在于使行业协会真正起到对企业行为的指导作用，消除计划经济旧体制下企业分属不同地区、部门、所有制的弊端，反映全国社会主义统一大市场的客观规律要求，促进企业在国内外市场竞争中的更大发展。企业接受行业协会的协调和指导所带来的行为后果，包括获利和损失，都由企业自己负责，行业协会不为企业行为承担经济责任。当然，如果企业不接受行业协会的某种协调和指导，但行业协会欲用单纯行政手段去强制企业接受而造成的后果，应当在法律范围内追究行业协会的责任。

由于各种行业的特点不同，所以，不同行业协会的内部成员、企业规模大小及其数量多少和比例是有差别的。这些客观状况表明，各个行业协会必须从本行业企业的实际出发来对企业行为进行协调和指导。从企业的市场竞争行为来考察，不同行业内部的企业之间的竞争关系是有区别的，即不同行业的企业所处的市场条件是不同的，或是不同行业有着不同的市场结构。实质上，这是企业行为的微观经济环境的基本内容。所谓市场结构，是指某一行业内的企业之间在数量、规模、份额上的关系及其竞争方式，这是行业组织理论的重要概念。研究行业协会是行业组织理论的组成部分，但两者不是等同的含义。行业组织理论，也称产业组织理论或工业组织理论，因为英文中的

“industry”一词，可视不同场合“工业”“产业”“行业”，主要是运用现代微观经济理论来研究企业、行业、市场之间的相互关系，以及市场结构、企业行为、企业绩效之间的作用。行业协会既要起到企业所不能有的作用，又要起到政府所无法起的作用，这就是行业协会的正确定位和生存空间，受到企业和政府的双重赞赏。

记者：您的意见是切中要害的。可否进一步分析一下企业、行业组织和政府三者之间的关系呢?

邓荣霖：在由计划经济向市场经济的过渡时期，特别应当警惕习惯性地把行业协会变成政府的延伸机构和派出机构或变相的行政管理部门，一方面是政府革除了计划经济体制下直接干预企业行为的某些旧职能，另一方面又变相地通过行业协会对企业行为进行直接干预，使行业协会成为直接干预企业行为的行政性机构。

行业协会是市场经济发展的产物。在市场经济发展过程中，企业的市场竞争表明每个行业同时存在着许多企业，而且一般行业是大中小企业并存。同一行业数量众多的企业之间，既存在着市场竞争关系，又包含着彼此合作关系。但是有些合作关系是企业自身不能或无力直接实现的。因此，行业协会的形成便成为众多企业的客观要求，是市场经济发展的必然结果。这种客观要求和必然结果告诉人们，行业协会应当做好那些企业不能或无力去做的事情，而企业能够做到的事情应当由企业自己去做，行业协会不要直接干预或越俎代庖。只有这样，行业协会对企业才是真正必要的，不是多余的、额外的相互关系。在行业组织理论中，依据某一行业内提供某种产品的企业数量多少、规模大小、市场占有额不同，一般分为完全垄断、寡头垄断、垄断竞争、完全竞争四种市场模式。不同行业的不同市场模式中的企业行为，对产品差异程度、价格控制水平、进出行业能力、非价格竞争方法（如广告、派员销售等）的采用以及其他各种竞争方式的运用，都会表现出不同的特点。应当明确，行业协会的内部成员企业，无论是企业的规模大小不同，还是企业行为的市场模式不同，都不会改变企业与行业协会之间关系的基本性质，也不会改变行业协会内部成员企业之间的竞争与合作关系。虽然某个或少数几个大型企业可以在行业协会中充当领袖企业，在行业协会中占据主导地位并发挥骨干作用，但绝不能由某个或少数几个企业操纵行业协会，使行业协会沦为某个或少数几个企业控制的企业分支机构或变相的营利性企业集团式垄断组织。行业协会应当制定必要的章程或公约，以维护行业协会内部成员企业之间的平等地位和公平竞争。对违反行业协会章程或公约的企业，可采取必要措施予以处罚，以利于企业行为的合法化和行业的协调发展。

（原载《中国轻工》，1996（7），记者：龚平）

● 现代企业更须加速技术进步

——访著名经济学家邓荣霖教授

记者： 现代企业制度是当前的热门话题。您是多年从事公司制度研究的专家，请您谈谈对我国建立现代企业制度的看法。

邓荣霖（以下简称邓）：现代企业制度下的企业必须是现代企业。现代企业须有两大支柱，一是现代技术，二是现代管理，此两者缺一不可。在现代企业的生产要素即土地、劳动力、资本、技术中，现代技术在一定程度上决定、影响着其他要素，起着倍增作用。这是科学技术成为第一生产力在企业生产中的具体体现。建立现代企业是生产发展规律决定的，现代企业的概念国际通用，当前我国面临着“复关”的紧迫形势，我们必须加速建立自己的现代企业，与国际接轨，参与国际竞争。

建立现代企业制度是我国改革过程中现阶段企业改革的方向，其中包含着两个方面的内容：其一，从发展生产力的角度来讲，我们要建立现代企业；其二，还要解决一些我国的特殊问题，诸如企业的产权、组织结构等问题。现代企业制度定位在公司，而我国现有的近200万家公司绝大部分不属于现代企业制度模式。我们将面临由现有企业向公司的改组，现代企业制度规定的产权机制和管理机制同我国企业现行机制有许多不同，我们要做的工作非常艰巨。另一方面，从目前我国的状况来讲，现代企业并不等于现代企业制度。我国有些大中型企业，其技术、管理水平已经达到了一定高度，但是还没有建立起现代企业制度。产权、组织结构的不清晰固然是旧体制造成的，但这些问题势必成为企业前进道路上的“拦路虎”。这也正是现阶段在建立现代企业制度试点中，人们将目光聚焦于产权、组织结构问题的原因。

多年来，我们一直在强调企业的技术进步与实现企业的现代化管理，虽取得了很大成绩，但与国际先进企业比较，我们的差距是显而易见的。经验表明，不能仅就技术论技术、就管理论管理，在体制上找原因解决问题是必要的。解决产权机制、组织结构的问题可以为企业技术进步、管理现代化扫清障碍。建立现代企业制度是社会化大生产与市场经济发展的要求，其根本目的在于促进生产力的发展。当科学技术已成为生产力的真正内涵时，企业改革成功的标志应在于其是否建立了利于促进企业技术进步的良性机制。因此，我们推进现代企业制度，在关注产权、组织结构改革的同时，必须把技术现代化、管理现代化作为同样重要的工作来抓。

记者：那么如何发挥现代企业中现代技术的作用呢？

邓：按照现代技术的发展规律，总结国内外的成功经验并结合我国现阶段的实际情况，我认为，企业应当重视做好下面的工作：

第一，把研究与开发工作作为企业生存与发展的指导思想。

市场的竞争归根结底是科技的竞争，企业唯具有雄厚的科技实力才能在竞争中立于不败之地。现代企业应成为生产与科研的结合体，既是生产的基地，又是科研的基地。传统企业缺少重视研究与开发工作的指导思想，生产与科研“两张皮”的现象十分严重，科技体制改革要配合建立现代企业制度的企业改革，以此为契机，解决科技与经济相脱节的问题。

第二，重视科研经费的筹集和投入。

无论是大企业还是中小企业，从发展战略上讲，解决科研经费来源、增加科技投入是取得科技优势的保证。科研经费除企业自筹外，政府应有目的地扶持有发展前途的中小企业，并形成一套办法、一种机制。

第三，设置雄厚的科研机构。

传统企业行政机构、非生产机构庞大，科研机构薄弱。现代企业制度下的企业都应有自己的科技研究中心，它在主要为本企业技术进步服务的同时，可以接受其他企业委托的科研项目。现代企业不仅应有物质产品的收入，还应该有技术成果的收入。

第四，加强同高等院校、科研机构的联系。

企业要不断从高等院校、科研机构中获得新思想、新人才、新成果，在一定意义上建立一种科技联合体。

记者：科学管理是现代企业制度的重要内容，它在促进企业技术进步中，应如何发挥作用呢?

邓：现代企业应有五大管理：生产、销售、人力资源、研究与开发、财务。其中研究与开发管理工作是整个管理的主体。

我认为，研究开发管理工作主要应有下面几方面的内容：科技预测管理，为企业分析外部环境，进行长远规划，克服短期行为；科学研究管理，负责科研课题、设备、专业人才等；新技术、新产品开发工作，负责企业内部的新技术、产品评价、推广、转移；生产技术准备和日常生产技术管理，包括产品工艺造型、设计等；科技信息管理，负责科技情报、档案管理、技术标准、科技信息系统建立等；技术经济的论证，此项工作应贯彻整个企业科研活动的始终；科技人才管理以及技术转移、引进等方面的管理工作。

值得注意的是，现代企业已经向跨国公司的方向发展，应按照跨国公司的要求发展技术，在国内国外皆设置科研机构，跨国公司的母子公司组织机构应把研究开发工作作为重要内容来安排。当前，跨国公司内部的技术交易比重越来越大，如果我们不去参与就会受损失。这就要求我们在这方面做好充分准备，通过中国的跨国公司带动整个企业的技术进步。

总之，当前企业科技进步存在的一些问题，诸如科研人员不足、科研机构薄弱、科研经费紧张等，都应充分利用建立现代企业制度的契机得到解决。企业的改革应围绕着现代科技的发展，建立促进企业技术进步的新机制来进行。

（原载《科技日报》，1994-08-08，记者：曹红艳）

● 发展，我们需要注意什么？

——就管理局发展战略方针访著名经济学家邓荣霖

伴着新年飘扬飞舞的雪花，管理局共谋发展大会讨论通过的体制创新、产业结构调整和强化经营等发展战略已经开始实施，这是管理局从今年开始落实的以发展为主题的行动纲领。在实施新的发展战略过程当中，管理局应该注意哪些问题？1月21日，本报记者采访了来大庆油田作“WTO与中小企业发展”学术报告的著名经济学家邓荣霖。

近几年，邓荣霖参与了国家经贸委关于全国国有企业产权制度改革和产权交易问题的专题研究，研究成果已作为制定国家现代企业制度改革方案的重要依据。记者介绍了管理局共谋发展大会的主要精神，邓荣霖表现出了极大的兴致，他十分赞赏地说，管理局的发展战略非常好，用江总书记的话说是“与时俱进”，符合全国体制改革和企业改制总的要求。

根据多年来在国企改革方面积累的经验，邓荣霖认为管理局在实施发展战略时应该注意以下几个问题：体制创新首先要观念创新。邓荣霖对管理局发展战略中把体制创新摆在第一位感到非常高兴，他认为这抓住了主要矛盾。他说，中国企业之所以与世界优秀企业有较大差距，主要体现在体制上。国企改革的重点、关键点也是体制，因此管理局制定的发展战略方向明确，问题抓得准。邓荣霖说，观念创新是体制创新的前提，管理局与石油主体分开的时间不过两年多，要进行体制创新，还需要进一步解放思想，使思想认识真正从计划经济转变到市场经济上来。因为工厂制是计划经济的产物，而公司制是市场经济条件下现代企业制度的表现形式，两者有很大的区别。第一，工厂制是按政府的指令性计划来生产的，而公司制是按市场要求完成经营活动，公司制的优越性就在于能适应市场竞争的要求。第二，公司制有利于生产和流通的结合，是工商结合。而在工厂制下生产和流通是分割的，工商是脱离的。第三，公司制有利于实现生产和科研的结合。现代产品是生产和科研相结合的产物，而在工厂制下，生产和科研是“两张皮”。第四，公司制有利于产业资本与金融资本的有机结合。在工厂制下，只有产业资本。而在公司制下，利润来源是多元化的，如产品来源、业务流通领域的来源（代销）、资本运作的利润来源、外汇的损益来源，还可以从事多种经营活动以及技术开发。过去，人们只把技术用来为生产服务，其实技术本身就可以创造价值。西门子公司 60% 的利润来源于技术，这是一个重要的收益来源。解决以上这些认识问题，是体制创新的重要思想基础。在由工厂制向公司制转变过程中，还有一个问题应引起注意，那就是企业制度的变革，不是岗位的调整，要避免跟具体的人、岗位、职位联系起来。体制改革是对事不对人，需要全体员工齐心协力。

由工厂制向公司制转换，主要包括三个制度转换：

第一，产权制度的转换，即由工厂制的单一产权制度向公司制的多元产权制度转换。公司制的特征就是产权多元化，在产权制度转换过程中，一定要避免造成国有工厂制的翻版。第二，组织制度的转换。在按市场要求建立符合现代企业制度的合理的公司组织结构过程中，有些机构因不符合需要就要撤掉，有些人也因此不适应，这就要提前做好解决问题的准备。在组织制度转换过程中，还要按现代企业组织结构的要求，明确公司内部各个层次的关系，主要是总部与各分公司的权限划分问题。在集权与分权的关系处理上，要坚持责权利相统一、激励机制和约束机制相结合的原则，要根据市场的变化及时进行相应的集权、分权调整，要处理好公司内部四种人（股东、董事、经理、员工）和公司外部四种人（客户、债权人、政府、社会公众）的利益关系。根据国内外大多数企业的成功经验，在设计集权与分权体制时，一定要借助外脑，这样可以避免内耗，保证客观公正。第三，管理制度的转换。首先要处理好战略管理与业务管理的关系，加强战略管理，处理好主营业务和兼营业务的关系。其次，要建立综合的系统的现代公司业务管理制度。主要包括生产管理制度、营销管理制度、人力资源管理制度和财务管理制度。在生产管理制度中，一定要把质量管理摆在第一位，这个质量包括产品质量、业务质量和服务质量，还要加强成本管理，要充分运用现代信息手段改变管理方式。营销管理中，要加强面向市场的客户管理，重视研究竞争对手。在人力资源管理中，最重要的是要建立市场招聘机制，要特别注重吸引和留住关键技术人才、急需业务人才和重要管理人才这三种人才的问题，还要重视培训和薪酬制度问题。在财务管理中，一定要注意跟外部的金融市场结合起来，开拓财务管理的新领域。最后，要处理好管理中制度和人的关系。一方面制度是永恒的，延续的；另一方面，制度是死的，人是活的。我们现在强调人本管理，但人的作用要体现在制度的建设上，绝不能离开制度发挥人的作用。

科技创新要与企业改制结合起来，这样可以解决资金来源问题。科技创新主要注意三个层次的创新。第一,一定要有自主的科研活动。不是不可以引进国外的先进技术和设备，而是一定要有自己的科研开发力量。大庆石油管理局这样的大企业，应该拥有全国乃至世界一流的科研人员。第二，应加大应用型科研成果的研究。第三，应在开发新产品、新工艺、新业务、新材料上下功夫。搞基础研究不是一年两年就能完成的，应该给时间、给资金，但其他研究就应该在公司制下实行利益体制。

在企业文化建设上，要克服两种现象。一是提一些抽象的口号。企业文化不是口号、标语，而是一种行动。要避免把社会上一些口号如拼搏、奉献等拿到企业中来。企业文化体现社会文化，但社会文化不是企业文化。二是搞一些具体的活动。有些单位搞点简单的文体活动就认为是企业文化，这是误区。企业文化是为实现企业经营目标而具有凝聚力的全体员工认同的价值观。

邓荣霖在结束采访时，再一次对管理局的“1678”总体工作部署表示了赞赏。

（原载《大庆石油报》，2002-01-22，记者：康丽燕）

● 调整产业结构与提升企业整体竞争力

——访中国人民大学商学院教授邓荣霖

记者：邓教授，请您谈一下调整产业结构，推进科学发展的意义。

邓荣霖：调整产业结构、推进科学发展既有重要的现实意义，也有长远的战略意义。从现实意义来说，当前企业发展面临产业发展的瓶颈、原材料涨价、劳动力成本上升等不利因素，土地、环境方面的压力也比较大，要求企业必须转型，进行产业结构调整。从长远意义来说，现在国际化、全球化、信息化使竞争越来越激烈，企业必须进行战略转型，不断开拓新的产业、新的领域，这是目前国内外企业发展的共同趋势。我感到新泰在产业结构调整方面做出了一些成绩，这些年来引进了一些项目，发展了很多非煤企业，今后要进一步调整和优化产业结构，要对煤炭进行综合利用，提高附加值；非煤企业要提高自主创新能力，在知识产权、品牌方面进一步与国际接轨。山东的产业结构、经济结构的调整也在逐步推进，由低级向高级，由低附加值向高附加值，由技术含量低向技术含量高，求得本地区经济及产业的发展，提升企业在全国、全世界的竞争力。产业结构的调整和优化是当前发展和改革中的一个突出问题，企业优胜劣汰带来了员工的调整、竞争、下岗等问题，要加强培训，提升就业劳动力的技术水平，破除思想障碍，变革观念，解放思想，进行体制创新，以此来实现产业结构的调整和优化。

记者：通过一天多的实地调研，您觉得新泰面临的机遇和挑战是什么?

邓荣霖：当前国际化、信息化程度越来越高，对我们来说是机遇。但挑战也是严峻的，全球化或者全国化以后，更多的企业可以进入新泰，本地的企业必须增强竞争力，充分利用外部有利因素，消除不利因素，加强制度、产品、品牌、业务等方面的创新，提升人员素质，重视企业文化建设，同时政府要为产业结构调整更好地提供服务，创造条件。

记者：新泰市是一个资源型的城市，下一步如何更好地实现可持续发展?

邓荣霖：作为资源型城市，新泰实现可持续发展最重要的是进行资源的综合利用，包括煤炭。另外要注意环境的保护，不仅包括自然生态，也包括社会生态的和谐，这些都是产业结构调整中应努力解决的问题。

记者：邓教授，您对新泰的整体印象如何?

邓荣霖：新泰是一个历史悠久的城市，自然风景跟人文风景相结合。政通人和，大家求得共识，齐心协力，要建设“和美城市，幸福新泰”这个目标很好。

记者：邓教授，您能解释一下“和谐”和“和美”的关系吗?

邓荣霖：和谐是指社会方面的，人与人、人与自然要和谐。和美不仅包括人与人、人与自然的和谐，还指每个人的心态，每个家庭美好、幸福的生活。和美是在和谐的基础上更广泛、更美好。

（原载《泰安日报》“今日新泰”版，2008-07-04，
记者：张永田　褚成东）

● 国企高管薪酬与国企管理模式

16 日，人力资源和社会保障部等六个部门联合出台《关于进一步规范中央企业负责人薪酬管理的指导意见》。这也是中国政府首次对所有行业的央企发出高管“限薪令”。

这份被称为中国版“限薪令”的文件首次明确规定，国企高管基本年薪与上年度中央企业在岗职工平均工资相联系，绩效年薪根据年度经营业绩考核结果确定，以更为变通的方式规定了高管薪酬的上限。文件规定，企业高管薪酬分为三块：基本年薪、绩效年薪和中长期激励收益。企业高管基本年薪按月支付，绩效年薪按照先考核后兑现的原则，根据年度经营业绩考核结果，由企业一次性提取分期兑现。对于近年来屡受争议的中长期激励机制，文件也采取了更为谨慎的态度，仅仅做了“可审慎探索”的原则性规定。

根据 2009 年已经公布的一些上市公司年报显示，高管的薪酬增长高于公司利润增长，甚至出现公司利润负增长而高管薪酬增长的“倒挂”现象。而我国前一阶段也频发国企高管薪酬过高事件，一时间关于国企高管究竟该拿多少钱的话题引发了热议。

中国人民大学商学院教授邓荣霖接受本报独家采访时表示，国企高管薪酬问题必须从破除现有的国有企业制度入手，彻底改变企业管理模式，才能使国企高管的薪酬公平化、合理化。

一、“双轨制”诞生“双轨高管”

邓教授多年研究企业与政府的关系，他认为，必须破除计划经济体制下政企不分的制度，才能使国有企业的运行符合市场经济体制。“政企分开是个老话题，在中国已经提了30年，但到现在还是分不开。”

改革开放之前，我国国有企业是计划经济体制下的实报实销制度，对于高层管理人员的薪酬也没有特殊规定。1978年之后虽然实行了市场经济体制，但是国有企业高管的待遇却是计划经济的实物制与市场经济的货币化共存，也就是人们常说的“双轨制”。而一些国有企业的负责人因在企业与行政机关来回任职，被称为“双轨高管”。

30年来，国有企业高层管理人员的薪酬问题在政府与企业之间经历了几次大放大收的“较量”，至今还在“拉锯战”中不分伯仲。邓荣霖认为，无论是放权给企业，还是收权归政府，都不能彻底解决国企高管的薪酬问题。

要解决国企高管过高的薪酬与职务消费，就要破旧立新，彻底废除“双轨制”，建立市场经济体制下现代企业制度的公司薪酬制度。他还提出要对现有的职务消费进行改革。不能公私不分。“职务消费要明确分为两条线管理。一条是公务消费，比如会务费、办公费和一些公务性的通信支出。另一条就是个人消费，比如招待费、交通费、个人通信费等，这些消费不应在企业入账，而应由个人承担，不过企业可以适当给予一些货币补偿，但必须适量，决不能一面拿了货币补偿，一面还在公司报销。”

二、关键还是国企的定位问题

前阶段，财政部连续出台了多项关于金融业高管薪酬的规范性文件，对所管辖的金融机构2008年高管薪酬情况做出“上限”规定。一方面是国际上的影响，另一方面作为上市公司的多家银行也正面临上半年年报披露高管薪酬的压力，因此财政部的这些文件是国企薪酬全国统一规范办法出台的过度、应急之举。

但在邓荣霖看来，这样一会儿出台一个意见，一会儿出台一个办法，并不能解决根本问题。“早改早主动，晚改就被动，不改就等死。”邓教授反复强调。对于目前矛盾日渐突出的国企高管薪酬问题，他建议国家有关部门一定要尽早出台改革措施，尽早立法。“中国的现状是腐败成本很低，致使一些有权力的人无所顾忌。一旦有了法律，就有了可遵循的规矩，总会起到一定的约束作用。”

国企高管薪酬要合理，要规范，就必须实行规范的公司法人化的管理。薪酬问题不是孤立的，与公司产权、组织架构和管理手段都密切相关，而且还会直接影响到企业的经济效益。“高层管理者薪酬少了，会导致缺乏责任心，致使企业不再追求效益。但薪酬多了又会引发分配不公和社会矛盾。因此，薪酬问题必须通过制度改革来规范解决。”邓荣霖如是说。

人力资源和社会保障部有关人士对此次六部门联合出台的指导意见解释说，“限薪令”将对地方国有企业高管薪酬起指导性作用。各地可在中央规范意见的框架下，制定本地区的薪酬管理规定。建立与业绩考核挂钩的薪酬体系是中国国企监管部门一直努力的方向。新出台的“限薪令”也规定要“切实形成企业负责人绩效年薪与实际经营业绩密切挂钩的机制”。

其实，最关键的还是国企的定位，是市场型还是垄断型，国企领导人的定位，是市场化还是行政任命的问题。邓荣霖提出，首先要从产权入手，即产权制度改革，明确出资人是谁，产权要清晰。其次就是组织变革，应严格按照公司组织的要求设立股东、董事会和以总经理为代表的经营人员的三层组织架构。管理制度的创新也包括财务管理。要分清哪些支出是要计入成本的，哪些支出是归于利润激励的，决不能再混淆不清，出现高管领导实物与货币两头占的情况。

（原载《中国财经报》，2009-09-22，记者：刘雅琼）

● 邓荣霖：行为科学帮不了国企CEO

前不久，北京行为科学学会年会在首都经济贸易大学召开。记者采访了中国人民大学工商管理学院邓荣霖教授，他对中国企业管理的发展趋势发表了真知灼见。

记者：行为科学是个好东西，但它在国外适用，在国内就不适用，为什么？

邓荣霖：原因是职工身份、人事制度摆在那。这个问题很难办。我们的个体行为在企业里没有标准，没有规矩，因为职工身份没有解决。职工是全民职工，干部是国家干部，没有一个基点。所以，职工身份要更换。我认为，市场经济条件下的企业没有什么国家干部、全民职工这种概念。这种概念要退出历史舞台。这两个概念不解决搞什么行为科学呢？

记者：中国企业管理中的人性与西方行为科学中的人性差别在哪？

邓荣霖：我国的企业这套管理体制统统离开了人性和个性，所以没有组织行为的基础。国企中的团队、集体与组织行为学中的群体、团队不是一个路数。我们对团队的理解仍然是计划经济的那套路数，而我们面对的是市场经济的现实。市场经济是建立在个人基础之上，即个人利益、个人财产、个人责任、个人权利。那么，行为科学就是建立在个人财产、个人利益、个人责任、个人风险、个人权利的基础上。如果没有个性和人性，根本就研究不了行为，而现在的全民职工、国家干部从根本上与之格格不入。

记者：国企职工身份置换的困境是什么？

邓荣霖：我们从80年代中期就喊砸烂“三铁”，我当时就说“铁工资”“铁饭碗”“铁交椅”是砸不烂的。国家不付出任何代价和补偿怎么能砸烂？因为当职工进厂时就许诺：只要好好干就会有面包，就会有一切。要起螺丝钉的作用。这是驯服工具呀！它不是行为科学的个体行为。下一步改革重点解决这个问题。我主张将来的企业不分所有制。所有的职工社会地位都是相同的。

记者：中国企业管理发展趋势是什么？

邓荣霖：我认为有三大趋势：第一，国企管理发展趋势从单纯面向政府管理转向面向市场经济的管理。当前，国企CEO主要管理是面向政府，应付政府的评比、检查、汇报等。因为他们的命运掌握在政府手里，这不是领导的觉悟问题、良心问题。CEO一旦得罪了政府，政府就把他换掉。国企CEO连位置都保不住，还想什么市场？再好的市场也要丢弃！政府要做企业做不到的事情，要帮助企业解决企业不能解决的问题，而不是干预企业的内部管理，更不要搞什么管理评比。

我们这套人事制度还是组织部门管企业的董事、总经理；人事部门管干部，劳动部门管工人。要研究组织行为，就不能在这套制度下进行。改革人事制度，这是一个不小的问题，太快了不行，太慢了也不行。

第二，中国企业未来发展趋势是把战略管理和专业管理结合起来。在计划经济条件下，只有专业管，没有战略管理。原因是国企战略由政府全部揽下来了。现在市场经济不同了，企业自己确定战略，开拓市场，所以战略非常重要。战略浮出水面。我在这里要强调的一点是：战略管理要落在实处，落在企业的具体管理上。企业就是行动，企业就是实干，企业就是具体，企业就是细节。把战略管理与业务管理相结合，这才是我们企业管理要做的事情。

第三，我们要告别跟风赶浪、走马灯式的各式管理热，我们要建立综合的、系统的、科学的管理制度。现在我们的企业管理有一个很大的问题——赶浪潮，就是说你让我一会儿以生产为中心，一会儿以营销为中心，一会儿又以资本运营为中心。有企业经理人跟我这么说，总经理抓全面，想到什么干什么；副总经理抓一方面，能干什么干什么；中层经理只抓点，愿干什么干什么——全凭良心干。

中国的企业管理要把国外企业管理两步并作一步走，所谓两步就是在信息化管理之前，国外搞了工业化管理，这些年来我们补了一些课，例如职务分析、工作流程，起码的责任制度已建立。泰勒最主要的贡献是分工，责任明确，哪个是必要的程序，哪个是不必要的程序。我们现在连这个都没有，有些企业是乱糟糟的，凭良心工作，我们的企业管理处于无序状态，我们基本上是人治化管理。我强调建立法制化的管理制度，所以，我强调的是制度建立而不是因人而异。

记者：未来中国企业管理三大趋势的核心问题是什么？

邓荣霖：要处理好人和制度的关系问题，我认为这是未来企业管理的核心问题。我们强调人本管理，同时不能忽略制度建设。我们的企业没有搞清楚“以人为本”的“人”是一个什么样的“人”。这个问题要搞清楚。我认为国外行为科学不讲抽象的人，这是建立在一种制度的基础上——责任制度、利益制度、激励制度、约束制度等等，国外行为科学曾对人有设想，X 理论（人性善），Y 理论（人性恶），Z 理论（人性亦善亦恶或非善非恶），我国企业对人的本性问题基本上是回避的。

记者：我国企业管理中的“人”是割去了动物尾巴的大写的“人”？

邓荣霖：我们的“以人为本”是建立在抽象人性论的基础上。高悬在半空中，好像他们不需要利益，不需要吃饭，不需要睡觉，没有七情六欲。这种人在现实中是不存在的。我们的管理就是建立在这种不存在的抽象人性的基础上来研究的。这种管理及其研究是没有基础的。

记者：怎样处理“以人为本”的管理与“制度管理”之间的关系呢？

邓荣霖：关于制度和人的关系，我有三点看法：

第一点，以人为本的管理，核心在于人的素质，关键是看这个人是什么样的人。我们选择国企经理人的标准是计划经济那些标准，它们不适合市场经济。那么，市场经济条件下人的素质是什么？比如人的独立性、自主意识、责任感、敢于承担风险的能力等等。但是我们现在的管理者是推脱责任。有好处，功劳归自己，而责任归下级。有利益收上来，那么下级用同样的方式来对待再下一级，这样一种管理是没有基础的。

第二点，要讲团队精神，讲究协调能力。最近柳传志说我宁要一流的团队，二流的技术，也不要一流的技术，二流的团队——这是柳传志几十年办联想得出的。我们的企业搞不长时间就瓦解了，因为没有团队精神。一个博士能力很强，三个博士合作，能力就不行了。美国是一个博士不如我们，三个人就有了团队精神。所以柳传志深刻地体会到企业不宜提倡个人英雄主义。我认为中国企业团队精神很差，企业中人际关系复杂，未做事先搞人际关系，这种人是不能要的，这种人多了，就是腐蚀剂，企业就搞不好。我们现在企业的现状是离心力大于凝聚力，表现为企业外部无竞争力。一个企业要有外部竞争力，内部一定要有凝聚力，这个非常重要。

第三，管理工作的每项工作中，要把人和制度的关系处理好。制度和人的关系中，我认为制度是永恒的，人是暂时的，因为人再有能力、再好也是暂时的，股东是暂时的，经理是暂时的，董事是暂时的，职工是暂时的。制度是延续的，延续的是管理制度，我认为制度高于一切。而今天的中国管理主要是制度落后，厂长在时企业搞好了，厂长走了企业衰落了，这说明厂长在位时仍然是人治化的管理。中国企业不乏有能力的人，关键是缺制度。制度有产权制度、组织制度、管理制度等。

（原载《北京经济瞭望》，2001（12），记者：何军　徐坤）

图书在版编目（CIP）数据

论管理 / 邓荣霖著 . —北京：中国人民大学出版社，2019.10
ISBN 978-7-300-27399-0

Ⅰ. ①论… Ⅱ. ①邓… Ⅲ. ①企业管理 - 文集 Ⅳ. ① F272-53

中国版本图书馆 CIP 数据核字（2019）第 190607 号

论 管 理
邓荣霖　著
Lun Guanli

出版发行	中国人民大学出版社			
社　　址	北京中关村大街 31 号	**邮政编码**	100080	
电　　话	010－62511242（总编室）	010－62511770（质管部）		
	010－82501766（邮购部）	010－62514148（门市部）		
	010－62515195（发行公司）	010－62515275（盗版举报）		
网　　址	http://www.crup.com.cn			
经　　销	新华书店			
印　　刷	涿州市星河印刷有限公司			
规　　格	160mm×230mm　16 开本	**版　　次**	2019 年 10 月第 1 版	
印　　张	28.5　插页 5	**印　　次**	2020 年 2 月第 2 次印刷	
字　　数	354 000	**定　　价**	88.00 元